ソウル
ランキング & ㊙テクニック！

안녕
アンニョン

CONTENTS

ソウルランキング

- 039 ホンパプ BEST5
- 040 豚焼肉 BEST10
- 042 チキン BEST5
- 043 鶏料理 BEST5
- 044 スープ BEST5
- 045 飯 BEST5
- 046 麺 BEST5
- 047 牛焼肉 BEST5
- 048 鍋 BEST5
- 049 海鮮 BEST5
- 050 マッコリ BEST4
- 051 ピンス BEST5
- 106 タウン BEST7
- 108 観光名所 BEST7

RANKING PLUS

- 052 まだまだある！追い推しグルメ
- 054 多すぎて選べない！私の推しカフェ
- 056 空前のブーム継続中 私の推しパン
- 071 ソウルでGet！リアル買いアイテム
- 083 使って実感！リピ確定コスメ

SEOUL Specialist Picks！

- 038 キム・アヨンさん☞韓国グルメ5
- 066 natsuyoさん☞おすすめ雑貨スポット10
- 067 チョン・サンアさん☞最旬クリエイター8
- 068 中本愛子さん☞普段使いできる作家ブランド4
- 069 ジョ・ウンギョンさん☞アートショップ5
- 070 中嶋一恵さん☞お持ち帰りグルメみやげ5
- 081 ソン・ユナさん☞デイリーコスメ7
- 082 キム・ヒョジョンさん☞プチプラコスメ10
- 104 小松恵理子さん☞今、行くべき穴場の観光名所10
- 105 ☞ディープに遊ぶ体験＆アクティビティ10

SPECIALIST VOICE

- 080 知ってる人だけ得する！アモーレ聖水徹底ガイド
- 118 宿泊料高騰のソウルで ホテルはどうする？
- 119 ソウル街歩きマップ

- 004 **Special Interview**
  活動のこと&ソウルのおすすめを直撃！
  EVNNE
- 008 5分でわかる超時短ガイド
  ソウルの基本をサクッと解説
- 010 アタマに入れておくと移動がラク♪
  ソウル早わかりエリアNAVI
- 012 SEOUL TOPICS
- 014 2泊3日得するモデルプラン

ソウル㊙テクニック

- 016 準備＆出発 [20テク！]
- 020 到着＆実用情報 [25テク！]
- 026 グルメ [46テク！]
- 058 ショッピング [36テク！]
- 072 コスメ＆ビューティ [31テク！]
- 084 推し活＆エンタメ [52テク！]
- 098 観光＆街歩き [37テク！]
- 110 ソウル郊外＆地方都市
  仁川／大邱／慶州／釜山／水原
- 114 宿泊＆ホテル [16テク！]

データについて
本書のデータはすべて2024年10月に編集したものです。そのため、掲載の商品や料理などがなくなっていたり、料金などが変更されている場合があります。あらかじめご了承ください。

本書の利用について
本書は正確な情報の掲載に努めていますが、ご旅行の際には必ず現地で最新情報をご確認ください。また、掲載情報による損失などの責任を弊社は負いかねますので、あらかじめご了承ください。

使用しているマーク一覧
- MAP …マップ掲載ページ
- 🚇 …アクセス
- 📍 …住所
- ☎ …電話番号
- 🕐 …営業・開館時間（L.O.はラストオーダー）
- 休 …定休日（祝日などを除く）
- 料 …料金
- CARD …利用できるクレジットカード
  A＝アメリカン・エキスプレス D＝ダイナース J＝JCB
  V＝ビザ M＝マスター
- URL …ホームページアドレス ⓘ …Instagram X …X
- YouTube …YouTube ✉ …メール 🏠 …その他の店舗

掲載内容の更新と訂正について
発行後に変更された掲載情報は『地球の歩き方』ホームページ「更新・訂正情報」で可能なかぎり案内しています（ホテルやレストラン、商品の料金変更などは除く）。ご旅行の前にお役立てください。
URL www.arukikata.co.jp/travel-support/

002

とっておきを教えてくれたソウルのスペシャリストはこの11人！

natsuyoさん
雑貨屋PKPオーナー
➡ P.66

韓国と雑貨好きが高じて2019年に店をオープン。監修した韓国雑貨バイブル『"運命の出会い"を探しに！ とっておき韓国雑貨ガイド』（KADOKAWA）も好評発売中！

URL pokkunpa.shop-pro.jp 　zakka_pkp
X zakka_pkp

キム・アヨンさん
クムテジ食堂マネジャー
➡ P.38

韓国芸能人をとりこにする超人気店勤務。2019年、SNSで話題になっていた同店に入社しマネジャーに昇進。同店代表とともに韓国一のサムギョプサル店を目指している。

　gold_pig1982

中嶋一恵さん
コーディネーター
➡ P.70

1997年から韓国に在住。現地コーディネーターとして本紙をはじめ、『arucoソウル』などを担当。取材に同行し膨大な数のショップやレストランを網羅。趣味はレトロカフェ巡りと日韓のドラマ・映画観賞。

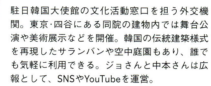

（右）ジョ・ウンギョンさん
（左）中本愛子さん
駐日韓国大使館 韓国文化院 広報チーム
➡ P.68,69

駐日韓国大使館の文化活動窓口を担う外交機関。東京・四谷にある同院の建物内では舞台公演や美術展示などを開催。韓国の伝統建築様式を再現したサランバンや空中庭園もあり、誰でも気軽に利用できる。ジョさんと中本さんは広報として、SNSやYouTubeを運営。

URL www.koreanculture.jp 　kcultureinjapan
X kccjp YouTube kcultureinjapan

チョン・サンアさん
オブジェクト ブランドチーム
➡ P.67

さまざまなコンテンツを通じて韓国のクリエイター作品を発信。多くの作品が日本でも愛されていることにオブジェクトの一員として誇りを感じると話す。

URL insideobject.com
　 insideobject

キム・ヒョジョンさん
大学生
➡ P.82

ソウルにある大学の美容芸術学部ビューティセラピー＆メイクアップ学科の現役大学生。将来の夢は韓国コスメ企業のマーケッター。趣味は最旬コスメの情報収集で、日本のプチプラコスメにも注目。

ソン・ユナさん
アモーレ聖水 メイクアップアーティスト
➡ P.81

大学でメイクアップを専攻。最新ビューティトレンドをキャッチできるアモーレパシフィックに入社。画一化された美ではなく、個性を生かせるアーティストを目指す。休日はスイミングへ通うアクティブ派。

ナム・ドゥヒさん
アモーレ聖水 調剤管理士
➡ P.80

カスタマイズコスメを担当。学生時代は日本語学科専攻で日本語対応もOK。休日は聖水洞のポップアップストアを巡ったり、日本語のスキルアップのため日本語字幕付きのドラマや映画を観て過ごすという。

柴田直伸さん
相鉄インターナショナル韓国総支配人
➡ P.118

ソウルのホテル事情に精通。3つのホテルの総支配人として忙しい毎日を過ごしながらも、休日にはソウルでバズっているタウンやスポットを訪れ情報収集を欠かさない。

URL sotetsu-hotels.com

小松絵理子さん
ソウル観光財団 スマート観光チーム
➡ P.104

ソウル観光の日本向け広報およびコンテンツマーケティングを担当。昔ながらの在来市場、西村や忠武路、厚岩洞などの古い街並みを散策して新たな魅力発見を楽しんでいる。

URL visitseoul.net 　visitseoul_official_jp
X VisitSeoul_JP YouTube VisitSeoulTV

and…

地球の歩き方編集室 取材スタッフほか

URL www.arukikata.co.jp
　 arukikata_official
X arukikata_book

003

いつもたくさんの応援と愛をありがとうございます！韓国で楽しい時間を過ごしてもらえたらうれしいです♡

またすぐ日本に行きたいと思いますので、待っていてくださいね

日本でも一生懸命活動しますので、たくさんたくさん会いましょうね。愛してます♡

Special Interview
EVNNE

活動のこと＆ソウルのおすすめを直撃！

パク・ハンビン / PARK HANBIN
ジ・ユンソ / JI YUNSEO
ムン・ジョンヒョン / MUN JUNGHYUN

TALK with EVNNE

デビュー曲『TROUBLE』の圧巻のパフォーマンスで人気グループの仲間入りを果たした奇跡の7人。その後もBillboard's K-POP Rookie of the Month選出、THE FACT MUSIC AWARDS Global Hot Trend受賞と勢いは増すばかり。そんなEVNNEメンバーにクエスチョン！

Q デビュー以来最も記憶に残っていることは？

ケイタ：音楽番組で1位をもらった日です。それまですごく努力してきたので、あの日のことは忘れられません。

パク・ハンビン：デビューショーケースです。デビューという夢をかなえた瞬間でした。

イ・ジョンヒョン：1枚目のミニアルバムのショーケースです。ENNVE（エンブ＝EVNNEのファン）に初めてEVNNEのイ・ジョンヒョンとしての姿をお見せできてワクワクしましたし、期待していた瞬間だったのでうれしくて幸せだったのを覚えています。

ユ・スンオン：ファーストファンミーティング[Good EVNNEing]がいちばん記憶に残っています！ 初めてENNVEの皆さんでいっぱいの会場で歌うのが楽しかったですし、こみあげてくるものがあって、いまだにあの胸が騒ぐ感じが忘れられません。これからも幸せを届けて喜びをともにできる歌手になりたいです！

チ・ユンソ：デビューショーケースと初めてのファンミーティング、ファンコンサートツアーが記憶に残っています。

ムン・ジョンヒョン：デビューショーケース、ファンミーティング、ファンコンサートなど、忘れられないことがたくさんありますが、ずっと頭から離れないのは、初めてライブステージに立った『IDOL RADIO LIVE IN SEOUL』がいちばん記憶に残っています。

パク・ジフ：デビューした日と音楽番組1位になった日が特に記憶に残っています。

Q 好きなファッションスタイルは？

ケイタ：ヒップホップの感じが好きで、アイテムだと最近腕時計が好きです。

パク・ハンビン：僕は最近チェックシャツにハマっています。特定のブランドが好きというわけではなく、いろんなブランドを混ぜて新しいスタイルをつくっています。

イ・ジョンヒョン：僕は個人的にナムチン（彼氏）ルックのシャツ＆ジーンズみたいなシンプルで目立たないスタイルを追求しています。いいなと思うアイテムがあればブランドはあまり気にせずにショッピングします。

ユ・スンオン：僕はすっきりシンプルなものが好きなので、おもに白、黒、ネイビー、グレーの色の服をよく着ています。ロゴが大きく入った服はちょっと負担に思えて、あまり着なくなっちゃいました（笑）。すっきりしていてベーシックなカジュアルファッション！ おすすめです。

チ・ユンソ：いろんなファッションが好きで挑戦しているのですが、最近はちょっとヒップホップテイストの雰囲気がある服が好きです。

ムン・ジョンヒョン：すっきりしたスタイルが好きです。

パク・ジフ：ストリートファッションが好きです。

Q 今後、EVNNEまたは個人でトライしてみたい活動は？

ケイタ：作曲をもっとがんばって、EVNNEというグループだからこそ作れる音楽を届けたいです。

パク・ハンビン：もっと日本で活動したいですし、メンバーのソロ曲もアルバムに収録したいです。

イ・ジョンヒョン：EVNNEとしてはもっと多くの地域のENNVEに会いたいという気持ちがありますし、もっとがんばって歌手としていろいろな姿をお見せしたいです。個人では演技にも興味があるので、ドラマや映画などに出演するチャンスがあれば挑戦したいです。

ユ・スンオン：たくさんのバラエティに出演して、皆さんに楽しさを届けるグループになりたいです。個人的には、僕の声をもっとたくさんの方に知ってもらい、お届けできる機会ができたらうれしいです。 特にOSTはぜひやってみたいです!! 僕の歌と声が広く響き渡るその日まで、一生懸命やっていきます!!

チ・ユンソ：もっと大きいステージでもっとたくさんのENNVEの皆さんと公演をすることです。個人では、作詞作曲にもっと取り組んでいきたいです。あと、ファッション関連の仕事もしてみたいです。

ムン・ジョンヒョン：EVNNEがもっとバラエティ番組に出演したらおもしろいと思います。僕個人としては演技にも興味があるので、機会があれば経験してみたいです。

パク・ジフ：作曲をがんばって、EVNNEのアルバムに収録できたらうれしいです。そして、バラエティ番組でスカイダイビングに挑戦してみたいです。

> ENNVEの皆さんが僕の日本語をたくさん褒めてくれてすごくうれしかったです（笑）。これからももっと成長するスンオンになります。愛してますENNVE ^_^

> 頻繁に会えてうれしいですし、これからもっとたくさん会いましょう！

> 日本でたくさん活動するために日本語の勉強をがんばるので、これからも見守ってください!!

> EVNNEが届ける音楽を楽しんで、気に入ってもらえるとうれしいです

パク・ジフ PARK JIHOO / イ・ジョンヒョン LEE JEONGHYEON / ユ・スンオン YOO SEUNGEON / ケイタ KEITA

Q 最近ハマっていることは？

ケイタ：ゲームにハマっていて、あとアニメを観るのも好きです。

パク・ハンビン：本と映画です。本はエッセイをたくさん読みます。映画は10代の青春を扱ったテーマを探して観ています。

イ・ジョンヒョン：BRAWL STARSというゲームをメンバーと一緒にやっています。半身浴にもハマっていて、寝る前によくやっています。

ユ・スンオン：最近は自転車に乗る趣味ができて、スケジュールが終わったら、漢江（→P.108）に行って自転車に乗ったりします。頭がすっきりして気持ちがいいので、皆さんにもおすすめします！ 雨が降っていたら部屋で横になって気楽に楽しめるアニメを観るのはどうですか？

チ・ユンソ：ファッションに関心があるのと、アニメ、プラモデルにハマっています。

ムン・ジョンヒョン：最近アニメにハマっていて、いろんなアニメを探して観ています。

パク・ジフ：読書、MIDI（音楽の演奏情報を電子楽器やパソコンで再生・編集すること※編集部注）、バスケットボール、それに映画や漫画にハマっています。

EVNNE profile（イブン）

オーディション番組『BOYS PLANET』出身の7名で結成。2023年9月19日デビュー。デビュー直後に韓国・日本で単独ファンミーティングを開催。2024年3〜8月にアジアツアー、北米ツアーを成功させた。
★EVNNE JAPAN OFFICIAL FANCLUB　URL evnne.jp

SEOUL with EVNNE

プライベートのメンバーに会える（？）かもしれない行きつけスポットやお気に入りのグルメをクエスチョン！さらに、ソウルを満喫するおすすめの観光名所からEVNNEプロデュースのデートプランを公開！

Q おすすめのレストランや韓国料理、好きなお菓子やスナックを教えて。

ケイタ：プルコギ（→P.53）とキムチチム（→P.52）が好きで、韓国に来たらぜひ食べてほしいです。

パク・ハンビン：シンサコッケダンⒶのヤンニョムケジャンが本当においしいんです。韓国でスナックを買うなら、ハニーバターチップス허니버터칩、イカピーナッツのオジンオタンコン오징어땅콩がおすすめです！

イ・ジョンヒョン：ユッケバルンヨノⒷのサーモン、ステーキ、ユッケ寿司セットをよく食べています。スナックは小麦粉が入っていないバナナキック바나나킥、コーンチョ콘초、コーンチ콘치がおすすめです。

ユ・スンオン：韓国スナックのおすすめは、辛いえびせんのメウンセウカン매운 새우깡！ 中毒性が強くて、僕はたくさん食べています（笑）。次におすすめなのはバナナキック바나나킥です。僕はバナナが好きなのでよく食べています！ 甘くて口の中で溶ける感じがとてもおいしいです！ 牛乳と一緒に食べるとよりおいしいので超おすすめです！

チ・ユンソ：スンオンも紹介していましたが、えびせんが好きでおすすめです。

ムン・ジョンヒョン：弘大のトボッゲッチトッポッキチプⒸがおすすめです。

パク・ジフ：日本からきたお店ですが、神田そばヘファ店Ⓓの麺が好きです！

Q プライベートで遊びにいく街やスポットは？

ケイタ：聖水洞（→P.106）はおいしいお店が多くておすすめです。あとはソウルの森（→P.106）もおすすめです。

パク・ハンビン：漢江、明洞（→P.106）、弘大（→P.107）は韓国人が好んで食べるものや遊ぶ場所がたくさんあるのでおすすめです。

イ・ジョンヒョン：弘大によく行きます。人がたくさんいてにぎやかで、ごちゃごちゃした感じの街です。ショッピングできるスポットも多い繁華街なので好きです。

ユ・スンオン：僕は漢江で散歩をしてラーメンを食べるのが好きです！ 実はソウルに来て3年になりますがあまり遊びに出かけていないので……。皆さんがソウルであちこち訪ねてみて楽しいものがあったら僕にも教えてください！（笑）

チ・ユンソ：もともとインドア派なので外にあまり出ないのですが……出かけるとしたら漢江公園に行って散歩をしますね。

ムン・ジョンヒョン：弘大の街をおすすめします。おいしいものがたくさんありますよ。

パク・ジフ：欲望のブックカフェ욕망의 북카페（※2024年11月現在、移転準備中）です。携帯電話などのデジタル機器使用禁止のブックカフェです。ゆったりと本を読みながら過ごせます。

Q 釜山出身のユ・スンオンさん、日本のENNVEに釜山のおすすめを教えて。

ユ・スンオン：貝焼きと海雲台をおすすめします！ 海雲台では、昼間はスカイカプセルに乗って、白砂がきれいな海を眺めて、夜はThe bay101というところで夜景を見ながらおいしい料理も食べられます。そして遊覧船にも乗れるので、好みに合わせて選んでください！ 僕は学生のときによく行きました。そして最後に、やっぱりテジクッパでしょう！ 24時間やっているところも多いのでぜひ食べてみてください。全部おいしいですよ！

006

メンバーのおすすめ店はこちら！

A 신사꽃게당
シンサコッケダン

新沙洞　MAP P.127-B2

🚇 新盆唐・3号線新沙（D04・337）駅6番出口から徒歩約5分　📍 강남구 강남대로160길 11　☎ 02-6409-0067　🕐 11:30〜 L.O.22:50（日12:00〜 L.O.20:20）　休 無休　CARD A J M V　📷 sinsa507__10　⛩ 狎鷗亭

右／ヤンニョムケジャン　8万W〜

B 육회바른 연어
ユッケバルンヨノ

弘大　MAP P.125-C3

🚇 京義・中央・2号線弘大入口（K314・239）駅5番出口から徒歩約5分　📍 서대문구 신촌로 21　☎ 02-325-6200　🕐 11:00〜翌2:00　休 無休　CARD A J M V　URL 육회바른연어.com　⛩ 景福宮、玉水ほか

右／モドゥムチュバプ（サーモン、ステーキ、ユッケの寿司セット）　1万4900W

C 또보겠지 떡볶이집
トボゲッチトッポッキチブ

弘大　MAP P.125-D2

🚇 京義・中央・2号線弘大入口（K314・239）駅9番出口から徒歩約7分　📍 마포구 잔다리로6길 34-5 2F　☎ 010-5699-8907　🕐 11:30〜 L.O.20:00　休 火　CARD A J M V　📷 happy_toss_dd　⛩ 弘大、延南洞

右／チュクソク（即席）トッポッキ　1万4000W〜

D 칸다소바 혜화점
神田そばヘファ店

大学路　MAP P.121-A3

🚇 4号線恵化（420）駅1番出口から徒歩約1分　📍 종로구 대학로 131-1　🕐 11:30〜 L.O.15:00、17:00〜 L.O.21:00　休 無休　CARD A J M V　⛩ 弘大、景福宮、蚕室

Q 日本のENNVEにおすすめしたい観光名所は？

ケイタ： 漢江はぜひ行ってください‼︎ 夕焼けがとてもきれいですよ。

パク・ハンビン： 清渓川（→P.109）です。暑い日に冷たい水に足をつけながらおしゃべりができる、とてもいい場所です。暑さも吹き飛ばしてくれると思います。

イ・ジョンヒョン： 僕もソウルを見て回ったことがあまりないので実は詳しくないのですが、漢江で散歩や自転車に乗ったり、夜景を見ながらチキンと漢江ラーメンを食べることをおすすめしたいです。

ユ・スンオン： そんなに行けていないのですがNソウルタワー（→P.108）が好きで、南京錠をかけるところがあるんです！ そこに『EVNNE♥ENNVE』と書いてかけたものを僕に見せてくださったら……とっても大きな愛を差し上げます〜〜>< ちなみに、南山 MAP P.122-C4付近はトンカツも有名だそうです（笑）。

チ・ユンソ： 夕方の漢江をおすすめします！

ムン・ジョンヒョン： 弘大もおすすめですし、名所といえば景福宮（→P.108）にもぜひ一度行ってみてください。

パク・ジフ： 南山、石村湖 MAP P.120-C6、九里タワー MAP P.119-C2、東九陵 MAP P.119-C2、光化門 MAP P.123-A3がおすすめです。

Q 日本のENNVEとのソウルデートをプロデュースして。

ケイタ： まずサムギョプサル（→P.40）はハズせないですね。あとカフェに行って、漢江を散歩しましょう。

パク・ハンビン： グルメ満喫コースで案内します。韓国には本当においしいものがたくさんあって、僕もまだ食べたことがないものも多いんです。僕と一緒にグルメツアーに行きませんか？？

イ・ジョンヒョン： ランチをカロスキル（→P.107）で食べて、カフェでゆったりとした時間を楽しんで、街を歩いて、ショッピングして、映画を観て、夕食を食べたあとに漢江に行ってチキンと漢江ラーメンを食べながら夜景を見たら、楽しくて充実した1日になりますね（盛りだくさん）！

ユ・スンオン： 僕は食べるのも好きですし登山も好きなので、一緒においしいものを食べたあとに消化も兼ねて登山はどうでしょうか（笑）。ENNVEの皆さん大丈夫そうですか？ 行くとしたら北漢山 MAP P.119-C2か北岳山（→P.105）がいいですね。

チ・ユンソ： 狎鷗亭 MAP P.126-A4と漢江に行って、最後にNソウルタワーに行きます。

ムン・ジョンヒョン： 有名な街を歩きながら、人が多くておいしそうなお店に入ってご飯を食べたいです。

パク・ジフ： 石村湖に行ったあと、蚕室のうまいもの横丁、芳荑洞モッチャコルモク방이동 먹자골목 MAP P.120-C6やカフェが集まる松理団通り송리단길 MAP P.120-C6を巡るといいと思います。

5分でわかる超時短ガイド
ソウルの基本をサクッと解説

ソウルに旅行する前に知っておくべき基本情報を5分で予習！
日本と似ている部分も多いけれど、注意すべき点もしっかりおさえて
安全に楽しく旅へ出かけよう♪

韓国 ハングク 한국

正式名称	大韓民国 （대한민국 テハンミングク）
人口	約5156万人 ※2023年時点
面積	約10万km²

約2時間半

札幌から：約3時間
名古屋・大阪から：約2時間
福岡から：約1時間半

ソウル ★
●釜山
済州島
★東京

お金について

通貨	**W** （ウォン）	紙幣は1000W、5000W、1万W、5万Wの4種類、硬貨は10W、50W、100W、500Wのほか、1Wや5Wもあるがあまり流通していない。
レート	**1000W＝約110円** （2024年11月時点）	
支払い方法	**クレジットカードがほとんど使える** 地下鉄・バスの切符や交通カードへのチャージ、屋台やローカル店などでは現金のみ対応の場面もあるので、現金も3万～5万W程度は用意しておくと◎	
チップ	**基本的に不要** ただ、ホテルなどでスタッフに荷物を運んでもらったり、時間外にお世話になった場合などは、日本と同じく心付けを渡すとスマート。目安は1000W～。	

ソウル ソウル 서울

正式名称	ソウル特別市 （서울특별시 ソウルトゥッピョルシ）
人口	約964万人 ※2023年時点
面積	約605km²

言語
韓国語（文字はハングル）

観光客がよく行くお店では英語が通じる場合も。日本語で話しかけられることもある。

ビザ
90日以内の観光は必要なし

パスポートの残存有効期間
入国時6ヵ月以上

電話

国際電話認識番号	韓国の国番号	
日本から韓国へ	**010 ＋ 82 ＋**	**相手の市外局番の最初の0を除いた番号**

| 韓国から日本へ（東京03-1234-5678にかける場合） | **001または002 ＋ 81 ＋ 3-1234-5678** |

※携帯電話の場合は010のかわりに「0」を長押しして「＋」を表示させると、国番号からかけられる
※NTTドコモ（携帯電話）は事前にWORLD CALLの登録が必要

電源・電圧
220Vが主流

左が220Vのコンセント、右は日本と同じ110V

コンセントはSEまたはCタイプ。複数種類変換できるプラグだと、長さが足りずに挿さらない場合がある。現地ではあまり売っていないので日本で用意していこう。

喫煙
公共の場所は原則禁煙

日本と同様に飲食店や居酒屋でも禁止の場合が多い。そのため裏通りなどで路上喫煙もよく見られる。

時差　なし

ベストシーズン　**春（4～5月）と秋（9～10月）**

ソウルは新潟とほぼ同緯で、日本同様に四季があり、梅雨もある。冬は日本より寒いので防寒対策を万全に。

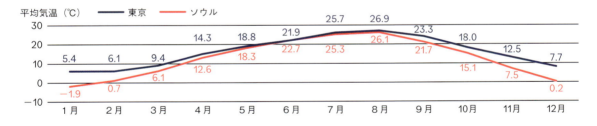

平均気温（℃）　東京　ソウル

	1月	2月	3月	4月	5月	6月	7月	8月	9月	10月	11月	12月
東京	5.4	6.1	9.4	14.3	18.8	21.9	25.7	26.9	23.3	18.0	12.5	7.7
ソウル	-1.9	0.7	6.1	12.6	18.3	22.7	25.3	26.1	21.7	15.1	7.5	0.2

旅のQ&A

Q 物価はどのくらい？
A 日本より少しだけ安い
（例：水500mℓ＝600W、地下鉄＝1500W～）

Q 水道水は飲める？
A ミネラルウォーターを飲もう
飲むことができるとされているが、洗面や歯磨きなどの利用にとどめておこう。

Q トイレのルールは？
A 原則は水洗だがゴミ箱があればそこへ捨てよう
デパートやホテルはトイレットペーパーを流せるところもあるが、飲食店などで大きめのゴミ箱があるときはそこに捨てよう。

Q レジ袋は無料？
A 基本的に有料
ブランド店などではもらえるが、コンビニなどでは有料。マイバッグを持ち歩こう。

Q 公共交通のマナーは？
A 車内で通話OK
地下鉄やバスの車内で通話がOK。イヤホンをしてひとり言のように話している人を見ても驚かないように。

韓国語のあいさつ

こんにちは
안녕하세요
アンニョンハセヨ

ありがとうございます
감사합니다
カムサハムニダ

さようなら
（自分がその場を離れるとき）
안녕히 계세요
アンニョンヒゲセヨ

アタマに入れておくと移動がラク♪
ソウル 早わかり エリアNAVI

江北（カンブク） ソウルの東西に流れる漢江の北側のエリア。景福宮や昌徳宮などの古宮がある歴史的な地区が多い。

江南（カンナム） ソウルの南側のエリア。江北に比べて近年開発されたエリアで、ビジネス街や高級街が多い。

空港から街までどれくらい？
✈ 仁川空港
電車 約1時間→ソウル駅
✈ 金浦空港
電車 約30分→ソウル駅

地図ラベル：景福宮、D 三清洞、仁寺洞〜益善洞 B、A 明洞、C 東大門、E 弘大、ソウル駅、Nソウルタワー、F 漢南洞〜梨泰院、汝矣島、漢江（ハンガン）、G 聖水洞、H 狎鴎亭洞、I カロスキル、コエックスモール、J 三成洞、ロッテワールド

ソウル街歩きテクニック

③ 電車・バス・タクシーを使い分けて！
主要スポットを地下鉄が網羅しているが、移動区間によってはバスやタクシーのほうが早い場合もあるので、NAVER Mapでどの交通手段で行くのがよいか調べよう。地下鉄は東京より本数が少ないので、しっかり時刻表を確認すべき。

④ 坂が多く、道も歩きづらい
韓国の歩道は石畳などガタガタしている道が多く、エスカレーターも少ないので重いスーツケースを持ち歩くのが大変。観光地でも坂道が多いので、歩きやすい靴やコインロッカーを駆使して、快適なソウル旅を楽しんで。

① 通勤ラッシュや渋滞に注意！
通勤ラッシュの時間帯は、大きいスーツケースを持って地下鉄や列車での移動は注意が必要。さらにソウルは車通勤も多いので、漢江沿いの道や主要スポットの大通りなどは渋滞がひどい。余裕をもって行動しよう。

② エリアを絞って観光！
ソウルは意外と広く、エリア間の移動は30分〜1時間かかることもある（弘大〜三成は地下鉄で約50分）。半日で1エリアを目安に計画をしよう。初心者は、おみやげやグルメなど何でも揃う明洞をマストでおさえると◎

010

ソウル主要エリア

F 漢南洞〜梨泰院（ハンナムドン〜イテウォン）
人気ショップが集まるホットスポット

セレクトショップが集まるトレンディなエリア。大使館や高級住宅街、ギャラリーも建ち並ぶ。坂道が多い。

最寄駅 M 6号線漢江鎮駅、梨泰院駅

G 聖水洞（ソンスドン）
広くておしゃれなカフェ＆ショップ

かつての工業地帯をリノベーションし、広くておしゃれなお店が並ぶ今いちばん人気のスポット。近くの「ソウルの森」エリアにも注目。

最寄駅 M 2号線聖水駅

H 狎鴎亭洞（アックジョンドン）
ハイブランドが建ち並ぶ高級街

高級マンションやハイブランドが建ち並ぶ。芸能人の通う美容室も集結していて、アイドルや俳優の目撃情報も多いエリア。

最寄駅 M 水仁・盆唐線狎鴎亭ロデオ駅

I カロスキル
街路樹がキレイなおしゃれタウン

イチョウ並木のメイン通りに加え、裏道にも洗練されたショップが並ぶ。カフェが夜はバーとなり、夜でもにぎわう街。

最寄駅 M 新盆唐・3号線新沙駅

J 三成洞（サムソンドン）
巨大モールで何でも揃う

ショッピングモール、ホテル、展示場を有する巨大複合施設コエックスは雨の日も便利。高層ビルも建ち並ぶビジネス街。

最寄駅 M 2号線三成駅、9号線奉恩寺駅

A 明洞（ミョンドン）
必訪のショッピングスポット

ソウルの中心部で、話題の店が集まるショッピング街。デパートやマート、屋台もあり、観光客でにぎわっている。

最寄駅 M 4号線明洞駅、2号線乙支路入口駅

B 仁寺洞〜益善洞（インサドン〜イクソンドン）
伝統感じるレトロタウン

伝統的な韓屋のカフェやギャラリーが集結するエリア。益善洞は道が狭く、行列店も多いので、すいている平日を狙って。

最寄駅 M 3号線安国駅、1・3・5号線鍾路3街駅

C 東大門（トンデムン）
朝まで買い物ができる！

朝方まで開いている問屋が集まるショッピングタウン。近くには東大門市場も。明洞も近く便利なので、ホテルも多い。

最寄駅 M 1・4号線東大門駅、2・4・5号線東大門歴史文化公園駅

D 三清洞（サムチョンドン）
韓屋や故宮でフォトさんぽ

景福宮や北村など、古きよき韓国の建物が並ぶ街。韓服レンタルショップも多数。店内には遠慮なく韓服のまま入ってOK。

最寄駅 M 3号線安国駅

E 弘大（ホンデ）
若者が集まる学生街

周辺に大学が多く、安めのショップやグルメが集結している。「駐車場通り」「ピカソ通り」など通りによって雰囲気も変わる。

最寄駅 M 京義・中央・2号線弘大入口駅

SEOUL TOPICS

コロナの影響をバネに復活どころか以前にも増してパワフルな街ソウル。いざ最旬ハップル（ホットプレイス）へ！

巻き返し力が最強すぎる！ やっぱり明洞はハップル

韓国一の繁華街、明洞に今注目のショップが続々進出。漢南洞や聖水洞、狎鴎亭洞で様子見していた韓国発ブランドやセレクトショップが一気に集結し、観光地らしい露店と洗練されたメイドインコリアが混在。まずはエネルギッシュな王道を闊歩！

明洞フラッグシップストア＆直営店

カバーナット COVERNAT
MAP P.124-B5　@ covernat_

イーピーティー ept
MAP P.124-B5　@ eastpacifictrade

ニューニュー nyunyu
MAP P.124-B5　@ nyunyu.official

マーティンキム Martin Kim
MAP P.124-B6　@ matinkim_magazine

シヌーン Sinoon
MAP P.124-B5　@ sinoon.official

イミス emis
MAP P.124-B6　@ emis_official2017

マリテ＋フランソワ・ジルボー MARITHÉ FRANÇOIS GIRBAUD
MAP P.124-B6　@ marithe_kr

セレクトショップ

ムシンサスタンダード musinsa standard
MAP P.124-A5　@ musinsa.official

スーピー Supy（VARZAR販売店）
MAP P.124-B6　@ supy_official

エーランド ALAND
MAP P.124-B6　@ aland_store

&MORE

ウィグルウィグル WiggleWiggle（P.58）

バター BUTTER（P.58）

ブレディポスト BREADYPOST
MAP P.124-B5
@ breadypost_bakery

ジェントルモンスターの世界観を本場で肌で体感

NUDAKE

美術館のようなインテリアで知られるアイウエアブランド・ジェントルモンスターと、同経営のコスメブランド・タンバリンズ（P.75）とカフェ・ヌデイク（P.57、93）。商品はもちろん、年1回の予定でインテリアを一新するので、渡韓のたびに訪れたい今も名所中の名所。

ハウストサン HAUS DOSAN
GENTLE MONSTER／TAMBURINS／NUDAKE

狎鴎亭洞　MAP P.127-A3
🚇 水仁・盆唐線狎鴎亭ロデオ（K212）駅5番出口から徒歩約8分
📍 강남구 압구정로46길 50　🕐 11:00〜22:00（ヌデイク〜 L.O.20:45）
休 無休　@ gentlemonster

GENTLE MONSTER

TAMBURINS

ジェニーがミューズ

聖水駅にオリヤンOPEN！ 副駅名は返還

2024年11月、聖水駅前に最大規模のオリーブヤングN聖水がオープン。新龍山駅のAMOREPACIFIC、ソウルの森駅のSMTOWNのように駅名併記権も落札していたものの、こちらは直前に返還することに。いろいろな意味で注目のオリヤン誕生！

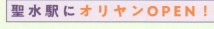
推し活の聖地SMTOWN駅

012

仁川の新名所でご褒美ホカンス

最高の癒やしと高揚感が共存

メインロビーにあるホライゾンラウンジ

フォレストタワーの客室

地上の楽園
マルーン5のコンサートも

仁川空港から車で約10分だから、サクッと飛んで2〜3時間後には楽園にチェックイン。そんな現実逃避が簡単にできるのがインスパイア・エンターテインメント・リゾート。1275室からなるホテルに全天候型プールドーム、韓国最大の外国人専用カジノ、1万5000席を有するアリーナ、幻想的なデジタルアートやショッピング、グルメなど一度では満喫できないほどのゴージャスさ。自分を甘やかせてあげたくなったときにぜひ。

INSPIRE Entertainment Resort
仁川広域市 [MAP] P.119-C1
🚌 仁川空港から無料シャトルバスで約15分 📍 인천광역시 중구 공항문화로127 📷 inspirekorea_global

ロゴ入り4カットフォト♡ ブランド限定

ショッピングのついでに大好きなブランドロゴをあしらった4カットフォトを撮影。明洞ではカバーナットやニューニュー、MLBなどにあるので要チェック。

専門店を発見 K-POPアイドルとお揃い タトゥーシール

5000W〜

SEVENTEENやRed Velvet、THE BOYZが愛用するタトゥーシールが試せるレイジースタジオ。5ミリくらいの小さなデザインから揃い、切って貼るだけだから簡単。お揃いを楽しんで。

LAZY STUDIOS 延南洞 [MAP] P.121-B1
🚇 京義・中央・2号線弘大入口（K314・239）駅3番出口から徒歩約12分 📍 마포구 성미산로 153-10 ⏰ 13:00〜20:00 無休 📷 lazystudiosofficial

---

勢いが止まらない漢南・聖水 毎日ニュースが！

韓国発ブランドの明洞への進出が著しいとはいえ、海外ブランドの上陸やポップアップ、こだわりの韓国メイドは今最もおしゃれな2大タウンからスタート。漢南洞の最寄り駅梨泰院から聖水駅まで地下鉄で約20分だから1日でハシゴも可能。

ロエベ パルファムのポップアップ

ディオール聖水もポップアップ開始

漢南洞のメゾンマルジェラカフェ

デザイン賞受賞！侮れないソウル市公式グッズ

ソウル市の都市ブランドSEOUL MY SOULが世界3大デザイン賞のひとつiFデザイン賞に輝き、ますます人気上昇の公式グッズ。ソウルマイソウルショップは4店舗で展開しているので、おみやげに迷ったらここへ。

SEOUL MY SOUL SHOP
明洞 [MAP] P.124-A6 🚇 2号線乙支路入口（202）駅5番出口から徒歩約2分 📍 중구 을지로66 明洞観光情報センター内 ⏰ 9:00〜18:00 休日

東大門 [MAP] P.122-B6 🚇 2・4・5号線東大門歴史文化公園（205・422・536）駅1番出口直結 📍 중구 을지로 281 B2F DDPデザインストア内 ⏰ 10:00〜20:00 無休 🔗 www.ddpdesignstore.org

鍾路 [MAP] P.122-A4 ソウル観光プラザ内
光化門 [MAP] P.123-A2 世宗文化会館内

有名アーティストとのコラボグッズも販売

2泊3日 得するモデルプラン

効率よく移動したい！
最旬スポットへ行きたい！

お得にソウル旅行を楽しむには綿密なプランが肝心！ 得するテクニックとスペシャリストの推しスポットを盛り盛りに詰め込んだ高コスパ旅をスケジューリング。

DAY 1
弾丸ソウル旅スタート！

早朝着の便でソウル入り。
機内ではしっかり睡眠をとって、
一般列車の始発5時半頃には
空港脱出〜。

7:00 24時間営業のスパレックスでフライト疲れをリセット ➡P.77

／仮眠もとれる＼

↓ 地下鉄約5分

10:00 まずは明洞をチェック！ ➡P.12,106

↓ 地下鉄約20分

13:00 ソムンナン聖水カムジャタンでランチ ➡P.48

↓ 徒歩

14:00 聖水洞〜ソウルの森ホッピング ➡P.106

＼インセンネッコも♪／

↓ 徒歩

16:00 ラフレフルーツでブレイクタイム ➡P.51

↓ 徒歩約10分

17:00 SMエンタテインメントとKWANGYAに大興奮！ ➡P.87

／RIIZE♡＼

↓ 地下鉄約15分

18:30 東大門ショッピングスタート！ ➡P.61,107

20:00 ディナーは告白の豚焼肉 ➡P.40

↓ 徒歩約7分

22:00 深夜の東大門ショッピングへ ➡P.61,107

DAY 2
やりたいこと全部Try！

歴史的な見どころから最旬スポット、さらに大ヒットドラマの舞台も！ 写真映えで巡る2日目。

9:00 韓服レンタルで変身 ➡P.101

↓ 徒歩約3分

↓ 徒歩約7分

014

12:00
ランチは
広蔵市場の
屋台ごはん
➡P.32

\うまいもの/
\通り最高！/

↓ 地下鉄約15分

13:30
何でも揃う
明洞
ショッピング！
➡P.12,106

↓ 地下鉄約5分

16:30
ソウル駅の
ロッテマートで
おみやげ探し
➡P.59

↓ 一般列車約60分

17:30
仁川空港限定の
アンニョンサンドも
ゲット
➡P.70

\ばらまきに◎/

19:30
盤浦漢江公園の
月光レインボー
噴水ショー
➡P.108

\Nソウルタワー/
\も見える/

↓ 地下鉄約30分

21:00
韓国居酒屋
パヌル
グァコマクで
ディナー
➡P.38

↓ 地下鉄

23:00
ホテル近くの
コンビニを
チェック
➡P.71

\まとめ買いが/
\お得！/

DAY 3
全力で遊んで食べて買う！

深夜便なら最終日もフル活動。
スーツケースも預けられる
ロッテマートは
空港移動前のマル得テク！

10:00
益善洞の絶品パン朝食と
タウン散策
➡P.56,107

\焼きたて/
\ソグムパン/

↓ 地下鉄約3分

9:30
景福宮を見学
➡P.108

\韓服で行けば/
\入場無料！/

↓ 地下鉄約30分

12:00
汝矣島漢江公園で
ピクニック
➡P.36,99,108

↓ 徒歩約15分

15:00
大ヒットドラマロケ地
ザ・現代ソウルへ
➡P.63,94,104

\ヒョヌとヘイン/
\に会えそ〜/

↓ 徒歩約7分

16:00
最新アクティビティ
ソウルダルで空中散歩
➡P.105

提供：ソウル観光財団

↓ 地下鉄約15分

17:30
GOTOモールで
激安ショッピング
➡P.65

↓ 徒歩約15分

015

誰よりも得するには出発前が肝心

準備＆出発
PREPARATION & DEPARTURE

少しでも安くソウルへ行くには、準備から出発までのプロセスが最重要。ホテルと航空券を高コスパでおさえて節約・時短の準備をしたら、パスポートを持ってソウルへ出発！

002 往復別の航空会社もあり！東京－ソウル便は 航空会社16社 が運航

FSC（フルサービス・キャリア）の5社に、LCC（ローコスト・キャリア）とMCC（ミドルコスト・キャリア）11社が羽田、成田からほぼ毎日深夜1時台から21時台まで運航しているため、自由自在に日程を組めるのがソウル旅行最大のメリット。タイミングによっては片道ずつや往復を別の航空会社で予約するほうが安い場合もあるので、購入前に必ず確認を。東京以外にも北海道から沖縄まで、全国20都市以上の空港からソウルへ直行便が飛んでいる。

001 気候がよくて航空券が安い！ソウル旅行は 6・9・10月が狙い目

気候は日本とほぼ同じなので、街歩きに最適なのは春と秋。航空券やホテルが安いのはホリデイシーズンを避けた時期。なかでも6月、9～10月は気候がよく比較的価格が落ち着いているので、ベストシーズンといえそう。ただし9～10月には韓国の名節・秋夕（P.17）の連休があり、ほとんどの店が休業するので要注意。

★東京（羽田空港・成田空港）発着のおもな航空会社

航空会社	路線（運航日）	概　要
日本航空（JL）	羽田-仁川（毎日）、羽田-金浦（毎日）、成田-仁川（毎日）	毎日羽田発7便、成田発4便運航。大韓航空との共同運航便あり。フルサービス
ANA（NH）	羽田-仁川（毎日）、羽田-金浦（毎日）、成田-仁川（毎日）	毎日羽田発7便、成田発4便運航。アシアナ航空との共同運航便あり。フルサービス
大韓航空（KE）	羽田-仁川（毎日）、羽田-金浦（毎日）、成田-仁川（毎日）	毎日羽田発7便、成田発3～6便運航。日本航空との共同運航便あり。フルサービス
アシアナ航空（OZ）	羽田-仁川（毎日）、羽田-金浦（毎日）、成田-仁川（毎日）	毎日羽田発4便、成田発5～6便運航。ANAとの共同運航便あり。フルサービス
Peach（MM）	羽田-仁川（毎日）	毎日羽田深夜発、仁川早朝着の1便。日本最大のLCC。ソウル便は片道運賃5000円台～と格安
ZIPAIR（ZG）	成田-仁川（毎日）	毎日成田-仁川午前発着の1便。JALグループの国際線専門LCC。運賃タイプは2種類
エアージャパン（NQ）	成田-仁川（毎日）	毎日成田午前発、仁川昼着の1便。2024年2月就航、ANAグループのLCC。運賃タイプは3種類
ジンエアー（LJ）	成田-仁川（毎日）	毎日成田発4便運航。大韓航空グループのLCC。預入手荷物15kg無料で片道運賃5000円～と格安
エアプサン（BX）	成田-仁川（毎日）	毎日成田発2便運航。韓国釜山拠点のLCC。アシアナ航空との共同運航便あり
エアソウル（RS）	成田-仁川（毎日）	毎日成田発3便（木曜のみ4便）運航。アシアナ航空グループのLCC。片道運賃2000円～と破格
エアプレミア（YP）	成田-仁川（月・水・金～日）	週5成田-仁川午後発着の1便。FSCとLCCの中間、韓国唯一のハイブリッド航空会社
チェジュ航空（7C）	成田-仁川（毎日）	毎日成田発4便運航。チェジュ島、金浦、仁川を拠点とする韓国大手のLCC。運賃タイプは3種類
エアロK航空（RF）	成田-仁川（毎日）	毎日成田昼発、仁川午後着の1便。韓国清州（チョンジュ）空港が拠点のLCC。運賃タイプは3種類
イースター航空（ZE）	成田-仁川（毎日）	毎日成田発3便運航。韓国のLCC。運賃タイプは特価・割引など3種類
ティーウェイ航空（TW）	成田-仁川（毎日）	毎日成田発3便運航。韓国初のLCC。運賃タイプは3種類
エチオピア航空（ET）	成田-仁川（水・金～日）	週4成田-仁川夜発着の1便。アフリカ最大、エチオピアの国営航空会社。フルサービス

006 個人手配の強い味方

ホテル・航空券は旅行比較サイトで一括検索

最安値を探すにはまずスカイスキャナーやトラベルコなどのメタサーチで検索。自分の条件に適したホテルや航空券を見つけたら、公式サイトのキャンペーンやセール、旅行予約サイトのエクスペディアやTrip.comなどの特典やクーポンを確認したうえで予約するのが得策。

メタサーチ
- スカイスキャナー
  URL www.skyscanner.jp
- トラベルコ
  URL www.tour.ne.jp
- トリップアドバイザー
  URL www.tripadvisor.jp

旅行予約サイト
- エクスペディア
  URL www.expedia.co.jp
- Trip.com
  URL jp.trip.com
- アゴダ
  URL www.agoda.com

007 ほとんどのカード会社が実施

クレジットカード決済でホテル料金最大15%オフも！

旅行予約サイトのエクスペディアやアゴダなどでは、海外のホテル料金をVisaカードで決済すると15〜8％オフになるキャンペーンを期間限定で開催。JCBやMastercard、アメリカン・エキスプレスなどでも同様のキャンペーンを実施しているので、予約する際はカード会社の会員向け特設予約サイトで料金や内容を確認してから決済することをおすすめする。

008 旧正月と秋夕に要注意！

覚えておきたい韓国の祝祭日と大型連休

ホテルや航空券をおさえる前に、祝祭日で目的地が休業、もしくは営業時間の変更などしていないか確認しておくことも大事。祝祭日開催のイベントもあるので、事前にチェックしておこう。

★祝祭日（2025年）

1月	1日…新正、28〜30日…旧正月
3月	1、3日…三一節
5月	5日…子供の日／釈迦誕生日
6月	6日…顕忠日
8月	15日…光復節
10月	3日…開天節、5〜8日…秋夕（8日は振替休日）、9日…ハングルの日
12月	25日…聖誕節

※旧正月、釈迦誕生日、秋夕は旧暦のため毎年変わる。

003 2024年10月の予約で検証

パッケージツアーと個人旅行どっちが得？

2024年7月時点では、空港〜ホテル間の送迎代を抜いても個人手配のほうが安く収まった。金額的にはパッケージツアーのほうが高いけれど、大手旅行会社の強みは予約から帰国までの国内外でのサポート。海外旅行初心者ならパッケージツアーにして、旅慣れてきたら個人手配にトライしてみては。

	パッケージツアー	個人手配
予約先	大手旅行会社	旅行予約サイト
日程	2024年10月4日発 ソウル3日間	
発着空港	東京（羽田空港）	
利用航空会社	日本航空	
宿泊ホテル	相鉄ホテルズ ザ・スプラジール ソウル明洞	
空港〜ホテル送迎	オプション（往復ひとり2万4000円）	なし
合計	10万9000円〜	7万7900円〜

※税金、燃油サーチャージ、空港使用料込み、大人ひとりの料金の一例。

004 片道運賃1000円以下の航空券も！

とことん安く行くならLCCのキャンペーンをキャッチ

Peachやチェジュ航空などのLCCでは、片道運賃700円など破格のキャンペーンやセールを不定期で開催。税金などが別途かかるとはいえ、激安間違いなし。情報をキャッチするには公式SNSの通知をオンに。

005 東京-ソウル便の場合

ソウルに1分でも長く滞在できるフライトは？

2024年11月時点で、東京-ソウル便の始発は羽田1:30発（仁川4:10着）のアシアナ航空OZ177便。ソウル-東京便の最終は仁川22:40発（羽田翌0:50着）のPeach MM808便。これだと日帰りでも18時間以上滞在可能。東京発着が深夜なので、国内の移動手段も事前に確認を。

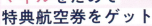

012 取材スタッフおすすめ 日本から持っていきたい役立ちグッズ

たいていのものは現地調達できるけれど、探している時間がもったいないし、あったら便利で安心なものをリストアップ。

☑ **クレジットカード**
両替の手間がなく、多額の現金を持ち歩く必要がない。Wi-Fiルーターのレンタルやホテルの保証金代わりに求められることが多い。

☑ **エコバッグ**
韓国のコンビニではレジ袋が廃止されているので必ず持参。スーパーなどは有料なので、節約したければ持っていくのを忘れずに。

☑ **変換プラグ**
韓国は220Vが主流で、プラグも日本と異なるので必ず持参。一部のホテルでは日本と同じプラグが使用できたり、変換プラグを貸してくれる場合もある。

☑ **筆記具**
入国申告書を記入する際に必要なので、バッグに1~2本黒インクのペンを入れておこう。

☑ **マスク**
感染症の対策のほか、機内やホテルなどでの乾燥予防に数枚用意しておくと安心。

☑ **ウエットティッシュ**
屋台の食べ歩きや屋外での飲食時など、いろいろなシーンで重宝する。

☑ **流せるティッシュ**
韓国では今でもトイレットペーパーを流せないトイレが多いので、不慣れな場合は持参を。

☑ **常備薬**
気候や食事の変化で体調を崩すケースも。飲み慣れている薬がある場合は持参。現地でも入手可能。

☑ **長袖の上着**
機内や地下鉄、レストランやスーパーなど、冷房が効きすぎていることが多いので、薄手の上着を。

☑ **モバイルバッテリー**
旅先では検索や地図、また写真撮影にスマホを使用する頻度が増えるため、バッテリーの減りも想像以上。スマホ約2回フル充電可能な10000mAh（機種により多少異なる）が携帯しやすくおすすめ。

☑ **ジッパー付きバッグ**
もれが心配な液体の収納や小分けに使えるバッグは大小、複数用意しておくと便利。液体の機内持ち込みやヘアケア製品、調味料などを受託手荷物に入れるときに使用。

013 リチウムイオン電池に用心 コードレスのヘアアイロンは没収対象

コンセント式と電池が取り外せるヘアアイロンは、基本機内持ち込みも受託手荷物に入れることも可能。ただし取り外したリチウムイオン電池は、航空会社により受託手荷物に入れることが不可の場合もあるので機内持ち込みに。電池が取り外せない場合はどちらも不可なので、空港で没収されないように気をつけて。

	機内持ち込み	受託手荷物
コンセント式	○	○
電池式（電池を取り外せるもの）	○	○（本体のみ）
電池式（電池を取り外せないもの）	×	×

009 意外とすぐたまる！ マイルをためて特典航空券をゲット

マイルはフライトでためるだけでなく、航空会社提携のクレジット機能付きマイレージカードでコツコツためるのがマイラーの基本。固定費や日常の買い物をカード払いにすれば効率的にためられる。ローシーズンならANAでソウル往復1万2000マイルから利用可能。

010 旅行日数が短くても 海外旅行保険に加入

旅先では事故やトラブルに遭う確率が上がるため、加入を推奨。日本語でサポートが受けられ、高額の医療費などが発生した場合に補償の対象であれば保険金でカバーすることができる。クレジットカードの付帯保険は補償内容を確認し、不足があれば追加で任意保険に加入することを忘れずに。

011 ネット環境は必要不可欠 eSIM、SIMカード、Wi-Fiルーター最適なのは？

日本で契約している携帯電話会社のプランを使用、eSIM、SIMカード、Wi-Fiルーターのレンタルがある。Wi-Fiルーターのレンタルは安くて複数人で利用できるのがメリットだけれど、受取・返却、充電が必要で、荷物になるのがデメリット。ひとりならeSIM、SIMカードの選択も。電話番号付きのeSIMなら、飲食店のウエイティングリストなどでも活用。いずれも日本国内や韓国の空港、オンラインなどでレンタル、購入が可能。ソウルのカフェやホテルは無料Wi-Fi完備も多い。

★韓国の空港にある通信事業者でレンタル・購入した場合（一例）

	eSIM	SIMカード	Wi-Fiルーター
データ無制限の場合の価格（1日）	600円~（長期割引あり）	6600W~（長期割引あり）	3300W~
データ	1日300MB~無制限までさまざま		
通話	可（プランによる）※韓国の電話番号取得可	受信無料（発信有料）※韓国の電話番号取得可	不可（アプリ内で可）
複数端末使用	不可 テザリングで可	不可 テザリングで可	可
受取／返却	オンライン登録	空港や郵送で受取	空港受取・返却
端末（スマホなど）	非対応あり	非対応の場合、日本で事前手続きが必要	事前手続き不要

018

017 スマホでOK！オンラインチェックインで空港の手続きを短縮

利用航空会社の公式サイトやアプリでオンラインチェックインを済ませておけば、空港では受託手荷物を預けるだけで時間が大幅に節約できる。運賃タイプによっては座席の選択ができるのも魅力。

018 ネット注文で割引も！日本の空港免税店でお得に買い物

成田空港JAPAN DUTY FREEの免税品注文サイト

空港免税店は海外へ出発する日本人も利用可能。店舗のウェブサイトでは事前注文が可能で、免税店限定はもちろん、店舗では取り扱いのないブランドや売り切れを心配することなく欲しい商品が免税価格で購入できるうえ、オンライン決済で割引になることも。受け取りは出国手続き後、指定の場所で。

019 iPhoneユーザーに朗報！韓国でもApple Payで簡単・安全にタッチ決済

日本のクレジットカードを登録したApple Payがそのまま使用できる店舗が急増中。タッチ決済ならスキミング被害の不安がなく安心。Apple Payやタッチ決済対応マークを確認して利用しよう。

020 いまやマストアイテム 出発前にダウンロードしておきたい神アプリ

知りたい情報をすぐに取得できるアプリは、韓国でも大活躍。出発前にアップデートして、旅を快適に。

 Kakao Talk
韓国で主流のメッセンジャーアプリ。トーク、通話が可能でレストランの予約なども

Kakao タクシー
タクシー配車アプリ。海外発行のクレカが登録できるようになり支払いもスムーズに

 Papago
NAVERが提供している翻訳アプリ。韓国語のテキスト、音声、会話、画像に対応

 NAVER Map
NAVERの地図アプリ。現在地の確認から近くの店舗検索、交通案内まで万能（P.28）

 Subway Korea
地下鉄の路線図にルート検索、出発・到着時間、料金、駅情報などをリアルタイムで表示

 Currency
通貨換算アプリ。韓国ウォンを日本円に換算でき、チャート機能で為替もチェック可能

CATCHTABLE
レストランの予約アプリで、グローバル版も登場。当日予約の順番待ちなどにも使える（P.28）

014 ホテルアメニティに変化が！歯ブラシ・歯磨き粉・かみそりは持参

韓国では2024年3月より50以上の客室を保有するホテルは資源リサイクル法により、一部のアメニティの無償提供が禁止に。歯ブラシ、歯磨き粉、かみそりなどは有償提供になるため、節約するなら持参をおすすめ。

015 1分でも早く空港脱出！機内持ち込みで空港での待ち時間をカット

機内持ち込み可能なキャリーケースのみなら、バゲージクレームで受託手荷物が出てくるのを待つ必要がなく、到着後すぐに空港を出発できる。国際線の一般的な規定は3辺の合計が115cm以内、総重量7～10kg以内。

016 重量オーバーで高額支払いも 受託手荷物は無料の許容量を厳守

受託手荷物の重量は、超過すると追加料金が発生するので要注意。ZIPAIRやエアージャパンのように無料のサービスがなく1個目から有料の場合やPeachやチェジュ航空のように運賃タイプにより有料など、LCCは低価格に抑えているぶん、受託手荷物や機内食の有無が選択できるようになっている。

★エコノミークラスの無料受託手荷物許容量

航空会社	重量／3辺の合計／個数
日本航空	23kg／203cm／2個
ANA	23kg／158cm／0～2個
大韓航空、アシアナ航空	23kg／158cm／1個
エアプレミア	15kg～／158cm／1個
エチオピア航空	23kg／158cm／2個
Peach、ジンエアー、エアブサン、エアソウル、チェジュ航空、エアロK航空、イースター航空、ティーウェイ航空	運賃タイプにより有料（キャンペーンなどの特別運賃含む）
ZIPAIR、エアージャパン	有料

※重量は1個あたり。

着いた瞬間から一歩先いくテクを駆使

到着＆実用情報
ARRIVAL & PRACTICAL GUIDE

機内でトイレを済ませて足早に入国審査へ向かい、受託手荷物をピックアップ。これだけでもかなりの時短で誰よりもリード。限られた滞在時間を効率よく動いてより旅を充実させるテクを伝授。

023　割引や特別クーポン付き！
明洞へはオリーブヤングの無料空港リムジンで！

ヘルス＆ビューティストアのオリーブヤングが、仁川空港第1ターミナルから明洞までの無料空港バスのサービスを開始。明洞到着後、最寄りのオリーブヤングへ立ち寄ると特典が受けられる。詳細、予約はKlookへ。

URL www.klook.com

明洞のオリーブヤング

021　空港内もサクサク
公共バスや地下鉄も！韓国は無料Wi-Fiが充実

現在地周辺の無料Wi-Fiスポットはここでチェック

空港内やカフェはもちろん、特にソウルでは街なかや観光名所、公共交通機関などで市が設置した公共Wi-Fiが無料で利用できる。一度接続すればあとは自動接続なので、到着したらソク接続。

Wi-Fi完備の仁川空港

| セキュリティ接続 / **SEOUL_Secure** | 一般接続 / **SEOUL** |

022　ソウルは渋滞が難点
空港からソウル市内へ安くて快適な移動ルートは？

安くて確実なのは空港鉄道A'REX。荷物が多い場合は目的地へ乗り換えなく運んでくれるタクシー（P.23）が便利だけれど、渋滞に巻き込まれると時間とお金がかかるので要注意。比較的快適な高級リムジンバスはタクシーと同じく交通事情に左右されるものの、目的地周辺まで乗車でき価格も定額。時間に余裕があるときはおすすめ。

A'REXの券売機は日本語も対応

★仁川空港（第1ターミナル）からソウル駅まで

交通手段	料金	所要時間	概要
空港鉄道A'REX	直通列車1万1000W	約43分	約40分間隔、窓口、ウェブサイトで予約可
空港鉄道A'REX	一般列車4450W	約60分	交通系ICカードの場合100W割引
高級リムジンバス	1万7000W〜	約80分	1時間に3〜5本。早朝・深夜も運行（P.21）
タクシー	7万W〜	約70分	一般タクシーの場合

★金浦空港からソウル駅まで

交通手段	料金	所要時間	概要
空港鉄道A'REX	一般列車1700W	約22分	交通系ICカードの場合100W割引
市内バス	1500W	約80分	約10分間隔
タクシー	2万W〜	約40分	一般タクシーの場合

024　5＆9号線を利用
金浦空港から汝矣島、江南方面へ行くなら地下鉄も

最近話題の百貨店、ザ・現代ソウル（P.63、94、104）のある汝矣島へは地下鉄5号線で約30分。高速ターミナルやコエックスモール（P.65）直結の奉恩寺駅など江南方面へは9号線が乗り換えなしで運んでくれる。快速だと高速ターミナル駅へも約30分！

020

025 早朝&深夜発着でも安心
夜中の仁川空港⇔ソウル移動は深夜リムジンにおまかせ

空港鉄道や地下鉄が運行していない時間帯は、深夜リムジンが便利。ソウル駅や明洞、東大門、高速ターミナル、コエックス、蚕室などをまわるルートがあり、渋滞もなくスムーズ。循環なのでソウル市内から乗車すれば空港への移動も可能。行き先によりリムジンバス会社が異なるので、予約やチケット購入、乗車時にくれぐれも注意を。

東大門のN6701／N6702のバス停

★仁川空港発の深夜リムジン

行先	バスNo.	ルート（循環）	始発～最終／本数	料金／リムジン会社
ソウル駅	N6001	第1ターミナル→ソンジョン駅→ヨムチャン駅→ソウル駅	毎日翌0:20～翌4:40／約6本	1万7000W 空港リムジン URL airportlimousine.co.kr
	N6002	第2ターミナル→第1ターミナル→ソンジョン駅→ヨムチャン駅→ソウル駅	毎日翌1:00／1本	
高速バスターミナル	N6000	第1ターミナル→ソンジョン駅→ヨムチャン駅→高速バスターミナル	毎日翌0:00～翌4:20／約6本	
東大門	N6701	第2ターミナル→第1ターミナル→麻浦駅→ソウル駅→乙支路入口駅（明洞）→東大門デザインプラザ	毎日23:30～翌4:20／約5本	1万8000W 韓国空港リムジン URL www.klimousine.com
蚕室	N6703	第2ターミナル→第1ターミナル→盤浦（ソレマウル）→コエックス東ゲート→蚕室（ロッテワールド）	毎日23:40～翌4:30／約5本	

※運行時刻は変更の可能性あり。

028 ホテルが無人の場合は
空港⇔地下鉄駅の配送も！便利な T-Luggage

仁川・金浦空港から地下鉄のソウル駅、明洞、弘大入口、鍾路3街、蚕室などの駅構内にあるサービスカウンター、もしくはロッカーへ荷物を配送。また、空港への配送、保管もしてくれる便利なシステム。ソウル交通公社が運営するサービスで各カウンター、ウェブサイトで簡単に手続きできる。

T-Luggage
URL www.tluggage.co.kr
● 仁川空港（ハンジン宅配）、地下鉄駅の金浦空港、ソウル駅、明洞、弘大入口、鍾路3街、蚕室、水西 ● 9:00～22:00（仁川空港7:00～21:00）● 小・中型1個1万7000W～（週末2万5000W～）

地下鉄駅構内のサービスカウンター

※仁川空港第1ターミナル14:30、第2ターミナル15:30、金浦空港12:00までに預けると当日20:00に各地下鉄駅サービスカウンターへ配送。ロッカーへは21:00に配送、24:00まで受け取り可能。各地下鉄駅からは12:00までに預けると仁川空港第1ターミナル、金浦空港15:30、第2ターミナル16:30に配送してくれる。ロッカーの詳細はT locker（P.25）へ。

★サービスカウンターでの保管料金

サイズ	料金（基本4時間）／週末	延長（1時間）
小型 ～20インチ	3000W／4000W	1000W
中型 ～23インチ	4000W／6000W	
大型 ～27インチ	6000W／9000W	
超大型 27インチ～	9000W／1万3000W	

※1インチ＝2.54センチ

026 早朝&深夜発着に使える！
サウナ&仮眠OK！空港内スパですっきり身支度

スパウエア、タオルも貸してくれる

仁川空港内にあるスパオンエアーは24時間営業で、2時間1万Wから利用できる。サウナにお風呂、シャワー、メイクルームなどが完備し、仮眠室には女性専用もあり、早朝&深夜発着時に重宝。

SPA ON AIR
● 仁川空港第1ターミナルB1F ● 2時間1万W、6時間2万W（20:00～翌8:00は2万5000W）、延長1時間5000Wほか

027 荷物を置きにいく手間が省ける
スーツケースをホテルへ配送 空港からソク遊びに

仁川・金浦空港で17時までに預けると、ソウル市内のホテルへ当日届けてくれる配送サービス。帰国時も17時以降のフライトならホテルから空港への当日配送が可能。時間ギリギリまでソウルを満喫することができる。

TRIP EASY
URL tripeasy.co.kr
● 仁川空港、金浦空港など ● 7:00～22:00 ● 1個2万W～

※ウェブサイトで要予約。配送先が無人（フロントなどがない）の場合は届けられないので要注意。17:00までに預けると当日20:00以降に配送。空港へは8:00～10:00に預けると15:00～に配送。フライトに余裕がある人のみ推奨。

031
韓国版のSuicaやICOCA
地下鉄&バスはT-moneyで割引乗車

ソウルに着いたら、すぐに入手したいのが交通系ICカードT-money。JR東日本のSuicaやJR西日本のICOCAのようにチャージして公共交通機関やタクシー、加盟店などでの支払いに使用できる。小銭の心配や切符購入の煩わしさがなく、地下鉄の運賃割引や公共交通機関内の乗り継ぎ割引などの特典も受けられる。2023年にcash beeから名称変更したEZLもほぼ同様のカード。T-moneyより使用できる店舗が多く、アプリで管理できるのが特長。

- 購入・チャージ…地下鉄の券売機、または専用自販機、コンビニなど（チャージは現金〈ウォン〉のみ）
- 使用場所…地下鉄・鉄道・バス・タクシー、加盟店およびICチップ決済ができる店舗
- 価格…3000W～
- 残金…引き出し可
- 割引…地下鉄の基本運賃1500Wが1400Wに。地下鉄からバスへ乗り継ぐ場合、30分（21:00～翌7:00は60分）以内ならバスの基本運賃は不要。同じ路線以外の乗り継ぎなら4回まで割引適用。空港リムジン、タクシーの乗り継ぎにも割引あり。EZLはロッテ免税店での割引・特典もある。

地下鉄の券売機で購入とチャージができる

上／パワーパフガールズとのコラボEZLカード　左／韓国サッカーチームのコラボT-moneyカード

029
空港より市内の両替所が断然得！
日本円から韓国ウォンへどこで両替する？

キャッシュレス決済利用率が9割を超える韓国では、ほとんどの店でクレカやApple Payが使えるので、交通系ICカードのチャージや一部の屋台、市場などで使用する分のみ両替しておけばOK。空港では必要最小限両替し、ソウルの街なかの両替所で目的に応じて両替。両替所ではレート表示を確認し、受け取ったウォンが間違っていないかその場で必ず数えるように。

レートのいい両替所
- 大使館前両替 … 明洞　MAP P.124-B5
- マネープラネット … 明洞　MAP P.124-B5
- マネーボックス … 明洞　MAP P.124-B5
  ＊弘大、広蔵市場、東大門、江南などにもある
- 88両替 … 東大門　MAP P.122-B5
- travel depot … 弘大　MAP P.125-C2

レートがいいのは明洞

030
街なかの両替所が心配な人は
レートがいいと評判の新韓銀行明洞支店へ

銀行での両替は割高なイメージがあるけれど、比較的レートがいいといわれているのが明洞にある新韓銀行。隣には直営の人気カフェがあり、プランニングにも最適。

新韓銀行 明洞支店
明洞　MAP P.124-A6　中区 明洞ギル 43　⏰9:00～16:00　休土・日・祝　URL shinhan.com

入口ではイメージキャラSOLがお迎え

032
両替と送金もできる！
進化形プリペイドカード WOWPASS vs NAMANE

海外でのクレジットカード利用や使いすぎが不安な人へおすすめなのが、プリペイドカード2種。どちらも交通系ICカードT-moneyカードと一体型なので移動も買い物も1枚で済み、履歴などアプリで管理できるので安心。韓国中に点在する専用機で、WOWPASSは日本円で両替やチャージができ、NAMANEはオリジナルカードが作れるのがメリット。サービスは急速に進化しているので、渡韓のタイミングで自分に合ったカードをチョイスしよう。

WOWPASSは現在190の機械を設置

	WOWPASS	NAMANE
購入／チャージ	アプリ、専用無人両替機（チャージは現金〈ウォン、日本円〉・クレカ可、上限100万W）	アプリ、専用自販機（チャージは現金〈ウォン〉・クレカ可、pay残高50万W＋交通残高50万W）
価格	5000W	7000W（オリジナルデザイン可）
使用場所	加盟店およびICチップ決済ができる店舗 ／ 地下鉄・鉄道・バス・タクシーなど（T-money機能）	
特長	無人両替機で両替、現金でのチャージが可能。アプリではクレカでチャージができる。公共交通機関はT-money機能を使用。この機能へのチャージは現金（ウォン）。アプリ内でWOWPASS残高からチャージ可能。WOWPASS同士、韓国口座へ送金可能。紛失時一時停止、残金の引き継ぎができる。人気店でのキャッシュバックなど特典多数。	専用自販機でオリジナルカードが作れ、クレカでのチャージも可能。コンビニCUで出金できる。公共交通機関はT-money機能を使用。クレカでチャージした残高をT-money機能へ移行できる。韓国口座へ送金可能。紛失時一時停止、残金の引き継ぎができる。人気店でのキャッシュバックなど特典多数。

※それぞれのサービスには手数料などがかかる場合がある。

036 電話とチャットで相談できる！
困ったときは1330 韓国観光公社のお助けライン

観光案内から通訳、トラブル時の対応など、何でも日本語で相談できる観光案内電話1330。オンラインなら通話料無料で、LINE、Kakao、有人ライブチャットも可能。

☎ 1330
（日本からは82-2-1330）

オンライン無料電話

有人ライブチャット

Kakao

LINE

037 日本より割安
タクシーに乗ったら行き先は文字で伝える

韓国語に自信がなかったら行き先の名前や住所を文字で伝えると確実。ホテルの案内やウェブサイトを見せて、カーナビに入力してもらおう。最近は悪質なタクシーが減ったけれど、不安だったら車体が黒の模範タクシーへ。また、乗車したら念のためメーターの作動と運転手の証明書をチェック。

タクシーの乗り方

➤ タクシー乗り場、もしくは手を上げて流しのタクシーを拾う。Kakaoタクシーなどの配車アプリ（P.19）も利用可。

➤ ドアの開閉や、声がけしてからトランクへの積み入れを自分でする。

➤ 乗車したら行き先を伝える。

➤ 目的地に着いたら現金、交通系ICカード、クレジットカードで支払い。

	一般タクシー	模範タクシー
特徴	中型の一般的なタクシー	バイリンガルの運転手もいる高級タクシー
車体の色	シルバー、白、オレンジ	黒
初乗り料金	4800W（1.6kmまで）	7000W（3kmまで）
割増	22:00～23:00、翌2:00～4:00は20%　23:00～翌2:00は30%	22:00～翌4:00は20%

一般タクシー。빈차（ピンチャ）の表示があれば空車

033 1日5000Wから
地下鉄&バスが乗り放題！気候同行カードって？

30日間乗り放題の気候同行カードに、2024年7月より短期券のサービスがスタート。1・2・3・5・7日券があり、あらかじめ3000Wで購入した気候同行カードに地下鉄の券売機で希望の日数を選んでチャージすれば、その場から利用が可能。1日5000Wなので、4回乗車すればもとが取れる。ただし、仁川空港～金浦空港間の空港鉄道や新盆唐線、ソウル市外の地下鉄、広域・空港バスなど利用できないルートがあるので、行動範囲で検討を。

● カード購入…利用可能区間の地下鉄駅、コンビニなど

● 価格…気候同行カード3000W（繰り返し使用可能）
1日券5000W、2日券8000W、3日券1万W、5日券1万5000W、7日券2万W、30日券6万2000W～

● チャージ…利用可能区間の地下鉄駅券売機など

● 利用可能路線・区間…地下鉄2・6・8・9号線、新林線、牛耳新設線、金浦ゴールドライン、空港鉄道（金浦空港～ソウル駅〈仁川空港は左記の駅から乗車した場合のみ下車可能〉）、1号線（温水／衿川区庁～道峰山）、3号線（紙杻～梧琴）、4号線（南泰嶺～榛接）、5号線（傍花～馬川／江一）、7号線（温水～長岩）、京義・中央線（水色～菱源／ソウル駅）、水仁・盆唐線（清涼里～福井）、京春線（清涼里～新内）

ソウル市のキャラヘチがデザインされたカード

034 大韓航空&アシアナ航空の
搭乗券提示で観光名所・ホテル・グルメが割引に！

大韓航空とアシアナ航空では、便名が記載された搭乗券の原本（アシアナ航空はモバイル、eメール搭乗券も可）とパスポートを提示するとそれぞれ提携会社で割引特典が受けられる。ソウルシティバスからロッテワールド、パラダイスシティ、韓国料理のサムゴリプジュッカンなど最大50%オフ！

035 コンビニでは借りられない
外でトイレに行きたくなったら？

駅構内、デパート、チェーン展開のカフェへ！以前はトイレットペーパーが流せないトイレが多かったけれど、2018年からは公共のトイレでも流せるように。NAVER Mapアプリ（P.17）で화장실（ファジャンシル）と入力すると最寄りの利用可能なトイレが検索できる。

039
13歳以上ならOK！
シェアサイクル タルンイにトライ

韓国は右側通行。交通ルール厳守！

タルンイは地下鉄駅や公園、観光名所などにあるステーションで貸出と返却ができるシェアサイクル。大きさは2種類で大型は14歳以上、小型は13歳以上。利用にはアプリが必要で、日本語で利用券の購入や借りるタルンイのQRコードの読み取りなどを行う。返却は借りた場所以外でも可能で、ロックのレバーを下ろしたら完了。

● 旅行者向け料金…1時間券1000W、2時間券2000W、24時間券5000W、超過料5分200W（1時間券は4時間以上、2時間券は6時間以上超過すると盗難扱いになるので注意） ※1時間券で1時間以内に別のタルンイに乗り換えると、利用時間がリセットされ新たに1時間乗車することが可能。1日に何度も繰り返すことができ、時間を空けて利用することもできる。

※韓国以外のIPアドレスからはアクセスできない場合あり。

040 ソウルの街なかに点在
スーツケースも預けられる！
無料の荷物預かりサービス

ソウル駅のロッテマート

ソウル駅のロッテマートや汝矣島のザ・現代ソウルなどの百貨店、また弘大、江南にある通信会社LG U+の複合文化空間・日常非日常のトゥムでは無料で荷物を預かってくれるサービスを展開。明洞のJCBプラザ ラウンジ・ソウルでも会員限定（本人名義、有効期限内のJCBカード提示）で預かってもらえる。

● ロッテマート ゼッタプレックス（P.59）
ロッカー3時間まで無料、スーツケース預かり2時間まで無料

● 新世界百貨店（P.65）
新館地下1階のロッカー4時間まで無料

● ロッテ百貨店（P.65）
本館地下1・4・7階のロッカー3時間まで無料

● ザ・現代ソウル（P.63、94、104）
地下1・3・4階のロッカー無料、1階の手荷物保管所無料

● 日常非日常のトゥム
弘大 MAP P.125-C2 ⏰10:00～20:00 休日
江南 MAP P.127-D3 ⏰11:00～20:30 休月
契約者でなくてもスーツケースの預かり無料（パスポート提示）

● JCBプラザ ラウンジ・ソウル
明洞 MAP P.123-A3 ⏰9:00～12:00、13:00～18:00 休土・日・祝・第1・3水

038
終電を逃しても大丈夫！
2500Wで乗車できる
深夜バスでホテルまで

フクロウを意味するオルペミという名前の深夜バスが、終電がなくなる23時過ぎから早朝5時くらいまでソウル市内を運行。10路線以上あり、繁華街やホテルが集まるエリアをまわるルートも多い。ルートや時間はNAVER Mapアプリ（P.19）でリアルタイム検索できる。

バスの乗り方

 前から乗車し現金（ウォン、おつりは出ない）、または交通系ICカードで支払い（基本料金2500W）。

→ 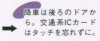 目的地が近づいたら、ボタンを押す。

→ 降車は後ろのドアから。交通系ICカードはタッチを忘れずに。

NAVER MapアプリでGOをタップ→自分の位置と目的地を入力→公共交通機関マークをタップすると、自動的にオルペミバスの案内が出てくる

★ おもなオルペミバス

バスNo.	ルート中心部	始発・最終／間隔／料金
N13	～東大門～東大門歴史文化公園～薬水～新沙～論峴～江南～駅三～宣陵～三成～蚕室～	始発23:00頃／最終翌4:00頃／15～40分／2500W
N15	～東大門～鍾路5・3街～鍾閣～乙支路入口～ソウル駅～新龍山	
N16	～東大門～東大門歴史文化公園～忠武路～会賢～市庁～ソウル駅～孔徳～麻浦～永登浦	
N26	～合井～弘大入口～新村～梨大～忠正路～西大門～光化門～鍾閣～鍾路3街～東大門～	
N30	～東大門～東大門歴史文化公園～乙支路4・3街～乙支路入口～ソウル駅	
N31	～蚕室～三成～江南～新沙～漢江鎮～梨泰院～乙支路入口～鍾閣～鍾路3・5街～恵化～	
N37	～江南～論峴～新沙～鍾閣～光化門～西大門～	
N51	～永登浦～合井～弘大入口～新村～梨大～忠正路～市庁～光化門～安国～東大門～	
N62	～合井～弘大入口～新村～梨大～市庁～乙支路入口～鍾閣～鍾路3・5街～東大門～東大門歴史文化公園～聖水～建大入口～	
N72	～上岩DMC～望遠～合井～弘大入口～新村～緑莎坪～梨泰院～漢江鎮～薬水～	
N73	～蚕室～建大入口～聖水～乙支路3・4街～乙支路入口～市庁～梨大～新村～弘大入口～	
N75	～新村～梨大～西大門～光化門～市庁～ソウル～緑莎坪～高速ターミナル～論峴～江南～	

043 今後拡大予定
弘大のホテルで搭乗手続き！
"イージードロップ"とは

ソウル駅同様、ホリデイ・イン・エクスプレス・ソウル・ホンデ（P.114）1階でも搭乗・出国手続きと荷物の預け入れができるサービス、イージードロップがスタート。宿泊者でなくても利用でき、A'REXの乗車券も必要なし。仁川空港から当日出国、航空会社限定だけれど、今後のサービス拡大に期待。

EASY DROP（ホリデイ・イン・エクスプレス・ソウル・ホンデ）
⏰ 7:30～16:30　休 水・祝（土・日は要確認）　料 荷物1個3万5000W（宿泊者3万4000W）　仁川空港第1ターミナルは出発3時間前、第2ターミナルは出発3時間30分前まで手続き可能（ただし、14:30～19:30出発便は11:30までに手続きを済ませることが必要）　手続き可能な航空会社　大韓、アシアナ、チェジュ、ティーウェイ航空（2024年10月時点）

＊仁川のインスパイア・エンターテインメント・リゾート（P.13）にもイージードロップのサービスがある。

044 出国手続きがスムーズに！
仁川空港からは
スマートパスで時短出国

仁川空港から日本へ帰国する際、パスポート、顔データ、搭乗券などをスマートパスのアプリに事前登録しておくと、出発ロビーや搭乗ゲートでの出国手続きを顔認証のみで済ませることができる。パスポートを出す手間がなく紛失の心配も減り、混んでいても専用レーンを利用できるのでかなりの時短に。

搭乗ゲートは大韓、アシアナ、デルタ、チェジュ、ティーウェイ航空、ジンエアーのみ顔認証可能（2024年10月時点）

045 免税手続きはカンタン
1万5000W以上の買い物で
消費税が返ってくる！

041 使用状況がリアルタイムで！
駅構内のコインロッカーは
アプリで事前チェック

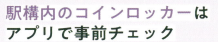

T-Luggage（P.21）と同じソウル交通公社が運営する地下鉄駅構内にあるコインロッカー、T locker。現在約270ヵ所にあり、日本語対応のアプリで場所や使用状況、韓国の電話番号があれば予約もでき、支払いまで済ますことが可能。また、T-Luggageのサービスカウンターがある地下鉄駅では、ロッカーを通して荷物の配送と受け取りもできる。

★**T locker**　⏰ 5:00～24:00

サイズ（cm）	料金（基本4時間）／週末	延長（1時間）
小型 50×30×60	2200W／3100W	500W
中型 50×45×60	3300W／4600W	800W
大型 50×90×60	4400W／6100W	1000W

042 出国ギリギリまでソウルを満喫
ソウル駅で搭乗手続き！
荷物を預けて最終日も有効活用

空港鉄道ソウル駅の地下2階にある都心空港ターミナルでは、搭乗・出国手続きと荷物の預け入れが可能。ここで済ませば空港での手続き不要で、出国も専用レーンが利用できスムーズ。ただし、利用は仁川空港から当日出国する人のみで、航空会社も限られているので要注意。また、空港までのA'REXの乗車券を購入することが条件。

ソウル駅地下2階でチェックイン

都心空港ターミナル
⏰ 5:20～18:50（最終手続き）　仁川空港第1ターミナルは出発3時間前、第2ターミナルは出発3時間20分前まで手続き可能　手続き可能な航空会社　大韓、アシアナ、ルフトハンザ、チェジュ、イースター、ティーウェイ航空、ジンエアー、エアプサン、エアソウル（2024年10月時点）

韓国では免税でショッピングが楽しめる制度が3通りあり、簡単な手続きで6～7％還付されるので、面倒くさがらずに必ず申請を。

事前免税制度
Duty Freeと書かれた免税店（P.64）では、関税と消費税があらかじめ抜かれた価格で商品が買える。購入にはパスポートとeチケットの提示が必要（スマホでの本人認証で購入できる免税店もあり）

事後免税制度
Tax RefundやTax Freeのロゴがある店舗では、1万5000W以上商品を購入し申請すると、空港や市内の還付カウンター、無人還付機などで消費税を返してもらえる。申請、返金にはパスポートが必要。返金は現金（ウォン）、またはクレジットカードへ後日還付される。

即時還付制度
Tax RefundやTax Freeのロゴがある百貨店やスーパー、大型チェーンなどの一部の店舗では、1万5000W以上商品を購入し申請すると、その場で消費税を抜いた価格に変更してくれる。申請にはパスポートが必要。

免税店はこのロゴが目印

1食たりともハズせない！
グルメ
GOURMET

王道のサムギョプサルからビビンパ、チゲ、屋台グルメ、スイーツまで、お得に制覇したい。美食の都ソウルでスマートに韓国グルメを満喫するテクニックを伝授！

047 店探しの基本
食べたいのはどれ？韓国焼肉は専門店に分かれている

韓国の焼肉店は豚、牛、鶏と、提供する肉で店が分かれていることがほとんど。さらに、鍋、スープ、麺なども専門店で提供するのが基本。食べたいモノを決めてから店選びを！

\豚 焼肉 / \牛 焼肉 / \鶏 焼肉 /

046 覚えておきたい！
グルメに関するキーワード

韓国でグルメを楽しむ前に最低限覚えておきたい基本的なキーワードを解説。これだけおさえておけば韓国語が話せなくてもおいしいものに出会える！

먹자골목（モクチャコルモック）= うまいもの横丁 ➡P.34
韓国では同じ料理を提供する店が軒を連ねることが多い。市場内のグルメ通りを指すこともある。

식당（シクタン）= 食堂
大衆食堂を指す。○○食堂と店名についていることが多く、飲食店選びの基準となる。

식사（シクサ）= 食事
食事の時間帯以外に食堂に入ると、食べるしぐさとともに「シクサ？」と聞かれることがある。

메뉴판（メニューバン）= メニュー表
店内の壁に掲示されていることも多い。日本語メニューはイルボノメニュバン。

チョムシム 점심（昼） メニュ 메뉴
ジュリュ 주류（酒類）

반찬（パンチャン）= おかず ➡P.27
メイン料理とともに無料で提供される小皿料理のこと。常備菜で種類豊富。

맛있게 드세요（マシッケトゥセヨ）= どうぞお召し上がりください
料理が提供される際や肉が焼けたときに言われる。감사합니다（カムサハムニダ）と答えよう。

맛있어요（マシッソヨ）= おいしいです
店のスタッフが質問する場合は「맛있어요？（マシッソヨ↗）= おいしいですか？」となる。

048 ひとりメシは少数派？
最初のオーダーはふたり分からが基本

最近は少しずつ増えてきたものの、韓国ではひとりで外食する習慣が長らくなかった。そのため、今でも焼肉店などではひとりで食事する場合でも最初のオーダーはふたり分からということが多い。スープやご飯、麺などの一品料理ならひとり分オーダーOK。ちなみにひとりメシは略語で혼밥（ホンパプ→P.39）という。

026

050 日本とはちょっと違う
ご飯を箸で食べるのはNG？
韓国の食事マナー

小皿やおかずはチョッカラ（箸）、ご飯やスープはスッカラ（スプーン）で食べる。大衆食堂では、チョッカラとスッカラは各テーブルの引き出しに入っている。器は手に持たず、テーブルに置いたまま食べる。スープにご飯を入れるのはOKだけどその逆はNGなのも覚えておきたい。

051 客は待っているだけ
ベストな焼き加減は
スタッフにおまかせ！

日本と韓国の焼肉店の最大の違いは店のスタッフがテーブルですべて調理してくれること。焦げたり生焼けだったりする心配がなく、おいしく食べることだけに集中できるのがうれしい。

052 何でもチョキチョキ
はさみは
韓国グルメの必需品

韓国ではたいていの料理を食べやすい大きさにはさみで切って食べる。焼肉店では店のスタッフが肉をはさみでカット。鍋の具もキムチも麺もはさみでカット。最初は戸惑うけれど、慣れると便利で日本でもまねしたくなる。

049 おかわりOK！
ご飯がどんどん進む
パンチャン解説

韓国の飲食店ではメイン料理のほかに、キムチをはじめとするパンチャン（おかず）が小皿で複数提供されるのが一般的。どれも無料でおかわりOK。追加が欲しいときは「이거 더 주세요（イゴ ト チュセヨ）＝これのおかわりをください」と言おう。代表的なものはこちら！

055 待ち時間を有効に！
店頭のCATCHTABLEを利用しよう

予約不可の人気店の場合は直接レストランへ行って順番待ちをするしかない。なかには、ウエイティングリストとしてCATCHTABLEパッドを採用しているところがある。画面に表示されているQRコードを読み取り、日本語表示を選択して項目に従って情報を入力するとウエイティング番号が表示される。ホーム画面からも状況確認でき、順番が近くなると登録したメールアドレスに通知が届くので、行列が長い場合は待ち時間にショッピングするなど時間を有効に使える！

1 ウエイティングリスト登録完了のメール
2 入店可能になったことを知らせるメール

056 NAVERもアプリも予約NGなら
最終手段は代行予約

NAVER予約やCATCHTABLE GLOBAL予約を採用していないレストランに予約する場合は電話となる。ただし、韓国語に不安がある場合は代行予約を依頼するという手段も。「ソウル、レストラン、代行」などで検索すると見つかる。手数料がかかるので割高にはなるけれど時短になることは確実！

053 お得なクーポンも！
レストラン探しにNAVER Mapを使いこなそう

日本語表示も選択できる韓国No.1の地図アプリNAVER Map（P.19）はレストラン探しでも大活躍。現在地や希望のエリアを表示して、画面上部のRestaurantをタップ。気になる店を選択すると、基本情報に加え、メニュー、料理の値段、レビュー、投稿写真などが表示される。食べたいジャンルや店名からも検索可能。なかにはクーポンが掲載されている店もある。利用するにはNAVERの無料登録＆ログインが必要。さらに、そのまま予約に進める店もあるが、その場合は事前の実名確認＆本人認証が必要となる。

1 エリアを表示してRestaurantをタップ
2 レストランアイコンと店名が表示される
3 タップして店の情報を表示する（1万W割引クーポン！）

054 あの人気店にも楽々入店
事前予約アプリCATCHTABLEで時短！

韓国でも日本の食べログのようにオンライン予約を推奨している店が増えている。なかでも、レストラン予約アプリCATCH TABLE GLOBAL（P.19）はおすすめ。アプリをダウンロードしたら、グーグルアカウントかアップルアカウントを利用してログインするだけ。日本語表示も選択できる。店の情報には日本語はほとんどないけれど英語はある。行列のできる人気店のなかには当日予約のみ受け付けているところもある。無断キャンセルを避けるため、アプリ予約時にデポジットがかかる店もある。その場合は日本発行のクレジットカードを利用して支払う。

1 日本語選択にしたトップ画面
2 当日のみ予約できるロンドンベーグルミュージアム。順番待ちの人数が見られる

060
いつでも駆け込みOK！
人気タウンの深夜・24時間OPENレストラン

楽しすぎてうっかり食事のタイミングを逃してしまった！そんなときに心強い深夜・24時間営業で食事ができる人気店を夜遊びタウンでピックアップ。

タウン	レストランデータ	営業時間・定休日・料理（予算）
明洞	ウォンダンカムジャタン 원당감자탕 MAP P.124-B5 4号線明洞(424) 駅5番出口から徒歩約3分 中区 명동8나길 35 ☎ 0507-1344-7612	⏰24時間 休 無休 料理：鍋 （3万5000W～）
明洞	オブネッパジンダッ 오븐에빠진닭 MAP P.124-A5 2号線乙支路入口(202) 駅5・6番出口から徒歩約3分 中区 명동7길 21 ☎ 02-3789-5892 URL www.oppadak.co.kr	⏰11:30～翌3:00 休 無休 料理：チキン （2万4000W～）
明洞	キムガネ 김가네 MAP P.124-B5 4号線明洞(424) 駅4番出口から徒歩約1分 中区 퇴계로 114 ☎ 02-3789-5940 URL www.gimgane.co.kr	⏰24時間 休 無休 料理：キムパ （4500W～）
東大門	キョチョン1991 KyoChon 1991 MAP P.122-A6 1・4号線東大門(128・421) 駅6番出口から徒歩約1分 종로구 종로 294 2F ☎ 02-2231-9337	⏰24時間 休 無休 料理：チキン （2万W～）
東大門	トッケビプルコギ 도깨비불고기 MAP P.122-A6 2・4・5号線東大門歴史文化公園(205・422・536) 駅14番出口から徒歩約3分 中区 을지로43길 38 ☎ 02-2269-1538	⏰10:30～24:00 休 無休 料理：プルコギ （1万8000W～）
東大門	ユジョン食堂 유정식당 MAP P.122-A6 1・4号線東大門(128・421) 駅7番出口から徒歩約5分 中区 마장로1길 28-5 ☎ 02-2232-5727	⏰24時間 休 無休 料理：スープ （8000W～）
弘大	サンドミプルコギ 산더미불고기 MAP P.125-D2 6号線上水(623) 駅1番出口から徒歩約5分 마포구 어울마당로 47 ☎ 02-323-8226	⏰24時間 休 無休 料理：プルコギ （1万8000W～）
弘大	トンスベッ 돈수백 MAP P.125-C2 京義・中央・2号線弘大入口(K314・239) 駅8番出口から徒歩約2分 마포구 홍익로6길 74 ☎ 02-324-3131	⏰11:00～24:00 休 無休 料理：スープ （8500W～）
弘大	ヌナホルダック 누나홀닭 MAP P.125-C2 京義・中央・2号線弘大入口(K314・239) 駅8番出口から徒歩約3分 마포구 어울마당로 129 ☎ 02-332-6663 nuguna_banhandak	⏰12:00～翌2:00 （金・土～翌3:00） 休 無休 料理：チキン （3万8900W～）

057
閉まっていた！を回避
飲食店の営業時間に注意

一般的な飲食店はランチ前の11時頃開店、ディナー後の22時頃閉店と日本とほぼ同じ。ランチタイム後に閉店しディナータイムに再開するブレイクタイムを設ける店も最近は増えている。繁華街にある一部の飲食店では深夜や24時間営業する店もある。また、看板メニューの材料がなくなり次第閉店という店も少なくない。最新の営業時間をチェックしてから行こう。

ブレイクタイム（ブレイクタイム）
ラストオーダー（ラストオーダー）
ヨンオプチュン 영업중（営業中）

058
朝ごはんならここ！
1日のスタートはお粥がおすすめ

朝食の定番メニューである粥店は早朝から営業開始。逆に夜は営業していない店も多いので、ぜひ朝に食べておきたい。米や素材を煮詰めて作る韓国粥はとろみがあるのが特徴で、早起きの体に優しく栄養満点。アワビや牡蠣など豪華な具材入りが人気。

059
"朝はパン"派はこちら！
もうひとつの朝食の定番
Isaacトースト

Isaac（イサック）は韓国発のトーストサンドイッチのチェーン。ハチミツが塗られた甘いトーストで、サンドする具材は卵やチーズ、ハム、キャベツなどバリエーション豊富に選べる。値段は3100W～とリーズナブル。早朝から営業しており、イートインがある店やテイクアウトのみの店舗もある。

062
高級食材！
カンジャンケジャンも ムハンリピル！

高級イメージのあるカニ。そのカニの代表的な韓国料理といえばワタリガニの醬油漬け、カンジャンケジャン。トロッとした身がご飯とよく合い一度食べるとハマる人続出！ そんなカンジャンケジャンにもムハンリピルがあった！

メニューと料金（1人分）／制限時間	レストランデータ
料 カンジャンケジャン＋エビの醬油漬け（カンジャンセウ）＋エビの塩焼き＋ビビンパ＋サラダバー食べ放題 3万6000W 制限時間：90分	スンミネヘンボッケジャン 순미네행복게장 東大門 MAP P.122-A6 🚇 2・4・5号線東大門歴史文化公園（205・422・536）駅14番出口から徒歩約3分 📍中区 乙支路43ギル 38 2F ☎ 02-2268-2059 🕙 10:30～L.O.20:40 無休 URL dongdaemun-gejang
料 カンジャンケジャン＋ヤンニョムケジャン＋トビコご飯＋ワタリガニのスープ 2万9900W～ 制限時間：90分	ホンイルブム 홍일품 弘大 MAP P.125-D1 🚇 6号線上水（623）駅1番出口から徒歩約5分 📍麻浦区 独幕路 47-1 ☎ 02-335-1831 🕙 11:00～15:00、16:30～L.O.20:00 月休

063
おいしすぎてもう1杯
超太っ腹な有名店は 替え玉OK！

1日500食以上売り上げる鍾路ハルモニカルグクスは1杯9000Wで何杯でも替え玉OK。明洞の有名店、明洞餃子はカルグクスにご飯付き1万1000Wでどちらもおかわり OK。

明洞餃子 명동교자
明洞 MAP P.124-B5
🚇 4号線明洞（424）駅8番出口から徒歩約3分 📍中区 明洞10ギル 29 ☎ 02-776-5348 🕙 10:30～L.O.20:30 無休 CARD A J M V URL www.mdkj.co.kr/jp 明洞（分店）

鍾路ハルモニカルグクス 종로할머니칼국수
鍾路 MAP P.122-A4
🚇 1・3・5号線鍾路3街（130・329・534）駅6番出口から徒歩約1分 📍鍾路区 敦化門路11ギル 14-2 ☎ 02-744-9548 🕙 11:00～20:00 無休 不可

061
超お得！
韓国焼肉を 思う存分食べたい！ そんな人に ムハンリピル

ムハン（무한）は無限、リピル（리필）は英語のリフィルで、つまり食べ放題のこと。韓国焼肉を値段を気にせず好きなだけ食べられるレストランがソウルで大人気。コスパ最強で味も評判もいいムハンリピルはこちら！

環境負担金
食べ放題の店で食べ残した場合、環境負担金を課せられることがある。

メニューと料金（1人分）／制限時間	レストランデータ
料 豚焼肉盛り合わせ食べ放題1万5900W 料 豚焼肉盛り合わせ＆チキン食べ放題1万7900W 料 生ビール飲み放題（江南店のみ）1万1900W 制限時間：2時間	江南テジサンフェ 강남돼지상회 江南 MAP P.127-D3 🚇 新盆唐・2号線江南（D07・222）駅11番出口から徒歩約3分 📍江南区 江南大路98ギル 11 2F ☎ 02-561-8891 🕙 11:30～23:30 無休 弘大、明洞（※明洞店の食べ放題は＋1000W）
料 サムギョプサル＋モクサル＋テンジャンチゲ食べ放題1万5800W 制限時間：無制限	オントリセンコギ 엉터리생고기 弘大 MAP P.125-C2 🚇 京義・中央・2号線弘大入口（K314・239）駅9番出口から徒歩約3分 📍麻浦区 オウルマダン路118 ☎ 02-324-9588 🕙 11:00～23:00 無休 URL www.ungteori.com 明洞（※明洞店はサムギョプサル＆テンジャンチゲ食べ放題で＋1000W）ほか
料 豚焼肉盛り合わせ＋サラダバー食べ放題1万6900W 料 豚焼肉盛り合わせ＋牛しゃぶ＋サラダバー食べ放題1万8900W 制限時間：無制限	トンクンカルビ 통큰갈비 新村 MAP P.121-B2 🚇 2号線新村（240）駅1番出口から徒歩約5分 📍西大門区 延世路5ダギル 40 ☎ 02-333-1397 🕙 16:00～L.O.翌0:30 無休 弘大、大学路ほか
料 牛・豚肉盛り合わせ＋サラダバー食べ放題2万7900W 制限時間：無制限	モンブルリソゴギ 몽블리소고기 明洞 MAP P.124-B5 🚇 4号線明洞（424）駅6番出口から徒歩約3分 📍中区 明洞8ナギル 9 3F ☎ 02-318-2688 🕙 11:30～翌2:00 無休
料 牛焼肉食べ放題2万7800W 制限時間：無制限	ムッソ 무쏘 弘大 MAP P.125-C2 🚇 京義・中央・2号線弘大入口（K314・239）駅8番出口から徒歩約2分 📍麻浦区 オウルマダン路131 ☎ 02-336-3994 🕙 13:00～23:00 無休
料 韓牛ホルモン食べ放題2万6800W 制限時間：無制限	キムドックエコプチャンジョ 김덕후의곱창조 弘大 MAP P.125-D2 🚇 6号線上水（623）駅1番出口から徒歩約3分 📍麻浦区 ワウ山路51-9 ☎ 070-7592-0590 🕙 15:00～23:00 無休 新村、弘大ほか

066 おひとりさまならここも！
観光途中の時短ごはん
フードコート

いろんな店が一ヵ所に集結していて、ササッとおいしいものが食べられるフードコートは旅行者にとっても強い味方。アクセス便利なフードコートはチェックしておいて損なし！

フードコート／所在地	データ
ソウル駅／3F コネクトプレイス Connect Place ソウル駅 MAP P.123-C2	🚇 1・4号線ソウル駅（133・426）駅1番出口から徒歩約3分　중구 한강대로 405 ソウル駅3F　☎ 02-390-4000　⏰ 8:00～21:00（テナントによって多少異なる）　無休
ロッテ百貨店／B1F フードアベニュー Food Avenue 明洞 MAP P.124-A5	🚇 2号線乙支路入口（202）駅7・8番出口直結　중구 남대문로 67 ロッテ百貨店B1F　☎ 1577-0001　⏰ 10:30～20:30（テナントによって多少異なる）　不定休
ギャラリア百貨店名品館 WEST／B1F グルメ494 Gourmet 494 狎鷗亭洞 MAP P.126-A4	🚇 水仁・盆唐線狎鷗亭ロデオ（K212）駅7番出口直結　강남구 압구정로 343 ギャラリア百貨店名品館WEST B1F　☎ 02-3449-4114　⏰ 10:30～20:30（テナントによって多少異なる）　不定休
ザ・現代ソウル／B1F Food Street・Deli Park フードストリート・デリパーク 汝矣島 MAP P.121-C1	🚇 5号線汝矣ナル（527）駅1番出口から徒歩約7分　영등포구 여의대로 108 ザ・現代ソウルB1F　☎ 02-767-2233　⏰ 10:30～20:30（テナントによって多少異なる）　不定休

064 あれもこれも全部
物価高に対抗する
激安ビュッフェ

ここ数年の急激な物価高で、ソウルの飲食店は軒並み値上がり中。そんななか、韓国料理が激安で食べられるビュッフェにも注目が集まっている。いろいろ食べたい……でも食事代は抑えたい人におすすめはこちら！

ビュッフェ	レストランデータ
💰 1万W ※撮影現場用のケータリング会社が運営。メニューは日替わりで10種以上。カップ麺もある。	全州パッチャ 전주밥차 景福宮 MAP P.121-A3 🚇 3号線安国（328）駅6番出口から徒歩約5分　종로구 율곡로 6 ツインツリータワーA棟B1F　☎ 02-6016-6909　⏰ 10:30～14:00、16:30～L.O.18:30　日
💰 8000W ※婚礼用品を扱うモールのフードコート内にある。日替わりメニューが10種類以上ある。	オットゥッスン韓式ビュッフェ 오떡순한식부페 鍾路 MAP P.122-A5 🚇 1号線鍾路5街（129）駅1番出口から徒歩約5分　종로구 종로 183 ヒョジョンジュエリーシティB2F　☎ 02-6744-4901　⏰ 10:00～ L.O.17:00（土～ L.O.16:00）　日
💰 1万900W ※セルフトッポッキ鍋のチェーン。90分の制限時間内にスープ、具材、サイドメニュー、ドリンク、デザート食べ放題。	トゥッキ 두끼 明洞 MAP P.124-B6 🚇 4号線明洞（424）駅8番出口から徒歩約3分　중구 명동10길 35-3 2F　☎ 02-318-1333　⏰ 11:00～L.O.20:20　無休 URL dookki.co.kr　弘大、東大門ほか

067 安くて早くてウマい！
韓国版ファストフード
粉食にトライ

粉食（ブンシク）とは日本でいうところの粉物のような料理のこと。粉食店ではチヂミやインスタントラーメン、トッポッキなどのほか、キムパなどの軽食を安く提供している。学生街に多くおひとりさまにもおすすめ！

明洞忠武キムパ 명동충무김밥
明洞 MAP P.124-A6　🚇 4号線明洞（424）駅8番出口から徒歩約5分　중구 명동10길 16　☎ 02-755-8488　⏰ 9:30～22:00　無休　CARD A J V

弘大チョポットッポッキ 홍대조폭떡볶이
弘大 MAP P.125-C2　🚇 京義・中央・2号線弘大入口（K314・239）駅9番出口から徒歩約2分　마포구 홍익로6길 38　☎ 02-322-0551　⏰ 11:30～L.O.翌1:10　無休　CARD A J V

065 おかず20種類以上！
ずらりと並ぶ皿数が圧巻！
お得すぎる韓定食

韓定食は大きくふたつに分けられる。ひとつは宮廷式韓定食で、李朝時代に王族が食べていたフルコース料理を再現したもの。一般的に高級店が多い。もうひとつは家庭式韓定食で、価格はリーズナブルなのに「テーブルの脚が折れるほど」料理を並べるのが特徴。漢南洞のシゴルパッサンはひとり分1万1000Wで、ふたり分約20皿、4人分約30皿が並ぶ。

シゴルパッサン 시골밥상
漢南洞 MAP P.124-D6　🚇 6号線漢江鎮（631）駅1番出口から徒歩約7分　용산구 이태원로 235　☎ 02-794-5072　⏰ 10:30～L.O.19:30　無休　CARD A J V

市場ごはん

市場内には古くから地元で愛されるグルメスポットがいっぱい。観光客にも人気の市場ごはんをご紹介！

068 行かなきゃ損！
市場ごはん人気No.1の広蔵市場

1905年に誕生した歴史ある市場。うまいもの横丁は市場の東側に位置し、料理によってエリアが分かれている。値段はキムパ4000W〜、海鮮系3万W〜と料理によって幅がある。店舗を構えているところと通路に並ぶ屋台があり、屋台は基本的に現金のみ。うまいもの横丁の店は無休が多く、営業時間は店によって異なる。

広蔵市場 광장시장
鍾路　MAP P.122-A5
1号線鍾路5街(129)駅7・8番出口から徒歩約1分　종로구 창경궁로 88
02-2267-0191　9:00〜23:00（店舗により多少異なる）　無休（店舗による）　屋台系は不可　www.gjmarket.org

トッポッキ
韓国の餅（トック）を甘辛いコチュジャンダレで味つけたもの。B級グルメの代表格。

キムパ
韓国版海苔巻き。ニンジンやたくあんなど具はシンプル。ゴマ油の風味が決め手。

オデン
魚のすり身で作ったピリ辛の練り物。だしの効いたスープも一緒にいただく。

マンドゥ
韓国の餃子。蒸しが一般的で具は豚ひき肉、ネギ、ニラなどのほか、キムチ入りも。

スンデ
もち米や春雨を豚の腸に詰めて蒸した料理。レバーが添えられていることもある。

ジョン＆ピンデトック
日本でいうチヂミのこと。ジョンは小麦粉、ピンデトックは緑豆粉が原料。

カルグクス
カルは包丁、ククスは麺の意味でうどんのような平麺。スープはあっさり味。

ポリパ
麦飯に好みのナムルを乗せ、コチュジャン、ゴマ油と混ぜて食べるビビンパの一種。

---

070 1万Wでミシュランの味
ワールド級のおいしさ
市場ユッケ

庶民的な広蔵市場内にあるプチョンユッケは、ミシュランのビブグルマンに2017〜2024年に連続で選定されている有名店。ユッケ2万1000W、ユッケと活手長ダコのタンタンイ3万5000W。おひとりさま用のユッケビビンパは1万Wと破格！人気すぎて大通り側に別館もオープン。店頭のウエイティング登録機（日本語あり）は本館と別館で別なので、待ち時間が少ないほうに登録するのがおすすめ。

プチョンユッケ（本館） 부촌육회
鍾路　MAP P.122-A5　1号線鍾路5街(129)駅8番出口から徒歩約3分　종로구 종로 200-12　02-2267-1831　10:00〜L.O.21:00　無休　CARD可　A M V

プチョンユッケ（別館）
1号線鍾路5街(129)駅8番出口から徒歩約2分　종로구 종로 200　02-2272-1831

069 一度食べたら中毒!?
噂の麻薬キムパ店の
陰の人気メニュー＆裏技

モニョキムパは食べたらやみつきになるおいしさから「麻薬キムパ」と呼ばれる人気店。ニンジンとたくあんの海苔巻き1パック4000Wをカラシ醤油で食べるのが特徴。観光客にはあまり知られていないけれど、韓国版おいなりのユブチョバ1パック4000Wもソウルっこ絶賛の味。実は、うまいもの横丁にある店舗は2号店で、市場西側に1号店がある。1号店のほうが混雑は少なく早朝から営業している。

モニョキムパ（2号店） 모녀김밥
鍾路　MAP P.122-A5　1号線鍾路5街(129)駅7番出口から徒歩約1分　종로구 동호로 403-23　02-2273-8330　9:00〜21:00　無休　CARD可　A M V

モニョキムパ（1号店）
1号線鍾路5街(129)駅7番出口から徒歩約5分　종로구 창경궁로12길 10　02-2264-7668　6:30〜20:00（土〜19:30）　日休　CARD不可

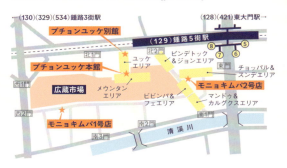

071 食べ歩き天国
南大門市場のうまいもの横丁

1414年に誕生した韓国最古で最大の南大門市場。この市場でもチェックしたいグルメスポットが満載。代表的なのがカルグクス横丁、カルチジョリム(タチウオ煮付け)横丁、モクチャ(食べよう)横丁の3大横丁。モクチャ横丁ではオデン、ビビンバ、トッポッキなどの屋台グルメが食べられる。

南大門市場
ナンデムンシジャン
남대문시장
南大門　MAP P.124-B4
4号線会賢(425)駅5番出口すぐ　中区南大門市場4キル42-1　02-753-2805　8:00～20:00(店舗により多少異なる)　日(店舗による)　CARD 屋台系は不可　URL www.namdaemunmarket.co.kr

073 麺の付け合わせが麺×飯？
注文がバグっている？
不思議な麺店

カルグクスを注文するとミニ麦飯ビビンバとミニ冷麺が付いてくる。麦飯ビビンバを注文するとミニカルグクスとミニ冷麺、冷麺を注文するとミニカルグクスとミニ麦飯ビビンバ。値段はいずれも1万W。つまり、どれを注文しても3種類提供される不思議な店。24時間営業で客足が絶えない。

ハン・スンジャハルモニソンカルグクスチプ
한순자할머니손칼국수집
南大門　MAP P.124-B4　4号線会賢(425)駅5番出口から徒歩約1分　中区南大門市場4キル 39-1　02-777-9188　24時間　無休　CARD 不可

072 南大門名物！
並んでも食べたい
絶品肉まん

次々と蒸し上がる肉まんは餡ぎっしりで皮もちもち。普通と辛口の2種類があり、どちらも1個1000Wと格安。イートインの場合は4個4500Wで、2種類を試したい場合は「ソッコジュセヨ(混ぜてください)」と注文を。

カメコル・イェンナルソンワンマンドゥ&ソンカルグクス
가메골 옛날손왕만두&손칼국수
南大門　MAP P.124-B4　4号線会賢(425)駅5番出口から徒歩約1分　中区 南大門市場4キル 42　02-755-2569　8:00～20:00　日　CARD A J M V

076 ユニークなグルメ体験
通り全部がビュッフェ
マイセルフ弁当

約200mの一本道にある通仁市場。場内には約10軒の総菜店が点在し、別々の店で好きな総菜を選んで自分好みのお弁当を作ることができる斬新なサービスが話題！

STEP 1
コインと容器をゲット
市場中央の顧客満足センター2階のお弁当カフェで葉銭（ひとり10枚＝5000W〜）と呼ばれるコインを購入し、空のお弁当容器をもらう

STEP 2
加盟店マークのある店で好きな総菜（葉銭2〜5枚）を購入し容器へ入れてもらう。現金でも購入可能

STEP 3
お弁当が完成したらお弁当カフェで食べられる。カフェでご飯、スープ各1000Wなども購入可。余った葉銭は返金OK

도시락카페 お弁当カフェ
西村 MAP P.121-A3
🚇 3号線景福宮（327）駅2番出口から徒歩約8分　📍 鍾路区 자하문로15길 18 通仁市場内顧客満足センター2F　☎ 02-722-0936　🕐 11:00〜L.O.15:00（土・日・祝〜L.O.16:00）　休 火・毎月第3日曜　CARD A J M V（市場内は現金）

---

077 専門店が軒を連ねる
味とコスパの競い合い
うまいもの横丁

グルメ通り	アクセス
東大門 タッカンマリ横丁	東大門　MAP P.122-A5 🚇 1・4号線 東大門（128・421）駅 9番出口から徒歩約5分
東大門 焼き魚横丁	東大門　MAP P.122-A5 🚇 1・4号線 東大門（128・421）駅 9番出口から徒歩約5分
新堂洞 トッポッキタウン	東大門　MAP P.122-B6 🚇 2・6号線 新堂（206・635）駅 7番出口から徒歩約5分

韓国ではある料理を出す専門店が繁盛すると同じ料理を出す店が集まってきてグルメ通りができる。競争が激しいぶん、味もコスパも上々。地元の人も通うグルメ通りで名店探し！

074 毎日お祭り気分☆
ノジョムを試さずに
帰るなんてもったいない！

ノジョムとは街なかで軽食を売る屋台のこと。最もにぎわっているのが明洞で、メイン通りに平日は夕方から、週末は昼過ぎから屋台が並ぶ。季節で売られるものが変わったり、斬新なアイデアフードが登場することでも有名。行政からはクレジットカード決済の推進が求められているものの、多くの店が基本的には現金会計のみ。

明洞のノジョム
明洞　MAP P.124-B6
🚇 4号線 明洞（424）駅6番出口から徒歩約1分

---

075 韓ドラファンにはおなじみ
勇気を出して
ポジャンマチャで乾杯！

ポジャンマチャとは簡易テーブルや椅子を設け、お酒が楽しめる居酒屋風屋台のこと。韓国ドラマにもたびたび登場するので憧れている人は多いはず。営業は夕方から深夜まで。メニューは海鮮系やチヂミなどお酒に合う料理中心で、料金は普通の居酒屋と同じくらい。旅行者でも利用しやすいのは鍾路のポジャンマチャ通り。日本語や英語メニューを用意していたり、料金表を掲示している店が多い。会計は基本的に現金。

ポジャンマチャ通り
鍾路　MAP P.122-A4
🚇 1・3・5号線 鍾路3街（130・329・534）駅3・6番出口から徒歩約1分

080 3日で韓国全土制覇！ソウルにいながらグルメで韓国一周

韓国でも土地それぞれに地元産の食材を使った個性的な郷土料理が存在する。そんな地方グルメの名店の多くがソウルにも出店し、本場の味を提供している。2泊3日で韓国食文化ツウを目指してみよう！

ソルロンタン

ソルロンタン（→P.44）、プデチゲ（→P.48）、チャジャンミョン（→P.46）など
朝鮮王朝時代から政治経済の中心地で、宮中料理の名残も多い。ソルロンタンは祭司料理が元祖

タッカルビ

韓牛（→P.47）、タッカルビ（→P.43）、マックッスなど
自然豊かで山海の幸が充実。ドラマ『冬のソナタ』で有名な春川はタッカルビ発祥の地

参鶏湯

参鶏湯（→P.44）、スジェビ（→P.48）、チョングッチャンなど
農業が盛んなのどかなエリア。鶏肉や海鮮のスープ系料理が多く、参鶏湯の名店も点在

ナッコプセ

ナッコプセ（→P.48）、チムタク（→P.43）、忠武キンパなど
海に面しているため海産物を使ったグルメが豊富。海鮮のチヂミ、ヘムルジョンも有名

全州ビビンバ／ムルフェ

全州ビビンパ（→P.45）、コンナムルクッパ、トッカルビなど
ビビンバ発祥の地であり、韓国のなかでも食文化が発達していることで知られるエリア

黒豚（→P.41）、カルチジョリム、ムルフェなど
黒豚や柑橘系フルーツの名産地。島ならではの豊かな海の幸も楽しめ、特にアワビは美味

---

078 古宮から徒歩で行ける 歴史観光の日は韓屋で伝統料理

景福宮（P.108）や徳寿宮（P.101）など歴史的な見どころが街の中心にあるのもソウルのいいところ。古宮観光を楽しんだ日はグルメも歴史モードでいくのがおすすめ。伝統家屋・韓屋で韓国料理を堪能できるスポットはこちら！

韓屋レストラン	データ	古宮からのアクセス&メニュー
トソクチョン 土俗村 토속촌	景福宮 MAP P.121-A3 3号線景福宮（327）駅2番出口から徒歩約3分 ♀ 鍾路区 紫霞門路5ギル5 ☎ 02-737-7444 ⏰ 10:00～L.O21:00 無休	★景福宮迎秋門（西門）から徒歩約3分 ●参鶏湯
クン 宮 궁	仁寺洞 MAP P.123-A3 3号線安国（328）駅6番出口から徒歩約5分 ♀ 鍾路区 仁寺洞10ギル11-3 ☎ 02-733-9240 ⏰ 11:30～15:00、16:00～L.O20:20（日～火 ～L.O.19:20）無休	★景福宮光化門から徒歩約15分／昌徳宮敦化門から徒歩約15分 ●マンドゥ
インサドントゥブマウル 仁寺洞豆腐村 인사동두부마을	仁寺洞 MAP P.123-A3 3号線安国（328）駅6番出口から徒歩約7分 ♀ 鍾路区 仁寺洞ギル30-12 ☎ 02-735-9996 ⏰ 10:00～L.O19:30 無休	★景福宮光化門から徒歩約17分／昌徳宮敦化門から徒歩約17分 ●豆腐料理

---

079 事前予約で展望台が無料に！ Nソウルタワーの展望レストラン

ソウルきっての観光名所、Nソウルタワー内には複数のレストランがある。なかでもおすすめなのがハンコック。ランチ4万8000W～、コース10万5000W～で極上の韓国料理が絶景とともに堪能できる。しかも、CATCHTABLEアプリ（P.28）で事前予約すると、Nソウルタワー展望台への入場料2万1000Wが無料になる！

ハンコック　HANCOOK
南山 MAP P.122-C4 4号線明洞（424）駅4番出口から徒歩約10分の南山オルミ（無料エレベーター）で南山ケーブルカー乗降場へ、ケーブルカー（片道1万2000W、往復1万500W）降り場から徒歩約1分、または循環バス01A、01B番でNソウルタワー下車徒歩約3分 ♀ 龍山区 南山公園ギル105 Nソウルタワー3F ☎ 02-3455-9292 ⏰ 12:00～16:00、17:00～L.O.20:00 無休 CARD A J M V URL www.nseoultower.co.kr

---

081 一般投票で決定 レストラン選びの参考にしたい ブルーリボンサーベイ

ブルーリボンサーベイとは一般投票による飲食店評価サイトのこと。優れたレストランやカフェが青いリボン3～1で評価され、選ばれた店にはブルーリボンステッカーが発行されている。公式サイトは韓国語しかないけれど、エリアやリボンの数で検索可能。インスタグラムには英語版もあり、ブルーリボンを獲得した店のアカウントが掲載されている。

URL bluer.co.kr
 blueribbon_official（英語）
 blueribbonsurvey（韓国語）

084 たいていのものがOK
ホテルでのんびり♪ テイクアウトを活用

韓国はコロナ禍以前からテイクアウト天国。キムパやチキンをはじめ、麺、お粥、スープ、なかには焼肉が持ち帰りできる店も。テイクアウトを希望する場合は、「포장 되나요（ポジャン テナヨ）？包装（持ち帰り）できますか？」と聞いてみよう。また、食べきれなかった料理を持ち帰りたいときも同じように声をかけてみて。

085 旅行者でも使える？
韓国のフードデリバリー ペダル

韓国ではUber Eatsのようなフードデリバリーを배달（ペダル）という。韓国語のみだけれど有名なのは요기요（ヨギヨ）、배달의민족（ペダルミンジョク）。ヨギヨは会員登録に韓国の電話番号が必要で、日本のクレジットカードはオンライン決済不可だけれど、受取時カード決済OK。ペダルミンジョクは、会員登録不要で、韓国でSMS受信可能なら日本の電話番号でも注文＆オンライン決済OK。ほかにShuttle（英語あり）とCreatrip（日本語あり）もある。

 요기요
 배달의민족
 Creatrip
 Shuttle

086 ドラマのシーンでも登場
イートインも充実の コンビニごはん

韓国のコンビニ各社からは、グルメなお弁当やキムパなど気になる商品が続々誕生。小腹がすいたときやひとりごはんの際に活用してみよう。売り場の一角にイートインスペースや上階にカフェスペースがある店舗も多い。また、店頭に簡易の椅子やテーブルが設けられている場合も。ただし、コンビニでの飲酒は法律で禁止されているので注意。

082 お手軽ピクニック
噂の漢江ラーメンにトライ！

漢江近くのコンビニや屋台ではインスタントの袋麺と一緒に紙の器が用意されている。器に麺とスープを入れ、専用マシンに器のバーコードをかざすとセルフ調理スタート。ラーメンができあがったら漢江を眺めながら食べよう。漢江ラーメンは器、調理込みで3500Wくらい。

083 弘大の〆はここで決まり！
袋麺がずらり☆ ラーメンライブラリー

弘大にラーメンライブラリーと名づけられた特別なコンビニ、CUがある。店内の壁一面にはインスタントの袋麺が約100種類並び、（場所は漢江ではないものの）漢江ラーメンの雰囲気が手軽に楽しめる。作り方は漢江とほぼ同じ。卵やチーズ、オデンを追加購入してトッピングしたり、キムパやお弁当をプラスしてグレードアップもOK。袋麺の種類も多く、値段も1000Wくらいからあってお得！

CU弘大サンサン店
CU홍대상상점（RAMYUN Library）

弘大　MAP P.125-D2
M 2・6号線合井（238・622）駅3番出口から徒歩約7分　마포구 잔다리로 25　24時間　無休　CARD A J M V

089 オーダー取りに来ない？
韓国カフェはセルフサービスが主流

韓国のカフェはチェーン店以外でもシステム化されたセルフサービスが多い。カウンターでオーダーすると呼び出しブザーを渡され、完成したら自分で受け取りにいく。また、タッチ画面でセルフオーダーする店も急増。英語や日本語案内が選択できたり、決済までできる店も多く便利。

087 ソジュでチャン！
韓国焼酎の楽しみ方

緑の小瓶でおなじみの韓国焼酎（ソジュ）。アルコール度数は日本の焼酎より低めの15〜25度。ショットグラスに注いでストレートで飲むのが一般的。韓国では酒の注ぎ足しはNG。女性からのお酌も控えたほうがよい。最近は飲みやすいフルーツソジュも種類豊富に販売されている。

090 雰囲気も味わって
ゆったりまったり 伝統茶が飲める韓屋カフェ

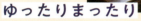

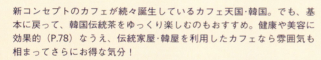

新コンセプトのカフェが続々誕生しているカフェ天国・韓国。でも、基本に戻って、韓国伝統茶をゆっくり楽しむのもおすすめ。健康や美容に効果的（P.78）なうえ、伝統家屋・韓屋を利用したカフェなら雰囲気も相まってさらにお得な気分！

伝統茶カフェ	データ
トゥラン 풀안 益善洞 [MAP] P.122-A4	🚇 1・3・5号線鍾路3街（130・329・534）駅4番出口から徒歩約3分　📍 鍾路区 水標路28길 17-35　☎ 02-745-7420 🕐 12:00〜L.O.21:00　休 無休　📷 cafe_innergarden
チャマシヌントゥル 차마시는뜰 三清洞 [MAP] P.121-A3	🚇 3号線安国（328）駅1番出口から徒歩約13分　📍 鍾路区 北村로11나길 26　🕐 11:00〜L.O.18:10（変動あり）　休 火　📷 cha.ddeul
伝統茶院 전통다원 仁寺洞 [MAP] P.123-A3	🚇 3号線安国（328）駅6番出口から徒歩約7分　📍 鍾路区 仁寺洞10길 11-4 耕仁美術館内（入場無料）　☎ 02-730-6305　🕐 11:00〜21:20　休 無休
アルムダウン茶博物館 아름다운 차 박물관 仁寺洞 [MAP] P.123-A3	🚇 1・3・5号線鍾路3街（130・329・534）駅5番出口から徒歩約5分　📍 鍾路区 仁寺洞길 19-11（入場無料）　☎ 02-735-6678　🕐 11:30〜20:00　休 無休

088 ソウルっこ溺愛
チキンとビールは相思相愛♡ 今夜はチメク

チメクとは、抜群の相性を誇るチキン＋メクチュ（ビール）を合わせた造語。韓国でチキンといえばフライドチキンを指し、衣がカリカリの定番、甘辛味のヤンニョムチキンなどがある。付け合わせには口の中がさっぱりする大根の漬物がお約束。韓国にはチメク専門店が多く、Kyochon、bb.q、bhc（P.42）などのチェーンは店舗数も豊富で、値段もリーズナブル。

091 物価高に徹底抗戦！
激安でたっぷり 大容量コーヒーチェーン

韓国で流行中の大容量コーヒーチェーン。店舗数が多いから手軽にのどを潤せるし、何より激安！

カフェチェーン		大容量コーヒー
メガコーヒー　MEGA COFFEE URL www.mega-mgccoffee.com		946㎖ 3000W
コンポーズコーヒー　COMPOSE COFFEE URL composecoffee.com		946㎖ 3000W
ザ・ヴェンティ　the Venti URL theventi.co.kr		960㎖ 2800W
ペクタバン　백다방（PAIK'S COFFEE） URL paikdabang.com		709㎖ 3300W
バナプレッソ　banapresso URL www.banapresso.com		650㎖ 2500W

骨付きサムギョプサル
1人分150g1万9000W

SEOUL Specialist Picks!

スター御用達店

クムテジ食堂マネジャー
キム・アヨンさんの
今、絶対食べてほしい
韓国グルメ 5

Specialist／**Kim Ayeong**

日本のメディア取材も多い、ソウルいち人気のサムギョプサル店を切り盛りするマネジャー。忙しい仕事の合間にキム・アヨンさんがリアルに通う激推し5店はこちら！

#1 クムテジ食堂(シッタン)

国内産三元豚のなかでも、豊かな肉汁、ほどよい弾力、脂の風味が揃ったYDB豚を使用しています。塩や特製のネギソースで楽しんでください。

금돼지식당

ミシュラン・ビブグルマンに6年連続で選ばれている名店。

薬水 MAP P.122-C6
🚇 3・6号線薬水（333・633） 駅2番出口から徒歩約3分
📍 중구 다산로 149　📞 010-4484-8750　🕐 11:30～L.O.22:15　休 無休　CARD J M V　📷 gold_pig1982

江華干潟ウナギ1人分8万5000W

#3 永東(ヨンドン)ジャンオ

肉厚の身と引き締まった皮が特徴の仁川・江華島の高級ブランド、干潟ウナギが楽しめます。ウナギ本来の味が楽しめる塩焼きは絶品です。

영동장어

テーブルで焼き上げるスタイル。韓国スターにも人気。

江南区庁 MAP P.127-B3
🚇 水仁・盆唐・7号線江南区庁（K213・730） 駅3番出口から徒歩約13分　📍 강남구 언주로148길 8　📞 02-3448-9991　🕐 11:30～L.O.23:30　休 無休　CARD J M V

#2 ペッコドン

サンナッチ（活タコ）プルコギの有名店です。新鮮なタコならではのプリプリ食感と刺激のあるコチュジャンソースの辛さが絶妙です。

뱃고동

生きたままのタコを鉄板で豪快に炒める様子も必見！

狎鴎亭洞 MAP P.126-A4
🚇 水仁・盆唐線狎鴎亭ロデオ（K212） 駅6番出口から徒歩約5分　📍 강남구 언주로172길 54 B1F　📞 02-514-8008　🕐 11:30～L.O.21:15（金・土12:00～）　休 無休　CARD J M V
URL batgodong.co.kr

サンナッチプルコギ1人分3万W

#5 パンウルグァコマク

屋台メニューを提供する居酒屋風韓国料理店です。メニューが多くどれを食べてもおいしいのでいろいろ試してみてください。

방울과꼬막

漢南洞 MAP P.121-C3
オープンテラスのある一軒家レストラン。
🚇 京義・中央線漢南（K113） 駅1番出口から徒歩約10分　📍 용산구 대사관로30길 11-5　📞 02-749-1019　🕐 17:00～L.O.23:30（木・金～L.O.翌1:00、土15:00～L.O.翌1:00）　休 日　CARD J M V

シグネチャーメニューの
テナガダコとセリのパジョン2万2000W

カルグクス1万1000W

漢城(ハンソン)カルグクス

韓牛をていねいに煮込んで取ったカルグクスのスープは味わい深いのに最後の一滴まで飲み干せる上品な味。もちもちの麺との相性抜群です。

한성칼국수 #4

マンドゥやユッスクなどカルグクス以外のメニューも豊富。

江南区庁 MAP P.127-B3
🚇 水仁・盆唐・7号線江南区庁（K213・730） 駅3番出口から徒歩約13分　📍 강남구 언주로148길 14 2F　📞 02-544-0540　🕐 11:30～15:00、17:00～21:30　休 土　CARD J M V

038

GOURMET RANKING

ひとりごはんも妥協しない！
ホンパプランキング BEST 5

韓国で徐々に増えてきたホンパプ（ひとりごはん）。カフェごはんスタイルのおしゃれな5軒はこちら！

+ 안녕하세요 +

グルメランキング

第1位
ムウォルシッタッの
カンジャンセウトッパプ

1万3800W

首位はコスパ最強のエビ丼定食

漬け汁が染み込んだトロッと食感のエビは感動的なおいしさ。彩りよくトッピングされたご飯、豊富なおかずで食欲倍増。

무월식탁

れんがや木を基調としたぬくもりのあるインテリア。窓際にカウンター席もある。

新論峴 MAP P.127-D3

🚇 新盆唐・9号線新論峴（D06・925）駅6番出口から徒歩約5分　📍 강남구 강남대로102길 23　☎ 02-552-9280　🕐 11:00～L.O.21:00　🚫 無休　CARD A J M　📷 muwol_table　🚌 高速ターミナル、三成洞ほか

RECOMMEND:
漬け汁がエビの甘さを引き立てています。身をはさみで切ってご飯にのせ、卵黄、トビコ、青海苔、すりゴマと混ぜて韓国海苔に包んで食べるのがいちばん好き♡（編集K）

第3位
トマの
カルビソッパ定食

2万5000W

豚肉釜飯と辛い スープにハマる

豚肉を栗、銀杏、ナツメ、キノコと一緒に炊き込んだ釜飯の定食。一緒に出てくる辛いテンジャンチゲと交互に食が進む。

RECOMMEND:
ゴロゴロ豚肉の満足感がすごいです。釜飯は比較的あっさりとした味付けでスープやおかずとの相性も抜群です。伝統家屋のような店内もおすすめ！（ライターM）

도마

ハードルの高いひとり焼肉の代わりに、ランチは豚首肉の焼肉定食も提供している。

仁寺洞 MAP P.123-A3

🚇 3号線安国（328）駅6番出口から徒歩約5分　📍 종로구 인사동8길 6-1　☎ 02-733-9376　🕐 11:30～L.O.14:50、17:00～L.O.20:20　🚫 月　CARD A J M　📷 doma_insa

---

第2位
ケバンシッタンの
カンジャンケジャンセット

3万9000W（時価）

最高級の雌ワタリガニも上位に

かぶりついたり、カニみそと白米を混ぜたり、自分好みのスタイルで満喫。高級グルメこそひとりでじっくり味わいたい！

RECOMMEND:
専門店でしか食べられなかった卵たっぷりの高級カンジャンケジャンが気軽に味わえるのが最高です。おひとりさま用カウンター席の居心地も◎（ライターN）

Gebang Sikdang

比較的高価なメニューをスタイリッシュにワントレイで提供したことが受け超人気店に。

江南区庁 MAP P.126-B4

🚇 水仁・盆唐・7号線江南区庁（K213・730）駅3番出口から徒歩約3分　📍 강남구 선릉로131길 17　☎ 010-8479-1107　🕐 11:30～15:00、17:30～21:00　🚫 日　CARD A J M　📷 gebangsikdang.official　🚌 聖水洞

第5位
ユッチョパッサンの
サムギョプパッサン

1万5000W

サムギョプサルが定食で登場！

サムギョプサルやプルコギなど、定番焼肉をホンパプスタイルにしたチェーン店。鉄板で提供されるので最後までアツアツ。

RECOMMEND:
予想以上に肉が香ばしくてジューシー。ゴマ油やサムジャンも添えられ、ワンプレートにキムチやナムルなどがのっているので味変も楽しめます（編集S）

육첨반상

Nソウルタワーの足元にあるソウルタワープラザ内の店舗。観光のついでに立ち寄りたい。

南山 MAP P.122-C4

🚇 4号線明洞（424）駅4番出口から徒歩約10分の南山オルミ（無料エレベーター）で南山ケーブルカー乗降場へ、ケーブルカー（片道1万2000W、往復1万5000W）降り場から徒歩約1分、または循環バス01A、01B番でNソウルタワー下車徒歩約3分　📍 용산구 남산공원길 105 ソウルタワープラザ2F　☎ 02-3789-2159　🕐 11:00～L.O.21:00　🚫 無休　CARD A J M　📷 yukchyup_ntower　🚌 永登浦ほか

第4位
パルクの
日替わりランチ

1万6000W～

何度でも通いたくなる家庭料理店

日替わりはベジタリアン、季節メニュー、肉の3種類からメインを選ぶ。それにご飯、スープ、おかず3種が付いてくる。

Parc

オーナーのお母さんのレシピを基にしたメニュー中心。夜はアルコールと料理が楽しめる。

漢南洞 MAP P.124-D6

🚇 6号線漢江鎮（631）駅1番出口から徒歩約7分　📍 용산구 이태원로55가길 26-5　☎ 02-792-2022　🕐 11:30～15:20、17:30～L.O.20:15　🚫 無休　CARD A J M　📷 parcseoul　🚌 市庁

RECOMMEND:
いちばんおいしかったのは骨付き牛肉とダイコンの甘辛煮です。もっちり食感の赤米にジャコ炒めのミョルチポックムも合う！（ライターY）

039　★タクシー運転手向けの食堂기사식당（キサシッタン）は以前からひとりごはんスタイルで、ペッパンと呼ばれる定食を提供している。

GOURMET RANKING

これを食べずして帰れない！
豚焼肉ランキング BEST 10

韓国で焼肉といったらまずは豚。マストグルメだけに候補多数でランキングはかなりの激戦。絞りに絞った10軒をご紹介！

✦ 안녕하세요 ✦

RECOMMEND:
サムギョプサルより脂が少ないモクサルはぜひオーダーしてください。ほどよい弾力と濃厚なうま味が楽しめます。塩、塩辛、ミョンイナムルの無限ループも最高（編集S）

○ 170g 1万8000W

第1位 トゥトゥムの 肉厚モクサル

ミョンイナムル（行者ニンニク）　カタクチイワシの塩辛　岩塩

接戦を制したのは"熟成"豚焼肉

韓国産ブランド豚を21日間熟成。江原道の炭でていねいに焼き上げる豚焼肉は、これまでの常識を覆すおいしさ。

두툼
ソウル駅西口からも徒歩約13分。店名のトゥトゥムとは肉厚という意味。

忠正路　MAP P.123-C2
🚇2・5号線忠正路（243・531）駅5番出口から徒歩約3分　📍중구 충림로 10　☎02-392-8592　🕐15:30〜L.O.22:00（土・日13:00〜15:00、15:30〜L.O.22:00）　無休
CARD A J M V

第2位 トルゴドンの 骨付きテジカルビ

○ 300g 1万4000W

路地裏にたたずむ隠れた名店

特製の甘辛だれに漬け込んだ豚焼肉が名物。カルメギサル（豚ハラミ）やカルビのほか、生サムギョプサルも提供する。

돌고돈
清渓川近くの飲食店が建ち並ぶ細い路地にあるディープな雰囲気の店。

鍾路　MAP P.122-A5
🚇2・5号線乙支路4街（204・535）駅3番出口から徒歩約3分　📍중구 청계천로 190　☎02-2265-1814　🕐11:00〜24:00　休 日
CARD A J M V

RECOMMEND:
アットホームな家族経営で値段が激安。移転前から通っているお気に入り店です。香ばしく焼き上がったテジカルビはビールにも白米にもピッタリ！（フォトM）

RECOMMEND:
クチコミ人気が高かったハンジョンサル（豚トロ）がすごくおいしい！Instagramフォロー＆23時前来店でケランチムがもらえました（中嶋一恵さん）

○ 150g 1万9000W

第4位 告白の ハンジョンサル
（コベク）

肉質が自慢の新店がランクイン

ユッチョンシッタンに長く勤務していたオーナーが独立。長年の経験を生かした素材選びとサービスに定評がある。

고백
2023年オープン。東大門の問屋街から徒歩圏内で、日本語メニューもある。

新堂　MAP P.122-B6
🚇2・6号線新堂（206・635）駅8番出口から徒歩約5分　📍중구 다산로35길 22　🕐24時間（15:00〜17:00はブレイクタイム）　休 土23:00〜日23:00
CARD A J M V 📷 seoul_goback

第3位 高飯食堂の 熟成生サムギョプサル
（コバンシッタン）

高コスパの熟成豚焼肉店

韓国産の最高品質豚肉を店内の熟成庫で熟成し、うま味を倍増させてから提供。チェーン店なので値段はリーズナブル。

고반식당
カロスキルの横道にあり、ショッピングの途中に立ち寄れる便利なロケーション。

新沙洞　MAP P.127-B2
🚇新盆唐・3号線新沙（D04・337）駅8番出口から徒歩約5分　📍강남구 강남대로156길 34　☎02-544-5888　🕐14:00〜24:00（土・日12:00〜）　無休
CARD A J M V 📷 goban_sinsa　🏠汝矣島ほか

RECOMMEND:
取材で訪れて以来、プライベートでも友達を連れて来ています。サムギョプサル＋ワサビのおいしさに目覚めた店です。おかずも豊富（ライターN）

○ 160g 1万6000W

040

○ 250g 1万8000W

第6位

麻浦(マポ)チンチャ元祖チェデポのテジカルビ

代々受け継がれる秘伝のたれ

1956年創業の老舗焼肉店。昔ながらの飲食店が建ち並ぶ孔徳駅付近でも、焼肉といえばこの店といわれるほどの有名店。

RECOMMEND:
肉を漬け込んでいるたれがくどくなくサムジャンを付けて食べるのにピッタリ。骨の周りは手づかみで！（フォトE）

孔徳 MAP P.121-B2

마포진짜원조최대포

路地裏に面した入口はそれほど大きくないが、約400席もある超大型焼肉店。

🚇 京義・中央・5・6号線 孔徳（K312・529・626）駅5番出口から徒歩約1分
📍 마포구 만리재로1길 1-2
☎ 02-719-9292
🕐 11:00〜23:00
休 無休
CARD A J M V
@ choidaepo_official

○ 150g 1万8000W

第5位

ユッチョンシッタンのサムギョプサル

元祖行列のできる豚焼肉

日本人旅行者にも人気の有名豚焼肉店。2週間熟成した豚肉を分厚くカットし、カリカリに焼き上げてくれる。

RECOMMEND:
かむほどに肉汁とうま味が口いっぱいに広がります。ミョンイナムルで巻き、少しワサビをのせるとさっぱり食べられます（フォトM）

新設洞 MAP P.120-A4

육전식당

本店が混雑していると、徒歩約3分の3号店へ案内されることがある。

🚇 牛耳新設・1・2号線 新設洞（S122・126・211-4）駅10番出口から徒歩約2分
📍 동대문구 난계로30길 16
☎ 02-2253-6373
🕐 11:00〜15:00、16:00〜L.O.21:00
休 無休
CARD A J M V
@ yukjeon_sikdang.official
🏠 新設洞、江南

グルメ｜ランキング

スジョンオットル生ソグムクイのソグムクイ

珍しい石焼き塩モクサル

木炭の上に天然石を敷き、その熱で肉を焼き上げていくスタイル。石の遠赤外線効果でふっくらジューシーに仕上がる。

RECOMMEND:
テーブルに運ばれる前に肉の表面は焼き色がつく程度に焼かれているので肉汁が閉じ込められていてジューシー。石焼き芋ならぬ石焼き肉おすすめです！（ライターM）

○ 200g 1万3000W

第8位

수정옥돌생소금구이

店の外にも簡易テーブルや椅子が並べられ、深夜まで営業している。

弘大 MAP P.125-C2

🚇 京義・中央・2号線弘大入口（K314・239）駅7番出口から徒歩約2分
📍 마포구 어울마당로 146-1
☎ 02-323-6292
🕐 14:00〜L.O.翌1:00（金〜日12:30〜）
休 無休
CARD A J M V

第7位

ゴリラのモソリサルとカブリサル

○ モソリサル 150g 1万8000W
○ カブリサル 150g 1万7000W

希少部位が楽しめる駅近店

官公庁や企業、新聞社などが集中するビジネス街に位置している。焼肉メニューは厳選された4種類のみと自信を感じる。

고릴라

忠正路駅9番出口近くの細い路地に面している。ゴリラのイラストが目印。

忠正路 MAP P.123-B1

🚇 2・5号線忠正路（243・531）駅9番出口から徒歩約1分
📍 서대문구 충정로 22-2
☎ 02-312-3541
🕐 11:30〜14:00、16:00〜21:30
休 土・日
CARD A J M V

RECOMMEND:
背首肉のモソリサルと背肉のカブリサルの独特の食感にハマりました。ドラム缶テーブルの雰囲気も◎（編集M）

RECOMMEND:
繁華街にはたいてい1店舗あるので入りやすくて便利。どの店で食べてもハズレなし！（ライターY）

○ 180g 1万7000W

第10位

河南(ハナム)テジチプの生サムギョプサル

新大久保にも進出した人気店

ソウルに多数の店舗をもつチェーン店。おいしくてリーズナブル。ショッピングや観光の合間に立ち寄れる利便性も◎

하남돼지집

聖水駅近くの店舗。明洞や東大門、狎鴎亭洞にも店舗がある。

聖水洞 MAP P.125-A2

🚇 2号線聖水（211）駅1番出口から徒歩約1分
📍 성동구 아차산로 85
☎ 02-467-3690
🕐 17:00〜23:00（土16:30〜）
休 日
CARD A J M V
URL http://www.hanampig.co.kr
🏠 明洞、東大門ほか

RECOMMEND:
五層肉の表面がカリカリになるまでじっくり焼いてくれます。豚皮好きにおすすめ！（編集K）

흑돈가

コエックスモールの近くにある2階建ての大型店舗。

三成洞 MAP P.126-C5

🚇 9号線三成中央（928）駅4番出口から徒歩約5分
📍 강남구 봉은사로 86길 14
☎ 02-2051-0008
🕐 11:30〜15:00、17:00〜L.O.21:40（土・日11:30〜L.O.21:10）
休 無休
CARD A J M V
🏠 明洞、汝矣島ほか

○ 150g 2万1000W

第9位

黒豚家(フットンガ)の黒豚オギョプサル

済州島のブランド豚焼肉

済州島に本店がある黒豚焼肉店の直営店。サムギョプサル（三枚肉）より二層多いオギョプサル（五枚肉）で皮まで楽しめる。

041　★ 人気料理研究家ベク・ジョンウォン氏がチェーン展開する元祖サンパッチブ URL ssambap.co.kr では、かんな（テペ）で削ったように薄くスライスしたテペサムギョプサルが食べられる。

GOURMET RANKING

韓国人のソウルフード
チキン ランキング BEST 5

ソウルにはチキン店が多すぎて店選びを迷ってしまうほど。そこで、店舗数も多い実力派チェーンの上位を発表！

안녕하세요

第1位 キョチョン1991

真っ先に名前が挙がる大手

化学調味料、添加物不使用の健康志向コンセプト。注文を受けてから2度揚げする衣のザクザク感がたまらない。

Kyochon 1991

ソウルにある店舗のなかでもトップクラスの売上を誇っている東大門店。

東大門　MAP P.122-A6

🚇 1・4号線東大門（128・421）駅6番出口から徒歩約1分　📍 종로구 종로 294 2F
📞 02-2231-9337　🕐 24時間　休 無休
CARD A J M V　URL www.kyochon.com
🏠 市庁、弘大ほか

💰 2万3000W

RECOMMEND:
ニンニク醬油が利いたオリジナルとスパイシーなレッドのコンボを注文します。いつも安定のおいしさです。辛いのが苦手な人はハニーガーリックがおすすめ（ライターM）

第3位 ビービーキュー

日本にも上陸した有名チェーン

日本を含む世界25ヵ国に展開するグローバルチェーン。上質のオリーブオイルで揚げるチキンはサクサク食感が自慢。

　bb・q

ビアガーデン風の清渓川沿いの店舗。店内やテラスが広く多くの人でにぎわう。

光化門　MAP P.123-A5

🚇 1号線鐘閣（131）駅6番出口から徒歩約3分　📍 종로구 종로 24-8
🕐 11:00～24:00　休 無休　CARD A J M V　URL bbq.co.kr
🏠 明洞、東大門ほか

💰 2万3000W

RECOMMEND:
黄金オリーブチキンは必ずオーダーします。クセになる辛さのヤンニョムもぜひ試してみてください（編集K）

第2位 ビーエイチシー

豊富なメニューで上位をキープ

オリジナルメニューの多さNo.1のチェーン。健康や美容によいヒマワリ油を使って揚げているのも高ポイント。

　**bhc**

明洞にある本店。店内はあまり広くないけれど、店前のテーブルでも食べられる。

明洞　MAP P.124-A5

🚇 2号線乙支路入口（202）駅6番出口から徒歩約3分　📍 중구 명동7길 21　🕐 12:00～24:00
休 無休　CARD A J M V　URL www.bhc.co.kr
🏠 東大門、弘大ほか

💰 各2万3000W

RECOMMEND:
一番人気は謎の粉がかかったプリンクル。粉の正体はチーズパウダーで一度食べるとやみつきになるおいしさ。混んでいるときはテイクアウトを利用します（ライターS）

第5位 ヌナホルダック

変わり種もランクイン

揚げないチキンで店舗数を伸ばしているチェーン。オーブンで焼き上げるので、カロリー控えめでダイエット中でもOK！

누나홀닭

弘大にある1号店。オープンテラスもあって入りやすい。

弘大　MAP P.125-C2

🚇 京義・中央・2号線弘大入口（K314・239）駅9番出口から徒歩約3分　📍 마포구 어울마당로 129　📞 02-332-6663
🕐 12:00～翌2:00（金・土～翌3:00）　休 無休　CARD A J M V
📷 nuguna_banhandak
🏠 光化門、市庁ほか

💰 2万4900W

RECOMMEND:
外はカリッと香ばしく中はしっとり。ダイコンの甘酢漬けで包んで食べるのにハマりました（ライターN）

& MORE
バーガーでも韓国チキン！

韓国生まれのバーガーチェーン、マムズタッチの一番人気はザクザク衣のチキンバーガー。日本にも上陸したけれど、まだの人はソウルでぜひ！

Mom's Touch

明洞　MAP P.124-A5

🚇 2号線乙支路入口（202）駅5番出口から徒歩約3分　📍 중구 명동9길 37　🕐 10:30～22:00
休 無休　CARD A J M V
📷 momstouch.love
🏠 東大門、弘大ほか

第4位 カンブチキン

フライor ローストが選べる

定番のフライドチキンだけでなく、電気オーブンで焼いたローストチキンのメニューも揃う。2024年日本にも上陸。

깐부치킨

2006年に1号店オープン。店舗の雰囲気づくりにもこだわっている。

明洞　MAP P.124-B6

🚇 4号線明洞（424）駅8番出口から徒歩約1分　📍 중구 명동8길 22 2F　🕐 17:00～L.O.23:00　休 無休　CARD A J M V　URL kkanbu.co.kr
🏠 弘大、乙支路3街ほか

💰 2万2000W

RECOMMEND:
クリスピーチキンの衣は薄めでサクサク。オリジナルソースが5種類付くので味変も楽しめます。おろしニンニクをたっぷりのせたローストチキンはビールに合う！（フォトM）

042

GOURMET RANKING

変幻自在の優秀食材
鶏料理ランキング BEST 5

韓国の鶏料理はフライドチキンだけじゃない。本場ソウルで食べておきたい必食鶏料理TOP5をチェック。

안녕하세요

第1位 鳳雛チムタクのチムタク

味シミシミの鶏肉に栄冠！

慶尚北道安東発の地方グルメ。骨付きの鶏肉、タンミョンと呼ばれる春雨、ジャガイモなどの野菜を甘辛く煮込んだ料理。

2万6000W

RECOMMEND:
本来はすごく辛い料理ですが、オーダー時に辛さ控えめや辛さなしも選択できます。平たい春雨に鶏のだしや甘辛味が染みてご飯にもよく合う（編集K）

봉추찜닭
狎鴎亭洞の店舗は韓国の芸能人も訪れる人気店。店内にサインも飾られている。

狎鴎亭洞　MAP P.126-A4
M 水仁・盆唐線狎鴎亭ロデオ（K212）駅5番出口から徒歩約5分　강남구 선릉로157길 20-5 2F　☎ 02-511-6981
⏰ 11:00～ L.O.22:20　休 無休　CARD A J M V　URL www.bongchu.com
明洞、東大門ほか

第2位 春川家タッカルビマックッスのチーズタッカルビ

バズりグルメの元祖的存在

タッカルビは江原道春川発祥の鶏焼肉。トッピングが加わるようになり、日本でもバズったチーズタッカルビが誕生。

1万4000W

RECOMMEND:
チーズタッカルビがブームになる前からの人気店です。最初はコチュジャンソースを楽しんで途中からチーズを絡めて食べています（ライターM）

춘천집닭갈비막국수
多くの大学が点在する新村にあり、いつも多くの学生でにぎわっている。

新村　MAP P.121-B2
M 2号線新村（240）駅1番出口から徒歩約5分　서대문구 연세로5가길 1　☎ 02-325-2361　⏰ 11:00～15:30、17:00～ L.O.21:30　休 月　CARD A J M V

第3位 テポチムタクのチーズチムタク

かわいいビジュで実力派

モッツァレラチーズ、フライドポテト、イカフライがトッピングできる。辛さも選べるDIYチムタク。

1万4000W～

RECOMMEND:
モッツァレラチーズ、フライドポテトは各+2500W～、イカフライ+4900W～。好みに合わせてボリュームアップできます。ニワトリに見立てたウズラの卵もポイント！（編集S）

대포찜닭
遊び心あふれるインテリア。ご飯やキムチ、コーンサラダはセルフサービス。

新村　MAP P.121-B2
M 2号線新村（240）駅2番出口から徒歩約5分　서대문구 연세로 27-1 3F　☎ 02-325-6633　⏰ 11:00～ L.O.20:40　休 日　CARD M V　@ daepo_zzimdak

---

第4位 ケリムウォンのチーズコーンチキン

チーズに溺れるチキン！

もち米入りローストチキンの専門店。モッツァレラチーズとコーンを敷き詰めた鉄板で提供されるチキンが斬新。

2万4000W

RECOMMEND:
最初はチキンとチーズ＆コーン。食べ進めるうちに、鉄板でもち米がおこげになって別の食感も楽しめます。激辛も選べます（ライターY）

계림원
東大門駅7番出口のすぐ目の前。チキンは直火を使って店内で焼き上げる。

東大門　MAP P.122-A6
M 1・4号線東大門（128・421）駅7番出口からすぐ　종로구 종로46길 22　☎ 02-744-9229　⏰ 16:00～24:00　休 無休　CARD A J M V　URL www.kyelimwon.com
忠正路、新龍山ほか

第5位 チンナムポミョノッのチムタク

こちらのチムタクにも注目

甘辛い味付けのチムタクとは違い、北朝鮮式のチム（蒸し）タク（鶏）は辛さがまったくない。野菜もたっぷり。

3万2000W

RECOMMEND:
1羽がまるごとゆで蒸しにされています。韓国式の甘辛いチムタクと全然違って、鶏自体に辛さはなく、たれを付けて食べます。鶏本来のうま味が感じられるところが好きです（ライターN）

진남포면옥
約60年営業を続ける老舗レストラン。冷麺やマンドゥなどもある。

薬水　MAP P.122-C6
M 3・6号線薬水（333・633）駅7番出口からすぐ　중구 다산로 108　☎ 02-2252-2457　⏰ 11:00～ L.O.21:00　休 無休　CARD A J M V

グルメ｜ランキング

043　★日本の春雨の原料は緑豆デンプン。チムタクに欠かせない韓国春雨タンミョンはサツマイモのデンプンが原料。タンミョンのほうが日本の春雨よりモチモチ感が強くコシがある。

スープランキング BEST 5

最後の一滴までおいしい

サイド的イメージの湯（スープ）だけど、韓国グルメでは専門店も多い完全主役級料理。心奪われる5品はこちら！

안녕하세요

第1位 土俗村（トソッチョン）のサムゲタン

絶対王者の風格すら漂う

ソウルで知らない人はいないほど有名な参鶏湯専門店。厳選素材を使い、研究の末作り上げた奥深い味は唯一無二。

> **RECOMMEND:** コラーゲンたっぷりのスープはとろとろで鶏のうま味がしっかり感じられます。高麗人参、ナツメ、松の実などの韓方で疲れていても元気になれる気がします！（編集R）

○2万W

토속촌

韓屋を改装したレストラン。本館別館合わせて約400席を擁する。

景福宮 MAP P.121-A3

M 3号線景福宮（327）駅2番出口から徒歩約3分　● 종로구 자하문로5길 5　☎ 02-737-7444　⊙ 10:00～L.O.21:00　㊡ 無休　CARD A J M V　URL www.tosokchon.co.kr

---

第2位 武橋洞（ムギョドン）プゴグッチプのプゴヘジャンクッ

誰からも高評価の確かな味

日本人にはあまりメジャーではない干し鱈のスープの人気店。1968年の創業以来、メニューはプゴヘジャンクッのみ。

> **RECOMMEND:** プゴ（干し鱈）はアミノ酸が多く韓国では二日酔いの日に飲みます。もちろん体にも優しく、辛いものが苦手な人でもおいしくいただけます（趙恩京さん）

○1万W

무교동북어국집

周辺は官公庁や新聞社、大企業が集まる立地でランチには行列ができるほど。

市庁 MAP P.123-A3

M 1・2号線市庁（132・201）駅4番出口から徒歩約5分　● 중구 을지로1길 38　☎ 02-777-3891　⊙ 7:00～L.O.19:30（土・日～L.O.14:30）　㊡ 無休　CARD A J M V

第3位 清潭（チョンダム）スンドゥブのヘムルスンドゥブ

海鮮だしをまとったおぼろ豆腐

韓国俳優やK-POPスターにも愛される老舗。特に海鮮の上品なだしが効いたスンドゥブはこの店を有名にした立役者。

> **RECOMMEND:** 豆腐の舌触りがよく、エビやアサリもゴロゴロ入っています。熱いうちにテーブルに置かれた無料の生卵を入れ、辛さをマイルドにして食べるのがおすすめ（編集S）

○1万3000W

청담순두부

店内には芸能人のサインが壁一面に飾られている。

狎鴎亭洞 MAP P.126-A4

M 水仁・盆唐線狎鴎亭ロデオ（K212）駅出口から徒歩約5分　● 강남구 도산대로53길 19　☎ 02-545-4840　⊙ 8:00～L.O.21:30　㊡ 無休　CARD A J M V　@ puredubu　狎鴎亭

第4位 ウェゴチッソルロンタンのソルロンタン

多数のグルメ賞に輝くスープ

最高品質1++の韓牛の牛骨や内臓をじっくり煮詰めて作られている。国内外から評価が高く、さまざまなグルメ賞を受賞。

외고집설렁탕

コエックスモールから歩いて約10分のところにある。韓国各地からもわざわざ食べにくるほどの有名店。

三成洞 MAP P.126-C5

M 9号線三成中央（928）駅6番出口から徒歩約3分　● 강남구 삼성로 555　☎ 02-567-5225　⊙ 11:00～L.O.20:30　㊡ 日　CARD A J M V　URL oegojip.modoo.at

> **RECOMMEND:** 深い味わいが本当においしくて驚きました。まずはそのまま飲んで塩は最小限に。スライス牛肉と麺も入っています（編集K）

○1万4000W

第5位 クムテジ食堂（シッタン）のキムチチゲ

サムギョプサル店の名脇役

おいしい焼肉店でぜひオーダーしたいのがキムチチゲ。豚肉とキムチのスープはコクがあるのに後味すっきり。

금돼지식당 ➡P.38

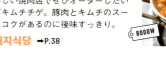

> **RECOMMEND:** サムギョプサルを食べているときの箸休め的存在ですが、おいしすぎてつい夢中になってしまいました。辛さも好みで具材も満足感あります（ライターN）

○8000W

& MORE スープ選びのプチヒント

韓国語でスープはタン、チゲ、クッ。一般的にタンは具材少なめの煮込み系、チゲは具材多め味付けも濃いめ、クッは具材少なめ煮込み短時間。スープにも、パンチャンが一緒に提供されるので食べ応えがある。

GOURMET RANKING

お米が主食でよかった！
飯ランキング BEST 5

韓国も日本と同じく米が主食。ご飯をおいしく食べる技とアイデアをたっぷり堪能しよう。マスト5飯をご紹介！

+ 안녕하세요 +

第1位

三百家（サムベッチプ）の 全州真鍮器ビビンパ（チョンジュノックルッ）

歴史に裏打ちされた1位

1947年、ビビンパ発祥の地、全羅北道全州市で創業。彩り豊かな具材と秘伝のコチュジャンがご飯を引き立てる。

삼백집

創業者が当時1日300食だけ販売していたのが店名の由来。

新沙洞　MAP P.127-B3
🚇 新盆唐・3号線新沙（D04・337）駅8番出口から徒歩約7分　📍 강남구 도산대로17길 6　☎ 02-6229-3100　🕙 10:00～14:30、17:30～ L.O.20:30　休 無休　CARD A J M V　URL www.300zip.com　🚇 南大門、駅三ほか

1万W

RECOMMEND:
真鍮の器、陰陽五行説に基づく5色の野菜がとっても美しい一品です。無農薬栽培の豆モヤシでで作られたナムルが特においしい（編集S）

第3位

ソギョン韓牛（ハヌ）の 韓牛ユッケビビンパ

極上韓牛でご飯が進む

日本では提供する店も少なく高価なユッケ。中間業者を通さず韓牛を仕入れているこの店ではリーズナブルに提供。

서경한우

韓牛焼肉専門店。ランチは韓牛を使った一品料理を食べている客が多い。

市庁　MAP P.124-B4
🚇 1・2号線市庁（132・201）駅7番出口から徒歩約5分　📍 중구 세종대로 62　☎ 02-3789-7292　🕙 10:30～22:00　休 CARD A J M V　URL www.seokyeonghanu.com

1万2000W

RECOMMEND:
韓牛ユッケと野菜が盛られた器に白米、コチュジャン、ゴマ油を足して仕上げます。牛肉の甘味も感じられて無心で食べちゃいます（ライターM）

第2位

リーキムパの キムパ

グルメキムパが上位にイン！

軽食代表のキムパをグルメな具材でアップグレード。メニューは20種類以上あり、ほかでは味わえない斬新揃い。

리김밥

スイーツ店のような店構え。2階にイートインスペースがある。

狎鴎亭洞（アックジョンドン）　MAP P.127-A3
🚇 3号線狎鴎亭（336）駅2番出口から徒歩約2分　📍 강남구 압구정로30길 12　☎ 02-548-5552　🕙 8:30～L.O.19:30（土8:00～L.O.18:00）　休 CARD A J M V　URL leegimbap.co.kr　🚇 ソウル駅、ソウルの森ほか

3800W～

RECOMMEND:
具材たっぷりでご飯が少ないのが特徴です。お気に入りはスパイシーナッツ5000Wとダブルチーズポーク5800Wのキムパです。ちょっとピリ辛がやみつきになります（編集M）

グルメ｜ランキング

1万5000W～

第5位

河東館（ハドンガァン）の コムタン

ソウルで最も有名なコムタン

1939年創業。韓国の歴代大統領も御用達の老舗。韓牛の内臓をていねいに煮込んで作る透き通ったスープが自慢。

하동관

味のクオリティを保つため直営の支店のみで暖簾分けはしないポリシー。

明洞　MAP P.124-A6
🚇 2号線乙支路入口（202）駅6番出口から徒歩約5分　📍 중구 명동9길 12　☎ 02-776-5656　🕙 7:00～16:00（売り切れ次第閉店）　休 日 CARD A J M V　URL www.hadongkwan.co.kr　🚇 汝矣島、コエックスモール

RECOMMEND:
澄んだスープはクセもなく意外にあっさり。ご飯が入っているのでお茶漬け感覚でサラサラと食べられます。牛肉と内臓のスライスが入っています（ライターN）

全州豊南会館（チョンジュプンナムフェグァン）の トルソッ 石焼きビビンパ

ビビンパ好きなら焼きも！

全羅北道全州市出身の家族が経営する韓国家庭料理の店。アツアツの器で提供されるビビンパは人気メニューのひとつ。

전주풍남회관

ビジネス街にあり朝8時から営業しているので、出勤前に朝食をとりに訪れる人も多い。

1万2000W

第4位

光化門　MAP P.123-A2
🚇 5号線光化門（533）駅6番出口から徒歩約3分　📍 중구 세종대로21길 48 2F　☎ 02-736-2144　🕙 8:00～15:00、17:00～22:00（土8:00～15:00、16:30～20:00）　休 日 CARD A J M V

RECOMMEND:
おこげを作るように、器に押し付けながら混ぜるのがコツです。ケランチャン（卵蒸し）もおすすめです（フォトM）

★ お粥チェーンの本粥（本粥：ポンチュク）は、今回惜しくもBEST5には選ばれなかったけれども、店舗数もメニューも多く、朝食にぴったりのスポット。

1万6000W

GOURMET RANKING

有名ガイドの受賞店揃い
麺ランキング BEST 5

焼肉のシメだけにとどまらない個性豊かなラインアップ。ほかのどんな韓国グルメより鬼リピしてしまう5麺'sは？

+ 안녕하세요 +

第1位
又来屋の平壌冷麺
（ウレオッ）（ピョンヤンネンミョン）

ソウル4大冷麺のひとつが首位

ミシュラン・ビブグルマン常連の有名店。スープは、江原道産の韓牛100％を24時間煮込む伝統的な製法を守っている。

RECOMMEND: シンプルに見えるスープが予想外に深い味わいです。ソバ粉とサツマイモ粉を配合した麺は絶妙なコシで歯触りがいい感じ（フォトM）

우래옥

1946年に平壌出身のオーナーが創業。ランチ時には行列ができるほどの人気。

乙支路　MAP P.122-A5

🚇 2・5号線乙支路4街（204・535）駅4番出口から徒歩約1分　📍中区 창경궁로 62-29　☎ 02-2265-0151　🕐 11:30～L.O.20:40　休 月　CARD A J M V

RECOMMEND: ほかの店はタマネギくらいしか具がありませんが、この店は豚ひき肉が入っていて満足度が高いです（ライターM）

第2位
開花のチャジャンミョン
（ケファ）

7000W

ソウル上級者から根強い人気

韓国ドラマでもおなじみの真っ黒なたれのかかった麺。中国料理のジャージャー麺を韓国風にアレンジしたもの。

개화

明洞に中国大使館があり、付近にはいくつかの中国料理店が点在する。

明洞　MAP P.124-B5

🚇 4号線明洞（424）駅5番出口から徒歩約7分　📍中区 남대문로 52-5　☎ 02-776-0508　🕐 11:30～L.O.20:50　休 土　CARD A J M V

1万2000W～

RECOMMEND: この店では辛さ控えめ、辛味なしも選べるので日本人観光客におすすめ。牛肉、梨、キュウリ、ゆで卵がいいアクセントになっています（編集M）

明洞咸興麺屋のビビン冷麺
（ミョンドンハムンミョノク）

辛口冷麺で圧倒的人気

ソウル4大冷麺のひとつ。明洞で3代にわたって営業を続けている。サツマイモ粉100％の細麺が特徴。

명동함흥면옥

1978年に北朝鮮・咸興出身のオーナーが創業。化学調味料不使用がモットー。

明洞　MAP P.124-B6

🚇 4号線明洞（424）駅8番出口から徒歩約3分　📍中区 명동10길 35-19　☎ 02-776-8430　🕐 11:00～20:00　休 日　CARD A J M V

第3位

第4位
三清洞スジェビのスジェビ
（サムチョンドン）

ソウルいちのすいとん

スジェビは韓国版のすいとんで、小麦粉ともち米が原料。ミシュラン・ビブグルマンの常連で行列のできる人気店。

삼청동수제비

開店と同時に行列ができるほど人気。三清洞に行ったら必ず立ち寄りたい。

三清洞　MAP P.121-A3

🚇 3号線安国（328）駅1番出口から車で約5分　📍종로구 삼청로 101-1　☎ 02-735-2965　🕐 11:00～20:00　休 無休　CARD A J M V

9000W

RECOMMEND: すいとんのツルッ＆モチッ食感が好み。アサリだしのスープにはジャガイモが入っていてとろみがあります。並んでも食べたい1杯です！（編集K）

&MORE

冷麺だけじゃ物足りない？

冷麺チェーンのユッサム冷麺（육쌈냉면）では、冷麺をオーダーすると豚肉の炭火焼きが付いてくる。値段は1万W。ここでは肉に麺を挟んで食べるのが定番とか。弘大や鍾路3街などソウル市内に数十店舗ある。

URL www.yookssam.com

黄生家カルグクスの牛骨カルグクス
（ファンセンガ）（カコル）

RECOMMEND: 胃が疲れているときでも食べやすい。トッピングの肉が甘辛味で薬味の役目をしてくれます（編集Y）

1万2000W

ホッとする味でランクイン

カルグクスとは牛骨スープの韓国版うどん。手打ち麺専門店のこちらもミシュラン・ビブグルマンの常連。

第5位
황생가칼국수

三清洞　MAP P.121-A3

🚇 3号線安国（328）駅1番出口から徒歩約10分　📍종로구 북촌로5길 78　☎ 02-739-6334　🕐 11:00～L.O.20:40　休 無休　CARD A J M V

1・2階合わせて200席近くある大型店。それでも昼時は満席になることもある。

★又来屋、明洞咸興麺屋と並び、ソウルの4大冷麺に挙げられるのが、乙密台（을밀대/ウルミルデ）、筆洞麺屋（필동면옥/ピルトンミョノッ）。食べ比べもおすすめ！

GOURMET RANKING

ツウは部位指定で味わう

牛焼肉ランキング BEST 5

豚焼肉より高価なだけに絶対に失敗したくない牛焼肉。韓国牛肉の最高峰・韓牛が自慢のトップ5はこちら。

안녕하세요

第1位
テチ精肉食堂の
センドゥンシムとチャドルバギ
（チヂョンユッシッタン）

精肉店直営が首位に躍進

1977年に精肉店として開業。2006年に食堂をオープン。韓牛のなかでも最上級ランクの1++の牛肉のみを提供。

대치정육식당
1階に高級感漂う精肉店、地下に直営の食堂がある。

宣陵 MAP P.126-D5
🚇 水仁・盆唐・2号線宣陵（K215・220）駅1番出口から徒歩約15分 📍 강남구 역삼로 450 ☎ 02-557-0883 🕐 11:30～22:30 (休)無休 CARD A J M V

RECOMMEND:
センドゥンシム（ロース）は上質の肉の甘味が楽しめます。さっと焼いて食べるチャドルバギ（トモバラ肉）がどの店よりおいしい！（ライターM）

センドゥンシム100g 2万5000W
チャドルバギ100g 1万5000W

第3位
ソギョン韓牛の
カルビサル
（ハヌ）

産地直送で価格は抑えめ

韓牛協働組合の販売認定を受けた焼肉店。やわらかい肉質にこだわり、生後50ヵ月未満の雌牛だけを仕入れている。

서경한우 ➡ P.45

150g 4万5000W

RECOMMEND:
カルビサル（カルビ）はアンチャンサル（ハラミ）やサルチサル（ザブトン）よりリーズナブルな値段で食べられます。店構えも庶民的で入りやすいです（ライターM）

第2位
トクシム韓牛の
アンチャンサルとサルチサル
（ハヌ）

豊富なメニューで上位をキープ

ソウル市内に数店舗あり、生産、流通、販売を一括して行っている。高い品質管理で熟成された牛肉は納得のおいしさ。

뚝심한우
企業の接待などにも利用される高級感のある雰囲気。個室も充実。

乙支路 MAP P.123-A3
🚇 2号線乙支路入口（202）駅4番出口から徒歩約3分 📍 중구 을지로5길 26 B2F ☎ 02-6030-8905 🕐 11:00～ L.O.13:30、17:30～ L.O.21:00（土12:00～ L.O.20:00）(休)日・祝 CARD A J M V URL smartstore.naver.com/dduksimhanwoo 🚩 光化門、汝矣島ほか

アンチャンサル150g 8万9000W
サルチサル150g 6万7000W

RECOMMEND:
値段は高めですが、アンチャンサル（ハラミ）とサルチサル（ザブトン）が特においしかったです。ランチならユッケビビンバなどの一品料理もおすすめ！（編集M）

第5位
フェンソン韓牛の
アンチャンサル
（ハヌ）

芸能人もお忍びで訪れる

韓牛の産地として知られる江原道横城（フェンソン）の牛肉を扱う。精肉店併設で、その日のおすすめを味わえる。

횡성한우
ロッテワールドから徒歩圏内の大型店。週末は多くの人でにぎわう。

蚕室 MAP P.120-C6
🚇 9号線松坡ナル（934）駅2番出口から徒歩約5分 📍 송파구 오금로 113 ☎ 02-415-8080 🕐 11:00～ L.O.21:30 (休)無休 CARD A J M V

130g 7万5000W

RECOMMEND:
店内のショーケースに自分の目で肉を確認できます。大人数で訪れていろんな部位を楽しむのがおすすめです（編集S）

第4位
ソックッのアンシム

芸能人も訪れる高級店

韓牛の若い雌牛のみを提供する。全席プライベートルームになっていて、セレブ気分で最上級焼肉を楽しむことができる。

소끗
セレブタウンの清潭洞にある。人気店なので事前に予約したほうが確実。

清潭洞 MAP P.126-A5
🚇 水仁・盆唐線狎鴎亭ロデオ（K212）駅2番出口から徒歩約10分 📍 강남구 도산대로81길 18 3F ☎ 🕐 16:00～23:00（前日に予約すればランチも受付可）(休)無休 CARD A J M V 🚩 漢南洞

100g 5万5000W

RECOMMEND:
推しが訪れた店と知って訪問しました！脂肪が少ないアンシム（牛ヒレ）はうま味が凝縮。3種類の塩で食べるスタイルも上品で、ほかの韓国焼肉とはひと味違っていました（編集K）

---

047 ★韓国のブランド牛・韓牛は、霜降りの度合いなど肉質で1++、1+、1、2、3の5等級に分けられている。1++が最上級の肉質を誇っている。

無性に食べたくなる 鍋ランキング BEST 5

ソウルの冬の寒さは厳しい。
そんな日に選者たちの
体と心にしみた
魅力的な鍋をウオッチ！

・안녕하세요・

第1位 ソムンナン聖水(ソンス)カムジャタンのカムジャタン

2万9000W～

トップは聖水洞の名物鍋

行列の絶えない超人気店が満場一致で1位。骨付き豚肉とジャガイモがメインのピリ辛鍋は一度食べるとやみつき。

소문난성수감자탕
予約システムなどは採用していないが、別館ができて回転がよくなった。

聖水洞 MAP P.125-A2
🚇 2号線聖水(211)駅4番出口から徒歩約5分
📍 성동구 연무장길 45 ☎ 02-465-6580 ⏰ 24時間
休 無休 CARD A J M V

RECOMMEND：
カムジャタンといえばこの店！豚骨のだしがジャガイモやエゴマ、エノキ茸にしみて本当においしいです。ひとり用カムジャスープもあります
（中嶋一恵さん）

第3位 ソンタンプデチゲのプデチゲ

1万2000W

日韓のスターをトリコに

部隊（プデ）が語源で、朝鮮戦争後に米軍から流れたスパムやソーセージが具材に。スープは牛骨とキムチがベース。

송탄부대찌개
カロスキルにも近いプデチゲ専門店。BTSメンバーも訪れる人気店。

新沙洞 MAP P.127-B3
🚇 新盆唐・3号線新沙(D04・337)駅1番出口から徒歩約7分
📍 강남구 도산대로 166 ☎ 02-541-2446 ⏰ 24時間
休 無休 CARD A J M V

RECOMMEND：
なにわ男子の道枝駿佑さんがTVで紹介して久しぶりに訪問しました。一見ジャンクに見えますが化学調味料不使用。キムチチゲより深い味わいが好み（編集S）

第2位 ピョンファ延南(ヨンナム)のナッコプセジョンゴル

3万5000W

釜山発鍋の人気はいまだ健在

ナッチ（テナガダコ）、コプチャン（ホルモン）、セウ（エビ）の頭文字が名前の由来。釜山発で数年前からソウルで流行中。

평화연남
延南洞にあるこの店は特に若い人から支持されている。

延南洞 MAP P.121-B1
🚇 京義・中央・2号線弘大入口(K314・239)駅3番出口から徒歩約7分
📍 마포구 동교로 254-1 ☎ 02-322-8292 ⏰ 11:30～15:00、16:30～L.O.21:30（土・日11:30～L.O.21:30） 休 無休
CARD A J M V 🌐 pyeonghwa_yeonnam_official 🚇 鍾路、蚕室

RECOMMEND：
新鮮なナッコプセがどれもプリプリで甘辛いたれと絡んでおいしいです。シメのうどん、ポックンパ、チーズを追加して最後の一滴まで楽しめました～♪（編集S）

第5位 アグランコッケランのコッケタン

カニのうま味たっぷり

大きなワタリガニがまるごと入った豪快な鍋。春菊、セリ、ネギ、エリンギ、エノキ茸と具材は日本のカニ鍋に似ている。

5万W～

아구랑꽃게랑
ワタリガニやアンコウ料理を提供する。家族経営でアットホームな雰囲気。

東大入口 MAP P.122-B5
🚇 3号線東大入口(332)駅2番出口から徒歩約3分
📍 중구 동호로24길 35-7 ☎ 02-2263-5554 ⏰ 11:00～22:00
休 無休 CARD A J M V

RECOMMEND：
辛みそベースにカニそも溶け込んでスープがおいしい！カニの身も入っているので無心で食べてしまいます（ライターN）

第4位 陳元祖補身(チンウォンジョボシン)タッカンマリのタッカンマリ

3万W～

地元人気No.1はこの店！

タッカンマリ通りには似た店名が多いものの、地元の人が断然推すのはこの店。特許取得済みの韓方スープが自慢。

진원조보신닭한마리
1986年にオープン。現在は3階建てのビルになっている。

東大門 MAP P.122-A5
🚇 1・4号線東大門(128・421)駅9番出口から徒歩約5分
📍 종로구 종로 252-11 ☎ 02-2272-2722 ⏰ 10:00～22:00 休 無休
CARD A J M V

RECOMMEND：
生後35日の若鶏を使用しているので肉がやわらかい。鶏1羽が最小なので2名以上で行くのがおすすめです（ライターM）

&MORE 最後の一滴まで逃さない！

鍋の具材をあらかた食べたあとはスープを残してお楽しみパート1のうどんをIN！うどんを食べたあと、汁気がなくなったらご飯を入れてお楽しみパート2のポックンパ（焼き飯）。韓国鍋は最終形態まで楽しもう！

★ 鍋のオーダーは基本的に2名以上から。ひとりで入店しても2名分支払うことが多い。なかには、ひとり用メニューを提供している店もあるので事前にチェックしておこう。

GOURMET RANKING

高級食材が大変身
海鮮ランキング BEST 5

韓国旅行ではつい焼肉に注目が集まりがち。でも、スペシャリストが通う海鮮グルメは試す価値あり！

第1位

コッチの カンジャンケジャン

国内外のグルメ賞に輝く

ワタリガニの産地・忠清南道で水産業を営む家族から直接仕入れている。カキの塩辛を使った秘伝のたれに漬け込んでいて、ほかでは味わえない逸品。

꽃지
グルメ賞を何度も受賞している有名店。

奉恩寺 MAP P.126-C6
🚇 9号線奉恩寺 (929) 駅5番出口から徒歩約1分 📍 강남구 봉은사로 610 ☎ 02-561-8788 🕐 11:30～15:00、17:00～21:30 休 日 CARD A J M V URL kkotji.modoo.at

> **RECOMMEND:**
> 韓国料理のなかでもカンジャンケジャンがいちばん好きです。ここはどの店より身が詰まっている気がします。甲羅でご飯とカニみそを混ぜて海苔で巻くとさらに美味！（フォトM）

4万4000W～

第2位

ソリンナッチの ナッチポックム

辛さがクセになるタコ炒め

テナガダコを炒めた激辛料理。ソーセージやベーコンの鉄板焼き1万8000Wに混ぜて食べると辛さが中和される。

서린낙지
1959年創業。鉄板焼きと混ぜるのがこの店のオリジナル。

光化門 MAP P.123-A3
🚇 5号線光化門 (533) 駅3番出口から徒歩約3分 📍 종로구 종로19 2F ☎ 02-735-0670 🕐 11:30～15:00、17:00～21:30（土 12:00～ L.O.20:00) 休 第2・4日曜、第1・3月曜 CARD A J M V

> **RECOMMEND:**
> ナッチポックムは鍾路・武橋洞が発祥といわれています。「ナッチを食べさせたら死んだ牛も生き返る」といわれるほど栄養満点のスタミナ食です（ジョ・ウンギョンさん）

2万4000W

第3位

チョルチョルポッチプの ポップルコギ

日本では珍しいフグの甘辛焼き

フグをヤンニョムのタレで味付けして炭火で焼く料理。韓国でもフグは高級食材で、鍋や刺身、天ぷらで食べることもある。

철철복집
庶民的な雰囲気で値段もリーズナブル。フグの新体験に挑戦したい。

乙支路 MAP P.123-A3
🚇 2号線乙支路入口 (202) 駅1-1番出口から徒歩約3分 📍 중구 을지로3길 29 ☎ 02-776-2418 🕐 11:30～14:30、16:30～22:00 休 日 CARD A J M V

> **RECOMMEND:**
> 網の上で香ばしく焼けるたれが食欲をそそります。フグの淡白な味とピリ辛がこんなに合うとは思いませんでした（ライターM）

4万1000W

第4位

チョゲワのチョゲチム

アワビも入ったバケツ蒸し

韓国語でチョゲは貝、チムは蒸し。無骨なバケツのような鍋に山盛りの貝を入れ蒸して食べる。酒のつまみにぴったり。

조개와
貝のオブジェが目印。店内の水槽から取り出した新鮮な貝を提供。

明洞 MAP P.124-A5
🚇 2号線乙支路入口 (202) 駅6番出口から徒歩約5分 📍 중구 명동7길 17 ☎ 02-777-0317 🕐 11:00～翌1:00 休 無休 CARD A J M V

> **RECOMMEND:**
> アワビ、ホタテ、ハマグリ、タイラギのほかイカ、タコ、エビも入っています。蒸しただけのシンプルな料理ですが、具材がプリプリですごくおいしいんです（編集K）

6万5000W

第5位

シンジョンの ジョンボットルソッパプ

アワビがドーンのご飯

韓国で栄養食として人気の高いアワビ料理専門店。一番人気はジョンボットルソッパプ（アワビの石焼きご飯）。

신정
新論峴の裏通りにある一軒家レストラン。地元でも評判の店。

新論峴 MAP P.127-D2
🚇 新盆唐・9号線新論峴 (D06・925) 駅9番出口から徒歩約5分 📍 서초구 사평대로52길 10 ☎ 02-3481-1696 🕐 11:40～21:30 休 日 CARD A J M V

3万W

グルメ|ランキング

049　空港のある仁川市はソウルから最も近い海辺で海鮮料理が有名なエリア。海岸沿いには貝焼きや貝蒸しの店が並び、ソウルから日帰りで食べに来る人も多い。

韓国人の美肌の秘密
マッコリ ランキング BEST 4 PLUS 1

上質なマッコリが楽しめる人気のバー上位4軒。さらに、スタッフ激推しの名物焼酎バー1軒をご紹介！

+ 안녕하세요 +

第1位 タモトリ
韓国全土の銘柄を揃える

オーナー自ら韓国各地の産地へ足を運んで仕入れた個性派マッコリを揃える。サンプラーからスタートするのがおすすめ。

다모토리
小さい店ながらクチコミで人気が高まり、オープン以来15年変わらぬ人気。

緑莎坪　MAP P.124-C4
- 6号線緑莎坪（629）駅2番出口から徒歩約10分
- 용산구 신흥로 31
- 070-8950-8362
- 18:00～23:00（土・日・祝16:00～）
- 無休
- CARD A J M V　@damotorih

7000W

RECOMMEND:
その日のおすすめマッコリ5種を7000Wで飲み比べできるのはお得！自分好みの味や口当たり、産地を知るマッコリ旅にワクワクします（ライターM）

第2位 ヌリンマウル醸造所（ヨンジョンジャン）
店内醸造で味比べができる

韓国初の都心型マッコリ醸造所がコンセプト。国産米と麹を原料に、人工甘味料不使用のマッコリを醸造し提供している。

느린마을양조장
チェーン展開しており、ソウル中心部に数店舗を構えている。

弘大　MAP P.125-C2
- 京義・中央・2号線弘大入口（K314・239）駅9番出口から徒歩約5分
- 마포구 홍익로5안길 14 2F
- 02-336-4788
- 15:00～L.O.23:50（土14:00～、日14:00～L.O.22:20）
- 無休
- CARD A J M V　URL www.slowbrewpub.com
- 狎鴎亭洞、忠正路ほか

1万W

RECOMMEND:
発酵日数が異なる生マッコリが飲めます。発酵1～3日は春、4～6日は夏、7～9日は秋、10日以上が冬。酸味、甘味、炭酸度が異なります。試飲もOK！（編集R）

第3位 マッコリサロン
種類豊富なフルーツマッコリ

カラフルなフルーツマッコリで注目を集めるバー。大人数で飲み比べするのにぴったり。名産地の優良銘柄も揃える。

막걸리싸롱
学生街の弘大にある。エントランスは入り組んだ路地の奥。

弘大　MAP P.125-D2
- 京義・中央・2号線弘大入口（K314・239）駅9番出口から徒歩約7分
- 마포구 와우산로21길 12-6
- 02-324-1518
- 17:00～翌1:00
- 無休　CARD A J M V

マンゴースムージーマッコリ 1万2000W

フルーツマッコリサンプラー 1万W

RECOMMEND:
イチゴやキウイなどのほか、変わり種でリッタチーズのマッコリもあって、意外とおいしかった。マンゴースムージーマッコリはデザート感覚で楽しめます（編集K）

PLUS 1 パンジョ
フルーツソジュの先駆け

35年以上前から女性人気の高い焼酎居酒屋。焼酎のフレッシュフルーツ割りはビジュアルもキュート！

반저
演劇の街として知られる大学路の恵化駅からすぐのロケーション。

大学路　MAP P.121-A3
- 4号線恵化（420）駅1番出口から徒歩約3分
- 종로구 대학로8 가길 56
- 02-742-9779
- 15:00～翌2:00
- 無休　CARD A J M V

各1万3000W

RECOMMEND:
スイカ、オレンジ、リンゴ、パイナップル、ココナッツ、メロンの焼酎があります。器もかわいくて盛り上がります！おつまみもおいしくてお酒が進みます（編集S）

第4位 タロチプ
大人の夜カフェで乾杯！

ブランチやデザートを提供するカフェ＆バー。創作料理とのマリアージュにマッコリや韓国焼酎を提案している。

따로집
合井駅南側の建物の2階。大きな窓から交差点が見渡せる。

合井　MAP P.125-D1
- 2・6号線合井（238・622）駅7番出口から徒歩約1分
- 마포구 독막로 4 2F
- 11:30～24:00（金・土～翌1:00）※日曜以外アルコールの提供は17:00～
- 無休　CARD A J M V
- @ddaro_zip

マッコリ（ボトル）各2万8000W

ブランチメニュー1万1000W～、スイーツ8000W～

RECOMMEND:
タイムを入れたワイングラスに注いでマッコリをいただくスタイルです。口当たりは甘いのですが、ハーブのおかげで後味がすっきりします（中嶋一恵さん）

★ 眞露社が販売する焼酎チャミスル。マスコットキャラクターになっているヒキガエルのトゥッコビは、@official.jinroでもユニークでキュートな姿を披露して大人気。

GOURMET RANKING

大本命の韓国スイーツ
ピンス ランキング BEST 5

粉雪のような口溶けで一世を風靡した韓国カキ氷。ミルク氷が圧倒的に人気でおさえておきたいのはこちら!

RECOMMEND:
この店のさらさらのミルク氷が好きです。甘さ控えめの小豆はおかわり自由でひとりでも食べやすい大きさです。三角ショートケーキも有名です (natsuyoさん)

第1位 ホミルパッのミルクピンス
氷のおいしさが格別

驚くほど細かく削られたミルク氷はほんのり甘く感動の舌触り。シンプルなピンスだけにていねいな仕事を感じる味。

7900W

호밀밭
新村の老舗ピンス店。れんが造りの外観が目印。

新村 MAP P.121-B2
🚇 2号線新村 (621) 駅3番出口から徒歩約15分
📍 서대문구 신촌로 43
📞 02-392-5345
🕐 12:00～L.O.21:30
休 無休
CARD A J M V
homil_bat 建大ほか

グルメ ランキング

RECOMMEND:
とろりとしたピスタチオピューレとラズベリーソースがかかっていました。甘酸っぱさとピスタチオの香ばしい味が絶妙です。ピスタチオ好きはぜひ! (中嶋一恵さん)

第3位 東京ピンスのピスタチオベリーピンス
変わり種ピンス店の新作

トマトピンスで一躍有名になったピンスカフェ。韓国で大流行中のピスタチオを使ったピンスが注目を集めている。

1万3900W

도쿄빙수
ノスタルジックな雰囲気が漂う望遠洞にある本店。現在はチェーン展開している。

望遠洞 MAP P.121-B1
🚇 6号線望遠 (621) 駅2番出口から徒歩約7分
📍 마포구 포은로8길 9
📞 02-6409-5692
🕐 12:00～L.O.21:20
休 無休 CARD A J
M V URL www.tokyobingsu.co.kr
建大ほか

第2位 ラフレフルーツのマンゴーピンス
グルメな贅沢ピンス

季節のフルーツを使ったスイーツ店。済州島の契約農家から仕入れた最高級アップルマンゴーのピンスが特に有名。

Rafre Fruit
ソウルの森の有名カフェ。フルーツのケーキやソフトクリームも人気。

ソウルの森 MAP P.125-A1
🚇 2号線トゥッソム (210) 駅8番出口から徒歩約8分
📍 성동구 서울숲
2길 8-8 2F 🕐 13:00～L.O.18:30（土・日～L.O.19:30） 休 無休 CARD A
J M V rafre_fruit 西村

4万9900W

RECOMMEND:
値段は高いけれど、そのおいしさは感動もの!ホテルでは10万W超えのピンスもあるのでそれに比べたら安いです。夏の間のみの提供。ピーチやイチジクのピンスもおすすめです (編集M)

第4位 コリンのアイスホンシピンス
柿の変化とともに食べる

弘大のフラワーカフェの超人気メニュー。韓国語でホンシは柿。完熟の柿を凍らせてミルク氷にトッピング。

Colline
花と緑に囲まれたおしゃれカフェ。ドラマのロケ地として使われることも多い。

弘大 MAP P.125-D2
🚇 6号線上水 (623) 駅1番出口から徒歩約5分
📍 마포구 어울마당로 45 📞 02-3141-1119 🕐 10:30～23:00（金・土～24:00）休 無休 CARD
A J M V colline_cafe

1万2000W

RECOMMEND:
柿好きなので、ずっと食べたかったんです。食べ始めの柿はしゃりしゃり食感で食べ進めていくうちにトロトロとミルクと溶け合って、とってもおいしかったです (編集K)

RECOMMEND:
定番の一番人気がパッ(豆)ピンス。緑がかったパウダーは実は青大豆のきな粉でミルク氷の中にアズキが入って白玉が添えられています。ホッとする味です (編集S)

第5位 プビンのパッピンス
ピンスの可能性は無限大!

さまざまな食材を使った斬新なピンスを次々と生み出している。定番と新作、どちらも試したい!

1万W

三清洞 MAP P.121-A3
부빙
韓屋を利用した一軒家のピンスカフェ。甘味処のような雰囲気が心地よい。

🚇 3号線安国 (328) 駅2番出口から徒歩約7分 📍 종로구 북촌로7길 3-4 📞 02-747-8288 🕐 月 CARD A J M V
ice_boobing 付岩洞

& MORE ピンスチェーンのソルビン

ソルビン (설빙) は、2022年に東京・新大久保に再上陸した釜山発ピンスチェーン。ソウルでも順調にチェーン展開中で、一年中気軽にピンスが食べられるカフェとして人気。話題になったきな粉ピンスや夏～秋限定のメロンまるごとピンスは健在。

URL sulbing.com

빙수

051

RANKING PLUS

まだまだある！
追い推しグルメ

スペシャリストも編集室も韓国グルメ愛があふれすぎてカテゴリーに収めきれず。せっかくなので追い推しで大放出！

대원집
約60年続くビジネス街の人気店。
乙支路　MAP P.123-A3
🚇 2号線乙支路入口（202）駅1-1番出口から徒歩約3分　📍 중구 을지로3길 30-4　📞 02-777-2038
🕐 10:00～22:300　休 無休　CARD A J M V

RECOMMEND:
from: 中本愛子さん
♥♥♥
テウォンチプのジェユクポックム
日本ではなかなか本場の味に会えないのですが、ジェユクポックムが好きです。豚肉と野菜をコチュジャンで甘辛く炒めた料理で、韓国ではランチの定番です。

조조칼국수
芸能人のサインも並ぶ有名店。
聖水洞　MAP P.125-A2
🚇 2号線聖水（211）駅2番出口から徒歩約3分　📍 성동구 성수일로8길 55　📞 02-468-4333
🕐 10:00 ～ 16:00、17:00 ～ L.O.21:00※土・日はブレイクタイムなし　休 無休　CARD A J M V　@ jojokalguksu

1万2000W　9000W

RECOMMEND:
from: 編集S
♥♥♥
ハノッチプキムチチムのキムチチム
家庭料理のキムチチムを世に広めた元祖店。酸味のある熟成キムチと豚肉の煮込みで、韓国人にはなじみ深い料理で、EVNNEケイタさんも好物（→P.6）ということで、韓国在住歴の長さがうかがえます。

ご飯やおかず付きで 1万1500W～

한옥집김치찜
西大門　MAP P.123-B1
🚇 5号線西大門（532）駅2番出口から徒歩約5分　📍 서대문구 통일로9길 12　📞 02-362-8653　🕐 10:30 ～ 21:30　休 無休　CARD A J M V

RECOMMEND:
from: 中嶋一恵さん
♥♥♥
ジョジョカルグクスのカルグクスとシオフキガイスープ
本店が大邱にある人気店です。メニューはカルグクス、スープ、チヂミの3つのみ。貝のだしが効いていて行列ができるのも納得のおいしさです。スープの辛さは4段階で選ぶことができます。

맷고동 ➡ P.38

1万4000W

RECOMMEND:
from: ライターY
♥♥♥
ペッコドンのオジンオティビム
タコ料理店のイカの天ぷらです。衣はサクサクでイカがやわらか～。何個でも食べられます！激辛料理のサイドメニューとして必ずオーダーします。

RECOMMEND:
from: ライターM
♥♥♥
ドサンブンシクのトンカツサンド
おしゃれな粉食屋さん。韓国の人にとっての学校帰りのおやつを集めたお店です。低温熟成のローストンカツは分厚いのにジューシーで軟らか。ソースしみしみで食パンとの相性も抜群です！

DOSAN BUNSIK
狎鴎亭洞　MAP P.126-A4
🚇 水仁・盆唐線狎鴎亭ロデオ（K212）駅5番出口から徒歩約7分　📍 강남구 도산대로49길 10-6　📞 02-514-5060　🕐 11:30 ～ L.O.20:00
休 無休　CARD A J M V　@ dosanbunsik

6500W　8700W　7800W　9800W

052

2万2000W

包み野菜15種類以上。

다채

ビルの9階。すっきりと清潔な印象の店構え。

東大門　MAP P.122-A6

🚇 1・4号線東大門（128・421）駅7番出口から徒歩約7分　📍 중구 마장로1가길 23 DWP9F　📞 02-2231-3392　🕙 10:00～22:00　休日　CARD A J M V　URL e-dachai.co.kr

> RECOMMEND:
> from: 編集S
> ♥♥♥
> **タチェのプルコギサンパブ定食**
> EVNNEケイタさんが好物（→P.6）というプルコギ。東大門ならここがおすすめ。セルフバーから好きな野菜を選んで包んで食べるスタイルです。

350g 1万9000W

> RECOMMEND:
> from: 編集K
> ♥♥♥
> **フレンチチョッカルビのチョッカルビ**
> 甘辛ソースの骨付きカルビの人気店。食べるときは軍手とビニール手袋を着けて、手づかみでかぶりつくのがこの店流。ちょっとお行儀悪い気もしますが、おいしくいただく正解の食べ方です！

프렌치쪽갈비

芸能人の常連も多い。店内にはサインもいっぱい。

狎鷗亭洞　MAP P.127-B3

🚇 3号線狎鷗亭（336）駅3番出口から徒歩約10分　📍 강남구 논현로152길 28　📞 02-3445-5558　🕙 16:00～23:00　休無休　CARD A J M V

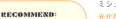

1人分1万3000W～

강남랭겹

江南駅近くの飲食店街でも1、2のにぎわい。

江南　MAP P.127-D3

🚇 新盆唐・2号線江南（D07・222）駅11番出口から徒歩約2分　📍 강남구 강남대로96길 13　📞 02-555-3399　🕙 11:00～翌0:30　休無休　CARD A J M V　URL gangnamlangyeop.com

> RECOMMEND:
> from: 中嶋一恵さん
> ♥♥♥
> **江南レンギョプの鉄板焼肉**
> ユニークな形の鉄板がSNSで話題です。お肉にもこだわっていて、うま味をキープするために急速冷凍しているそうです。おかずも多くて韓国オデンも食べられます。最後のポックンパまで味わってください。

1人分1万5000W

풀뜯는돼지

行列のできる人気店。裏に別館もある。

延南洞　MAP P.121-B1

🚇 京義・中央・2号線弘大入口（K314・239）駅3番出口から徒歩約5分　📍 마포구 동교로32길 7　📞 070-8233-1690　🕙 12:00～L.O.21:20　休無休　CARD A J M V　📷 pul__pig

> RECOMMEND:
> from: 編集R
> ♥♥♥
> **プルトゥンヌンテジのミナリサムギョプサル**
> 香味野菜のセリ（ミナリ）と一緒に食べるサムギョプサルが今はやっています。カリカリに焼いた三枚肉にセリの香りをたっぷりまとわせていただきます。脂っぽさが緩和されてさっぱりします。

> RECOMMEND:
> from: ライターN
> ♥♥♥
> **光化門クッパのテジクッパ**
> スープ系は候補が多く、惜しくもランク外でしたが、ここのクッパもおすすめです。ほかにはないほど透き通っていて雑味が一切ない上品な味付けです。アミエビの塩辛で味変するのも◎

광화문국밥

ミシュランのビブグルマン掲載店。

光化門　MAP P.123-A2

🚇 5号線光化門（533）駅6番出口から徒歩約3分　📍 중구 세종대로21길 53　📞 02-738-5688　🕙 11:00～14:30、17:30～L.O.20:40（土12:00～14:30、17:00～L.O.20:00）　休日　CARD A J M V

1万W

053

RANKING PLUS

多すぎて選べない！
私の推しカフェ

ソウルにはすてきなカフェが多すぎて絞れない……。
そこで、それぞれの推しカフェを発表。カフェ探しの参考に。

---

onion
空を眺めながらのんびりティータイム。

三清洞 MAP P.121-A3
🚇 3号線安国（328）駅2番出口から徒歩約1分 📍 성종로구 계동길 5 ☎ 070-7543-2123
🕐 7:00～ L.O.21:30（土・日・祝 9:00～） 休 無休 CARD A J
📱 V URL onionkr.com
🏠 聖水洞、広蔵市場ほか

RECOMMEND:
from: ライターM

♥♥♥
オニオン

2019年のオープン以来メディアにもたびたび登場してすっかり有名に。韓屋を改装したカフェでもここまで開放的なところはなかなかありません。

TEDDY'S OVEN
キュートなクマがお出迎え。
週末には行列ができる人気店。

ソウルの森 MAP P.125-A1
🚇 水仁・盆唐線ソウルの森（K211）駅5番出口から徒歩約5分 📍 성동구 서울숲2길 43 ☎ 070-4900-1100 🕐 11:00～22:00 休 無休 CARD A
J M V @ teddys.oven

RECOMMEND:
from: 編集M

♥♥♥
テディーズオーブン

ヨーロッパの片田舎を思わせる一軒家のデザートカフェです。テディベアがコンセプトで、すべてにスイーツやドリンクにクマが付いています♡ エッグタルトが絶品です。

各3300W

画像提供：太極堂

태극당
シャンデリアは本店のシンボル。

東大入口 MAP P.122-B5
🚇 3号線東大入口（332）駅2番出口から徒歩約1分 📍 중구 동호로24길 7 ☎ 02-2279-3152 🕐 8:00～21:00 休 無休 CARD A
J M V URL www.taegeukdang.com 🏠 ソウル駅、仁寺洞ほか

RECOMMEND:
from: natsuyoさん

♥♥♥
太極堂
(テグッダン)

ソウルで最も古いパン屋さんです。本店の大きなシャンデリアやレトロなケーキなど、すべてがかわいくてときめきます。店内のカフェで、温かいコーヒーと名物のモナカアイスを食べるのが好き！

대림창고
倉庫だった名残そのまま。

聖水洞 MAP P.125-B2
🚇 2号線聖水（211）駅3番出口から徒歩約5分 📍 성동구 성수이로 78 🕐 11:00～22:00 休 無休 CARD A J M V
@ daelimchanggo_gallery

RECOMMEND:
from: 中本愛子さん

♥♥♥
大林倉庫
(テリムチャンゴ)

精米所の倉庫だった建物をリノベーションし、2016年にギャラリーカフェとしてオープン。聖水洞のヴィンテージカフェの草分け的存在です。レトロな雰囲気が魅力的で、イベント会場としても使われています。

ベーコンポテト
サンドイッチ 1万4800W

RECOMMEND:
from: 編集S

♥♥♥
ロンドンベーグル
ミュージアム

クリエイターとしても注目されているRyoさんプロデュース。オープン時よりは行列も減ってきたものの人気は健在。店内に配された家具やイラストも計算し尽くされていてさすが！

LONDON BAGEL MUSEUM
センスを感じるインテリア。

狎鴎亭洞 MAP P.126-A4
🚇 水仁・盆唐線狎鴎亭ロデオ（K212）駅5番出口から徒歩約7分 📍 강남구 연주로 168 길 33 🕐 8:00～18:00 休 無休 CARD A
J M V @ london.bagel.museum 🏠 安国、蚕室ほか

054

RECOMMEND:
from: 編集K
♥♥♥
ロウルーフ

山﨑賢人とSEVENTEENジョンハンが番組で訪れていました。文化財の韓屋「揚謙斎」と近代的な建物をうまく調和させた空間で、どちらも韓国らしさが感じられます。デザートも芸術的で美しい！

LOW ROOF
緑豊かなテラス席とギャラリーのような店内。
三清洞　MAP P.121-A3
🚇 3号線安国（328）駅2番出口から徒歩約7分
📍 종로구 북촌로 46-1　☎ 02-747-0709　🕐 10:00～20:00　休 月　CARD A J M V　📷 cafe_lowroof

RECOMMEND:
from: キム・ヒョジョンさん
♥♥♥
カフェオンファ

スフレパンケーキで有名なカフェです。コームハニー（巣蜜）のトッピングのほかにサツマイモやトウモロコシもあります。益善洞と江南に店舗があって、私は混雑が少ない江南店によく行きます。

cafe onhwa

益善洞　MAP P.122-A4
🚇 1・3・5号線鍾路3街（130・329・534）駅4番出口から徒歩約3分
📍 종로구 수표로28길 21-10　☎ 02-741-3289　🕐 12:00～L.O.20:30　休 無休　CARD A J M V　📷 onhwa_cafe

江南　MAP P.127-D3
🚇 新盆唐・9号線新論峴（D06・925）駅6番出口から徒歩約5分
📍 강남구 봉은사로4길 37 2F　☎ 070-7715-2908　🕐 11:00～L.O.21:20　休 無休　CARD A J M V　📷 onhwa_gangnam

韓屋造りの益善洞店。

広々としている江南店。

RECOMMEND:
from: 小松絵理子さん
♥♥♥
コーヒー韓薬房／ヘミンダン
(ハニャッパン)

撮影にも使われるレトロカフェの定番です。古い薬棚や螺鈿（らでん）細工などが配されていて独特の雰囲気を醸し出しています。コーヒーの味は実力派で、ヘミンダンのデザートもぜひ一緒に体験してください。

デザートを提供するヘミンダン。

ドリップコーヒーを提供する韓薬房。

커피한약방 / 혜민당
乙支路　MAP P.122-B4
🚇 2・3号線乙支路3街（203・330）駅1番出口から徒歩約2分
📍 중구 삼일대로 12길 16-6　☎ 070-4148-4242　🕐 10:00～22:00（土 11:00～、日 11:00～20:00）　休 無休　📷 coffee_hanyakbang

RECOMMEND:
from: 中嶋一恵さん
♥♥♥
学林茶房
(ハンニムタバン)

1956年開業。ソウルで最も古いカフェといわれています。ドラマ『星から来たあなた』のロケ地になり再注目されました。ソウルでは最新カフェが注目されがちですが、歴史あるカフェも趣があっていいですよ。

학림다방
店内にはクラシック音楽が流れている。
大学路　MAP P.121-A3
🚇 4号線恵化（420）駅3番出口から徒歩約1分
📍 종로구 대학로 119 2F　☎ 02-742-2877　🕐 10:00～L.O.22:00
休 無休　CARD A J M V　📷 hakrim_coffee

RECOMMEND:
from: 柴田直伸さん
♥♥♥
ドトリガーデン

童話のなかに迷い込んだような気分になる不思議なカフェ。ドトリ（ドングリ）形のかわいいマドレーヌが食べられます。店内のあちこちにトトロのようなキャラクターがいます。

DOTORI GARDEN
週末は行列のできる超人気店。
三清洞　MAP P.121-A3
🚇 3号線安国（328）駅2番出口から徒歩約3分
📍 종로구 계동길 19-8　🕐 8:00～23:00
休 無休　CARD A J M V
📷 dotori__seoul　🚕 龍山

055

RANKING PLUS
空前のブーム継続中
私の推しパン

ベーカリーカフェがいっぱいのソウルではパンも必食。
そこで、スタッフがこれまで食べた推しパンを選抜！

RECOMMEND:
from: ライターM
♥♥♥
オニオンの
パンドーロ

粉雪のようなパウダーシュガーたっぷり。パン生地は卵多めのふわふわ食感で、見た目より甘さ控えめです。想像以上に大きいのでシェアして食べますが、もれなくシュガーが飛び散ります（笑）。

6000W

onion ➡ P.54

RECOMMEND:
from: フォトM
♥♥♥
ミルトーストの
スチーム食パン

バターたっぷりで甘みのあるブリオッシュタイプの食パンです。せいろで蒸し上げるので、アツアツしっとりふわふわ。プレーンタイプのほか、中にサツマイモ、栗、コーンが入っている食パンも選べます。

2個 1万2000W～

밀토스트
かわいい食パンの暖簾が目印。
益善洞 MAP P.122-A4
🚇 1・3・5号線鍾路3街（130・329・534）駅4番出口から徒歩約3分 📍 종로구 수표로28길 30-3 ☎ 02-766-0627 🕐 8:00～L.O.21:30 🚫 無休 CARD A J M V 📷 miltoasthouse

---

RECOMMEND:
from: 編集M
♥♥♥
チャヨンド
ソグムパンの塩パン

店舗が急増している仁川発の塩パン専門店。焼きたてにこだわっていて、1日数回の焼き上がり時間にしか販売されません。味はバター多めで驚くほどふわふわ。塩パン好きは食べ比べ候補にぜひ！

4個セット
1万2000W

자연도소금빵
焼き上がり時間には行列ができる。
益善洞 MAP P.122-A4
🚇 1・3・5号線鍾路3街（130・329・534）駅4番出口から徒歩約3分 📍 종로구 수표로28길 21-17 ☎ 02-743-2245 🕐 9:00～22:00 🚫 無休 CARD A J M V 🌐 saltbread.in.seaside 🏢 聖水洞、狎鴎亭洞ほか

SEOUL ANGMUSAE
カラフルなビルの地下1〜2階。
ソウルの森 MAP P.125-A1
🚇 2号線トゥッソム（210）駅8番出口から徒歩約5分 📍 성동구 서울숲9길 3 ☎ 070-8846-2025 🕐 8:00～23:00 🚫 月 CARD A J M V
📷 seoul_angmusae 🏢 龍山

RECOMMEND:
from: 中嶋一恵さん
♥♥♥
ソウル・エンムセ
のシナモンロール
とクイニーアマン

1階のカウンター奥で焼き上げるふわふわのシナモンロールとサクサクのクイニーアマン、どちらもおいしいです。甘い系からおかず系まで種類が多いので、ほかもいろいろ試してみたいです。

7000～9000W

2400～4300W

Quafe
カフェの外にはクァベギキャラのフォトウォールがある
延南洞 MAP P.121-B1
🚇 京義・中央・2線弘大入口（K314・239）駅3番出口から徒歩約10分 📍 마포구 동교로46길 20 ☎ 02-332-3567 🕐 12:00～20:30 🚫 月・火 CARD A J M V 📷 quafe_twisted

RECOMMEND:
from: 編集S
♥♥♥
クァペの
クァベギ

屋台でも売られているねじり揚げパンの進化系。見ているだけで楽しくなるビジュアルだけでなく、生地にジャガイモが練り込んであるのでモチモチ食感が味わえる実力派です。

056

RECOMMEND:
from: 中嶋一恵さん
♥♥♥

ロンドンベーグルミュージアムのベーグル

ベーグルブームを牽引する人気店です。ダークチョコとプレッツェルバターソルトにメープルピーカン＆クリームチーズをプラス。ベーグルとプレッツェルタイプで微妙に食感が違っていて、どちらもおいしかったです。

5900W / 4900W

LONDON BAGEL MUSEUM ➡P.54

태극당 ➡P.54
3000W

RECOMMEND:
from: ライター Y
♥♥♥

太極堂のあんパン
(テグッダン)

老舗パン店のあんパンはロングセラーの人気商品。軟らかいパン生地に甘さ控えめのあんが入っています。奇抜なパンが多い韓国で長年愛されている理由は一度食べたら納得するはずです。

各6000W

RECOMMEND:
from: 編集S
♥♥♥

ヌデイクのオニワッサン

GENTLE MONSTER と TAMBURINS の系列カフェ。奇抜なケーキやパンが話題です。おにぎり×クロワッサンは予想外に合う。明太子クリームチーズ、キムチベーコンなど、凝った具材が食べていて楽しいです。

NUDAKE
インテリアも遊び心いっぱい。

新沙洞　MAP P.127-B2
🚇 新盆唐・3号線新沙（D04・337）駅8番出口から徒歩約9分　📍 강남대로 162길43　☎ 070-4177-6977　🕐 11:00～L.O.20:45　休 無休　📷 nu_dake
聖水洞、狎鷗亭洞

RECOMMEND:
from: 編集K
♥♥♥

小夏鹽田のペイストリー
(ソハヨムジャン)

種類豊富な塩パンもおいしいのですが、ペイストリーがおすすめです！何層も折り重なった生地は外サクサクで中しっとり。イチゴや抹茶が人気です。はさみで切って食べるのも韓国らしくてユニーク。

5300W

소하염전
店先には塩田と水車のオブジェ。

益善洞　MAP P.122-A4
🚇 1・3・5号線鍾路3街（130・329・534）駅4番出口から徒歩約3分　📍 종로구 수표로28길 21-5　🕐 9:00～ L.O.20:30　休 無休　📷 sohasaltpond

RECOMMEND:
from: ライター N
♥♥♥

ソウルコーヒーのあんバターサンド

小ぶりの牛乳食パンにあんことバターをサンドしています。提供前にパンを温めてくれるので、ほんのりバターが溶けてきます。ほどよい塩気のバターとあんこの量が絶妙で、バターもくどくないので、この量でもペロリ。

4500W

SEOUL COFFEE
益善洞の韓屋カフェ。コーヒーもおいしい。

益善洞　MAP P.122-A4
🚇 1・3・5号線鍾路3街（130・329・534）駅4番出口から徒歩約3分　📍 종로구 수표로28길 33-3　☎ 02-6085-4890　🕐 11:00～L.O.21:30　休 無休　CARD A J M V　📷 seoulcoffee1945

RECOMMEND:
from: 編集K
♥♥♥

アワーベーカリーのダーティチョコ

ココアパウダーがトッピングされたパンオショコラ。少しビターな大人味が気に入っています。人気スタイリスト経営だけあって何もかもおしゃれ。K-POPスターも訪れます。

5200W

OUR Bakery
ペーズリー模様が目印。

狎鷗亭洞　MAP P.126-A4
🚇 水仁・盆唐線狎鷗亭ロデオ（K212）駅5番出口から徒歩約9分　📍 강남구 도산대로 45길 10-11　☎ 02-545-5556　🕐 9:00～ L.O.20:30（土・日10:00～）　休 無休　📷 ourbakerycafe

ショッピング
SHOPPING

ブームの「韓国発」を1ウォンでも安く！

ソウルも物価高で悩ましいけれど、免税価格で買えるショップが急増中。コンビニでも使えるから、会計時に「ミョンセ プタットゥリケヨ（免税お願いします）」て言ってみて！

093 世界でひとつ！ハングルロゴでナイキ・アディダスをカスタマイズ

スポーツブランドのソウルの店舗では、既存のアイテムにワッペンや刺繍などでカスタマイズしてくれるサービスが定着。なかでもハングルロゴが人気のナイキ、アディダスはTシャツ、キャップが爆売れ。ザ・ノースフェイスは名前や好きな言葉をハングルなど4ヵ国語で刺繍してくれる。韓国限定アイテムもあるので一緒にチェック！

NIKEソウル
明洞　MAP P.124-A5　2号線乙支路入口（202）駅6番出口から徒歩約4分
중구 명동길14　02-3783-4401　10:30〜22:00　無休
URL www.nike.com/kr

デザインを決めたらスタッフに伝えて会計。あとは仕上がりを待つだけ

adidasソウル
明洞　MAP P.124-B6　4号線明洞（424）駅6番出口から徒歩約2分　중구 명동8가길27
02-779-9834　11:00〜22:00　無休
URL www.adidas.co.kr

アディダスのハングルロゴ

左はソウル、右は明洞

THE NORTH FACEストア＆カフェ
明洞　MAP P.124-B6　4号線明洞（424）駅2番出口すぐ　중구 퇴계로 128
02-3789-1003　10:00〜21:00（カフェ〜19:00）　無休　URL www.thenorthfacekorea.co.kr　※刺繍サービスは明洞店のみ

Caution!
コンバースでもハングルロゴなどスニーカーとアパレルのカスタマイズが可能。ただし、税関により日本への持ち込み差し止め対象になっているので要注意。
URL converse.co.jp/pages/regarding-importation-of-converse-shoes

092 買って撮ってハシゴ！フォトジェニックすぎる雑貨チェーンが明洞進出

K-POPアイドルにもファンが多い雑貨チェーン、ウィグルウィグルとバター。明洞に進出し、どちらも2店舗展開するほどの盛況っぷり。どのキャラをお持ち帰りする？

スマイルとベア！

Wiggle Wiggle.Zip
明洞　MAP P.124-B6　4号線明洞（424）駅8番出口から徒歩約1分　중구 명동8가길24
070-4149-0111　11:00〜23:00　無休　@ wigglewiggle.official　＊ヌーンスクエア4階にも支店がある

ウィグルウィグルは3フロアでルーフトップもフォトスポット

バターファミリー

バターも3フロアで品数豊富。小物から食器まで多彩に揃う

BUTTER
明洞　MAP P.124-B6　4号線明洞（424）駅6番出口から徒歩約1分　중구 명동8가길5　10:00〜23:00　無休　@ butter_insta
＊明洞通りにも支店がある

094 NIKE BY YOUなら24時までオープンの東大門店が高タイパ！

ナイキのカスタマイズNIKE BY YOUは明洞店が混んでいる場合は弘大、東大門、江南店へ。午前中はすいていることが多く、東大門店は24時まで開いているので夜もおすすめ。店舗により品揃えが異なるので、デザインが決まっている場合はあらかじめ確認を。

NIKEドゥータ
東大門　MAP P.122-A6　2・4・5号線東大門歴史文化公園（205・422・536）駅14番出口から徒歩約6分　중구 장충단로 275 두타몰 1F
10:30〜24:00　無休

ナイキのハングルロゴ

097 試食販売員さんがおまけも！
大型スーパーは格安グルメみやげの宝庫

調味料やレトルトなど本場の味を自宅で再現できる食材からバラマキみやげまで、地元価格で買えるうえに即時還付制度の対象店舗が多いからさらにお得に。

大人気の米菓子ミルククラシック！

ロッテマート ゼッタプレックス
LOTTE MART ZETTAPLEX
ソウル駅 MAP P.123-C2
M 京義・中央・1・4号線ソウル(P313・133・426)駅 1番出口から徒歩約2分　중구 청파로 426　☎ 02-390-2502
⏰ 10:00~24:00（最終入店 23:45）　休 第2・4日曜
📷 lottemart_kr

イーマート emart
龍山 MAP P.121-C2　M 京義・中央・1号線龍山(K110・135)駅 直結　용산구 한강대로 23길 55アイパークモール1~2F　☎ 02-6363-2200　⏰ 10:00~23:00　休 第2・4日曜
📷 emartstore

ソウル駅のロッテマート

098 手ぶらで買い物♪
ロッテマートのロッカーは3時間無料！

日本語の操作ガイドが完備

ロッテマートは大きな荷物を持って入店できないため、ロッカーまたは預り所へ。ロッカーは3時間無料、スーツケースが預けられる預り所は2時間無料。

100 意外に使える！
スーパーの各種ショッピングバッグ

帰国する際はもちろん、おみやげを渡すときにも重宝するスーパーのショッピングバッグ。コラボやマイナーチェンジもあるので、レジ付近を見回してみて。

左からロッテマート、イーマート、ノーブランド 各600W

095 買ったその場で
消費税が返ってくる！即時還付制度とは？

免税ショッピング（P.25）には3通りあり、そのひとつが即時還付制度。Tax RefundやTax Freeのロゴがある店舗の一部では、1回の決済金額が1万5000W以上100万W未満、滞在中の総購入金額が500万W以下の場合、その場で消費税抜きの価格で買い物ができとってもラク。必要なのはパスポート提示のみで、空港での手続きは不要。レシートに免税額や限度額までの残高などが記載されているので確認も簡単。

条件 韓国滞在6ヵ月未満の外国人で、商品購入日から3ヵ月以内に韓国から出国（海外居住2年以上または海外永住権を所有する韓国滞在3ヵ月未満の在外韓国人も可）

CUやオリヤンでも！

096 日程はここに合わせて
外国人だけの特典も！夏と冬の大売り出しへ

日本と同じく、韓国でも夏と冬がセールシーズン。なかでもコリアグランドセールは旅行者や外国人向けに、クーポンやイベントを用意し特典も多いので、それに合わせて旅すると得。

★ **コリアグランドセール**
毎年1月第3木曜から2月末まで
URL jp.koreagrandsale.co.kr/kgs

ビューティーフェスティバル、セールフェスタなども開催予定

その他、旧正月前（1月下旬）、サマーセール（7月初旬）、秋夕前（9~10月）、ブラックフライデー（11月第4金曜後）、ウインターセール（12月初旬~）がおもなセール時期

099 パケがシンプルでおしゃれ
イーマートのPBブランドノーブランドはコスパ優秀

イーマート（左上）内で販売しているPBブランドが独立。人気商品のみを陳列しているので、時短でいいものが見つけやすい。食品以外にも日用品や衣類、コスメ、電化製品などがあり、掘り出し物に出会えること間違いなし。

ノーブランド No Brand
東大門 MAP P.122-A6　M 2・4・5号線東大門歴史文化公園(205・422・536)駅14番出口から徒歩約6分　중구 장충단로 275 ドゥータモール4F　⏰ 10:30~23:00　休 第2・4日曜　📷 nobrandkorea.official

安いから迷うわ~

104 これも1000W？
韓国のダイソーは予習で買い忘れを回避

「全商品コスパ最強」

100円（1000W）が基本や品揃えは似ていても、ほぼ韓国独自の商品なのですべてが新鮮。明洞には12階建ての店舗があり見てまわるだけでも時間がかかるので、あらかじめ公式ウェブやインスタで商品のチェックを。

「ケアベアも！」

다이소
明洞　MAP P.124-B6　4号線明洞（424）駅1番出口すぐ
中区 退渓路134-1
☎ 02-318-6017　⏰ 10:00～22:00　無休
🏠 明洞通り、東大門、弘大、聖水、江南 ほか
URL www.daisomall.co.kr
📷 daisolife

too cool for schoolとのコラボコスメ

101 スーパーより安いモノも！
日本人旅行者の好みを網羅
マート系が便利でお得

旅行者が多い明洞や南大門、東大門などにはミニマートが点在。大型スーパーなどの売れ筋みやげを厳選し入荷しているので、探す手間が少なく日本語表記もほとんどの店舗にあり安心。また、JCBなどカード会社の優待キャンペーンなどに参加している店舗も多いので、会計前に確認を！

コリアマート
KOREA MART
明洞　MAP P.124-B6　4号線明洞（424）駅8番出口から徒歩約1分
中区 明洞8가길11　8:00～24:00
無休

オレンジマート
ORANGE MART
明洞　MAP P.124-B5　4号線明洞（424）駅6番出口から徒歩約1分
中区 明洞8나길7　9:00～24:00
無休

「まとめ買いでお得に」
「爆発ヒットのパン部長は新作も！」

105 極寒や悪天候でもOK！
ロッテ密集エリアで快適にお買い物

ロッテ百貨店（P.65）と免税店（P.64）の隣には海外のハイブランドが並ぶアヴェニュエル。さらにその隣にはZ世代に人気のブランドを揃えたヤングプラザがあり、すべて連絡通路でつながっているので移動もラク。アヴェニュエルには映画館やミラノ発のコルソコモもあるので、雨宿りや暖を取りたいときにも最適。

ロッテヤングプラザ／アヴェニュエル
Lotte Young Plaza ／ AVENUEL
明洞　MAP P.124-A5　2号線乙支路入口（202）駅7番出口から徒歩約3分
中区 南大門路67,73
☎ 1577-0361　⏰ 10:30～20:30（レストラン～21:00）　不定期
URL www.lotteshopping.com

102 コスメもお菓子も！
1個買うと1個付いてくる！
1+1を見逃さないで

オリーブヤングなどのコスメショップやスーパー、コンビニなどに必ずある1個、または2個買うと1個付いてくる特売品。実質最大半額になるから「1+1」や「2+1」などのポップを見逃さずに！

RIIZEのメンバー3人揃えても支払いはふたり分！

106 ニセモノに注意！
お祭り気分で露店ホッピング

明洞や東大門に出現する無数の露店。アクセに衣類にペットウエアなど、いろいろな店があるから掘り出し物を求めてのぞくのも楽しい。まとめ買いで値引き交渉はできるけれど、ニセモノも多いので要注意。

「靴下安いわ～」

103 ジャストフィットはどれ？
日本とちょっと違う
韓国のサイズ表記に用心

メーカーによって多少違うので、試着してから購入するのがベストだけれど、目安を知っておくと便利。

★韓国サイズ表（レディス）

日本	XS(5号)	S(7号)	M(9号)	L(11号)	XL(13号)
韓国	33	44	55	66	77
バスト(センチ)	80	85	90	95	100
ウエスト(インチ)	24	26	28	30	32

東大門ショッピング

韓国ファッションアイテムの卸問屋が集結する街で、一般客が買い物するコツを伝授。

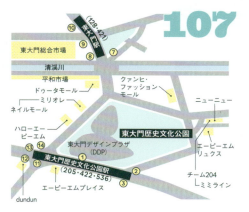

107 営業時間に注意
24時間ノンストップ!? お買い物マラソン

東大門は営業時間がかなり特殊。テナントによって多少異なるけれど、清渓川北側の市場は9～18時頃の営業で日曜休館。東大門デザインプラザ（DDP）は10～22時頃、DDP西側のファッションビルは10時半～24時前後の営業で定休日なし。2024年9月開業のdundunは少し早めの21時頃閉店。DDP東側の問屋街は夜20:00～翌5:00頃の営業で、金曜の朝から日曜の夜まで休業するところが多いので注意。午前は清渓川北側→日中はDDP西側→夜はDDP東側の順でショッピング計画を！

110 もうここでしか買えない！
激安アクセは2軒並んだ
ニューニューとミミライン

明洞と江南にも支店をオープンし、さらにパワーアップ中の激安アクセショップ・ニューニュー。隣のチーム204内の1～3階にも同じく激安アクセのミミラインがお目見え。こちらは3階でコスメやスナック、エンタメグッズなども販売。

ニューニューは毎日新作が入荷！ / ミミラインでコスメもチェック！

nyunyu
東大門　MAP P.122-A6　🚇2・6号線新堂（206・635）駅10番出口から徒歩約4分　📍중구 마장로 34
📞 02-2235-0921　🕐 11:00～翌5:00
休 無休　📷 nyunyu.official

MIMILINE
東大門　MAP P.122-A6　🚇2・6号線新堂（206・635）駅10番出口から徒歩約4分　📍중구 마장로 30
🕐 11:00～翌5:00　休 無休
📷 mimiline_official

108 卸値で買えるチャンス！
深夜のお宝ハント！
問屋街攻略法

オンライン通販業者なども買い付けにくる問屋街。まずは「ひとつでも買えますか＝하나라도 살 수 있나요（ハナラドサルスインナヨ）？」と聞いてみよう。1点だと割高だったり、2点以上ならOKなど店によって条件がある。支払いは基本的に現金のみ。試着室はない。一般客にも人気のおすすめはこちら。

apM PLACE　MAP P.122-B6
🕐 20:00～翌5:00　金5:00～日20:00

TEAM204　MAP P.122-A6
🕐 20:00～翌6:00　金6:00～日20:00

apM Luxe　MAP P.122-A6
🕐 20:00～翌5:00　金5:00～日20:00

111 隠し扉でアクセス!?
プロのネイリストが通う
ネイルモール

プロ向けに韓国や世界各国のネイル用品を卸売価格で販売。もちろん一般客も購入OK。ミリオレ店内からは直接行けず、建物の裏口通路から16階の表示のあるエレベーターでアクセス。

Nail Mall
東大門　MAP P.122-A6　🚇2・4・5号線東大門歴史文化公園（205・422・536）駅14番出口から徒歩約5分　📍중구 장충단로 263 ミリオレ16F　🕐 10:00～翌2:00（日・月～21:00）　休 無休
🔗 www.nailmall.net

109 日本より格安
クァンヒ・ファッションモールでレザーオーダー

3～6階がレザー製品専門フロア。小売りOKでクレジットカードも使える。フルオーダーやセミオーダーも対応可能。日本語が通じる店も多い。夏のシーズンオフは値引き率が高い！

KwangHee Fashion Mall
東大門　MAP P.122-A6　🚇1・4号線東大門（128・421）駅7番出口から徒歩約7分　📍중구 마장로1길 21　📞 02-2238-4352
🕐 20:00～翌5:00
休 土5:00～日20:00

114 1日2回循環！無料シャトルバスで5つの人気ショッピングスポットへ

東大門から明洞、新村、汝矣島を経由して現代プレミアムアウトレット金浦店まで、予約不要、パスポート提示のみで乗車できる便利なバスが運行中。しかも無料プレゼントや割引クーポンも。詳しくはウェブサイトで確認を。

[運行] 水～日　[スケジュール] 東大門（ホテルスカイパークキングスタウン）9:30・14:30発／現代プレミアムアウトレット金浦店 12:30・17:00発
[停車地] 東大門（ホテルスカイパークキングスタウン）～明洞駅8～9番出口～新村駅～汝矣島（ザ・現代ソウル）～現代プレミアムアウトレット金浦店　[URL] www.nicetaxfree.co.kr

ザ・現代ソウル（P.63、94、104）

115 オブジェクト以外も！雑貨好きならハズせない激推し雑貨店ベスト7

もっともっとあるけれど、泣く泣く選んだおすすめ店。

ショップ	データ
ミリメーター・ミリグラム MILLIMETER MILLIGRAM ⌾ mmmg_millimeter_milligram 美大生4人が立ち上げた高感度な文具ブランド	漢南洞　[MAP] P.124-D6 🚇 6号線漢江鎮（631）駅3番出口から徒歩約10分 📍 용산구 이태원로240 🕐 12:00～19:00　休 月
KT&Gサンサンマダン 케이티앤지 상상마당 ⌾ ssmadang.official 若手作家のサポートを兼ねた大型ショップ	弘大　[MAP] P.125-D2 🚇 6号線上水（623）駅1番出口から徒歩約8分　📍 마포구 어울마당로65 🕐 11:00～21:00　無休
アートボックス ARTBOX ⌾ artbox_kr_official 200店舗以上展開。オリジナルキャラも人気	明洞　[MAP] P.124-B6 🚇 4号線明洞（424）駅8番出口から徒歩約2分　📍 중구 명동10길38 🕐 10:00～23:00　無休
テンバイテン 10X10 ⌾ your10x10 文具を中心にしたライフスタイルショップ	大学路　[MAP] P.121-A3　🚇 4号線恵化（420）駅1番出口から徒歩約3分 📍 종로구 대학로12길31　🕐 12:00～21:00（金～月11:00～22:00）　無休
メイドバイ MADE BY ⌾ madeby.official まだ流通が少ない若手作家の作品に出会える	弘大　[MAP] P.121-B1　🚇 京義・中央・2号線弘大入口（K314・239）駅3番出口から徒歩約4分　📍 마포구 연희로11　🕐 12:00～22:00　無休
フォイティ FOITY ⌾ shop_foity キレイ系アイテムが揃うおしゃれな雑貨店	聖水洞　[MAP] P.125-B2　🚇 2号線聖水（211）駅3番出口から徒歩約10分　📍 성동구 뚝섬로9길 13-1 2F 🕐 12:00～20:00　無休
ナイスウエザー NICE WEATHER ⌾ niceweather.seoul スタイリッシュな大型セレクトショップ	新沙洞　[MAP] P.127-B2　🚇 新盆唐・3号線新沙（D04・337）駅6番出口から徒歩約10分　📍 강남구 강남대로162길35　🕐 11:00～21:00　無休

112 パジャマで巻き返し！物価高で再注目 韓国発のSPAブランド

韓国のユニクロ的存在で一世風靡したSPAブランドが、ステイホームや日本のおうち韓国ブームも手伝ってパジャマで再熱。しだいにコンサバ系ブランドへも再注目が。今最も高コスパの4大SPAブランドをここでおさらい！

スパオのちいかわパジャマ

SPAブランド	データ
トップテン TOPTEN10 [URL] topten10.goodwearmall.com インナーウエアが充実。店舗数売上高は韓国発SPAブランドNo.1	明洞　[MAP] P.124-A5 🚇 2号線乙支路入口（202）駅5番出口から徒歩約5分　📍 중구 명동길19 🕐 10:30～22:00　無休 弘大、東大門ほか
スパオ SPAO [URL] spao.com K-POPアイドルや人気キャラとのコラボパジャマが大バズり	明洞　[MAP] P.124-B5 🚇 4号線明洞（424）駅6番出口から徒歩約3分　📍 중구 명동8나길15 🕐 10:30～22:00　無休 弘大、東大門ほか
エイトセカンズ 8seconds [URL] ssfshop.com/8seconds トレンドをほどよく取り入れたスタイルが得意。デイリーユースに最適	明洞　[MAP] P.124-B6 🚇 4号線明洞（424）駅6番出口から徒歩約1分　📍 중구 명동8나길3 🕐 10:30～22:00　無休 東大門、新沙洞ほか
ミッソ MIXXO [URL] mixxo.com テーマはがんばりすぎないエレガント。オフィスカジュアルやデート服が充実	東大門　[MAP] P.122-B5 🚇 2・4・5号線東大門歴史文化公園（205・422・536）駅11番出口すぐ　📍 중구 을지로264돈돈2F 🕐 10:00～21:00　無休 弘大、江南ほか

113 やっぱり旗艦店へ！新進気鋭のクリエイター作品をいち早くキャッチ

大阪と名古屋にもオープンし、ますます人気の雑貨店オブジェクト（P.67）。定番のワッペングッズは日本でも作れるけれど、期間限定やコラボ、新進気鋭のクリエイター作品を最速で入手するには、韓国の旗艦店へ行かないと。新顔雑貨にも出会える。

Object
弘大　[MAP] P.125-C3
🚇 京義・中央・2号線弘大入口（K314・239）駅7番出口から徒歩約5分　📍 마포구 와우산로35길13　🕐 11:00～21:00
休 無休　⌾ insideobject

取材時にチェゴシムのパーツも！

118 コラボが続々 毎回驚きの連続！ スタバ韓国限定アイテム

2024年に25周年を迎えたスターバックス韓国は、限定アイテムのほかコラボも次々と発表。最近ではハローキティやペンギン・ランダムハウス、NCT、ハンターなど幅広いジャンルとのコラボに世界のスタバファンが絶叫。

@ starbuckskorea

119 K文学から家電に日用品まで 大型書店は何でも揃うワンダーランド

日本にも読者の多いK文学や推し掲載のファッション雑誌などはもちろん、雑貨店のアートボックス（P.62）やバター（P.58）、無印良品（P.70）などが入店している店舗もあり、一石三鳥以上の充実度。

教保文庫 교보문고
光化門 MAP P.123-A3
M 5号線光化門（533）駅4番出口直結
종로구 종로1길 B1F
9:30〜22:00 無休
URL www.kyobobook.co.kr

永豊文庫 영풍문고
鐘閣 MAP P.123-A3
M 1号線鐘閣（131）駅 5・6番出口直結
종로구 청계천로41 B1〜B2F
10:00〜22:00 無休
URL ypbooks.co.kr

120 韓国最大級の室内庭園も ただならぬデパート ザ・現代ソウルの歩き方

現代百貨店16番目の店舗は高級感はほかと同じでも、自然とハイテクが融合した画期的な造り。館内を巡るなら最上階のフォトスポットと巨大庭園、約12mの滝が間近で見られる1階、地下のグルメと最旬トレンドが揃うフロアはマスト。

600以上の店舗が入店

ザ・現代ソウル
The Hyundai Seoul
汝矣島 MAP P.121-C2
M 5号線汝矣ナル（527）駅1番出口から徒歩約7分
영등포구 여의대로108
10:30〜20:00（金〜日〜20:30）
不定休（月）
URL www.ehyundai.com

116 欲しかった食器が30%オフに！ ポーラアットホームは 火曜が狙い目

日本にもファンの多い韓国発のテーブルウエアブランド。唯一のオフラインストアでは毎週火曜に店内のアウトレットコーナーの補充をするので、まずはここからチェック。アウトレットとはいえ厳しい基準を満たした商品なので、30%以上の割引は感涙もの。

アウトレットコーナー

Polaathome
聖水洞 MAP P.125-A2
M 2号線聖水（211）駅1番出口から徒歩約7分
성동구 성수일로10길11
02-466-2026
12:30〜18:30（土・日14:00〜）無休
@ polaathome_store

マーブル柄や野菜の形のプレートなど人気商品も並ぶ

117 韓国限定のさらに限定も？ かわいすぎる♡ サンリオ韓国を大人買い

韓国でも150社以上がサンリオとライセンス事業を展開しているので、韓国独自のオリジナル商品が続々。なかでもサンリオラバーズクラブやシナモロールカフェにはここでしか手に入らないレアアイテムが揃っているので、推しキャラを全種お持ち帰り。

Sanrio Lovers Club
弘大 MAP P.125-D2
M 京義・中央・2号線弘大入口（K314・239）駅9番出口から徒歩約5分
마포구 와우산로19길18
12:00〜20:00 無休
@ sanrio_lovers_club
※カフェはCATCHTABLEアプリで要予約

ファン垂涎の聖地 サンリオラバーズクラブ

Cinnamoroll Sweet Cafe
弘大 MAP P.125-C2
M 京義・中央・2号線弘大入口（K314・239）駅4番出口から徒歩約1分
마포구 양화로 188 AKプラザ 2F
11:00〜L.O.21:00（土・日10:30〜）無休
@ sweetcafe_cinnamoroll
※カフェはCATCHTABLEアプリで要予約

シナモロールカフェは奥で手前がショップ

122 日本にいながら免税価格でお買い物 受け取りは韓国出国時

航空券の予約が済んでいれば、日本出国前に免税価格でオンラインショッピングが楽しめる。受け取りは韓国出国時の空港なので、免税店へ行く手間を省きたい人には便利。

123 奥が深すぎる！南大門市場はビルの内部まで探索

南大門市場はブラブラするだけでもおもしろいけれど、お目当てのアイテムが並ぶ通りを歩いたり、卸売ビルの中まで見てまわるとさらにユニークな発見が。日本人には韓国食器や子供服をまとめ買いするツウが多い。

ナンデムンシジャン　남대문시장
南大門市場
南大門　MAP P.123-C3
🚇 4号線会賢(425)駅5番出口すぐ
📍 중구 남대문시장4길21
🕐 店舗により異なる
🌐 www.namdaemunmarket.co.kr

ビルの中にも店がギューギュー

卸売ビルざっくりガイド

A商店街	食品／文具	E棟	アクセサリー／雑貨／工芸品／おみやげ／貴金属
B商店街	食品		
C棟	衣類／食器／工芸品	F棟	子供服
D棟	アクセサリー／食器／食品／雑貨／工芸品・おみやげ	G棟	衣類／子供服

121 免税以外のお得も！自分が行くべき免税店を事前にチェック

免税店は一見同じように思えても、取り扱うブランドやセール品などが異なり、サービス内容もさまざま。会員限定の特典も多いので、公式ウェブサイトであらかじめ確認してから向かうとお得がきっと増えるはず。

現代百貨店免税店は22時まで営業しているので夜もゆっくり

ロッテ免税店限定にはダイソンも。エアラップはベストセラー

★ ソウルのおもな免税店

ロッテ免税店 URL jpn.lottedfs.com	明洞　MAP P.124-A5 (202) 📞 02-759-6600 🕐 9:30〜20:00 休 無休	🚇 2号線乙支路入口駅7番出口直結　중구 남대문로81 ロッテ百貨店9〜12F ●ワールドタワー(蚕室)、金浦空港ほか
新羅免税店 URL www.shilladfs.com	東大入口　MAP P.122-C5 (332) 📞 02-2639-6000 休 無休	🚇 3号線東大入口駅5番出口から徒歩約5分　중구 동호로249 🕐 9:30〜20:00 ●仁川空港ほか
新世界免税店 URL www.ssgdfs.com	明洞　MAP P.124-B5 📞 1661-8778 🕐 10:30〜20:00 (金〜日・祝〜20:30)　休 無休	🚇 4号線会賢(425)駅7番出口直結　중구 퇴계로77 新世界百貨店8〜12F ●仁川空港ほか
現代百貨店免税店 URL www.hddfs.com	東大門　MAP P.122-A6 📞 1811-6688 🕐 11:00〜22:00　休 無休	🚇 2・4・5号線東大門歴史文化公園(205・422・536)駅14番出口から徒歩約6分　중구 장충단로275 ドゥータモール6〜13F ●仁川空港、貿易センター(三成洞)
新羅IPARK免税店 URL store.shillaipark.com	龍山　MAP P.121-C2 (K110・135) 📞 02-2195-8000 🕐 10:30〜19:30　休 無休	🚇 京義・中央・1号線龍山駅直結　용산구 한강대로23길55 アイパークモール3〜7F

★ 日本入国時の免税範囲（成人ひとり当たり）

酒類	3本（1本760mlのもの）
たばこ	紙巻き／200本 加熱式／個装など10個 ※1箱当たり紙巻きたばこ20本に相当する量 葉巻／50本 その他／250g
香水	2オンス（1オンス約28ml） ※オーデコロン、オードトワレは除く
その他の品目	20万円（海外市価の合計額） ※1品目当たり1万円以下のものは原則免税

税関　URL www.customs.go.jp/kaigairyoko/menzei.htm

064

126 キャラ増殖で目移りしても カカオとLINE FRIENDS はずっと友達♡

カカオはライアンとチュンシクが相変わらずのツートップで、LINEはトロールズとのコラボにRIIZEが登場。入ると手ぶらでは出てこられない予感はあっても、入店は韓国リピーターにとってもはやルーティン。

KAKAO FRIENDS Flagship Store
弘大　MAP P.125-C2　🚇 京義・中央・2号線弘大入口（K314・239）駅8番出口から徒歩約1分　📍 마포구 양화로162
☎ 02-6010-0104　⏰ 10:30〜22:00
㊡ 無休　📷 kakaofriends_official　🏢 明洞、ソウル駅、江南、三成洞、蚕室ほか

ライアン＆チュンシク

BT21

LINE FRIENDS SQUARE
明洞　MAP P.124-A5　🚇 4号線明洞（424）駅6番出口、2号線乙支路入口（202）駅5・6番出口から徒歩約5分　📍 중구 명동길43　☎ 070-4060-3534　⏰ 11:00〜22:00　㊡ 無休
📷 linefriends_square_kr　🏢 弘大、仁寺洞、聖水洞、新沙洞、江南ほか

127 雨や雪の日でも快適 コエックス＆AKプラザ で最新トレンド巡り

真冬のソウルでは物欲があっても街歩きはツラすぎる。そんなときの強い味方がここ。旬のショップが並んでいるので、天候に左右されず物欲を満たすことが可能。コエックスモールは映画館や水族館、レストランなども充実し、あのピョルマダン図書館（P.109）もあるので1日いても飽きない。

Starfield Coex Mall
三成洞　MAP P.126-C5・6　🚇 2号線三成（219）駅5・6番出口、9号線奉恩寺（929）駅7番出口直結　📍 강남구 영동대로513　☎ 02-6002-5300　⏰ 10:30〜22:00　㊡ 無休
🔗 www.starfield.co.kr/coexmall/main.do

AK PLAZA
弘大　MAP P.125-C2　🚇 京義・中央・2号線弘大入口（K314・239）駅4・5番出口すぐ　📍 마포구 양화로188　☎ 02-789-9800　⏰ 11:00〜22:00（土・日 10:30〜）　㊡ 無休
📷 akplaza_hongdae

コエックスモールには生活用品のジャジュも入店

K-POPファンの聖地WITHMUU（P.88）
AKプラザではポップアップを随時開催

124 匂いや汁もれの心配なし！ キムチやケジャンは 完全密封でお持ち帰り

デパ地下では量り売りの総菜やゴマ油などをしっかり梱包してくれるので安心。スーツケースに入れて受託手荷物として預けることができる。ソウル駅のロッテマート（P.59）などでも可能。

ロッテ百貨店　롯데백화점
明洞　MAP P.124-A5　🚇 2号線乙支路入口（202）駅7番出口直結
📍 중구 남대문로81　☎ 1577-0001
⏰ 10:30〜20:30（レストラン〜21:00）
㊡ 不定期　🔗 www.lotteshopping.com
🏢 永登浦、江南、蚕室ほか

新世界百貨店　신세계백화점
明洞　MAP P.124-B5　🚇 4号線会賢（425）駅7番出口直結　📍 중구 소공로63
☎ 1588-1234　⏰ 10:30〜20:30（レストラン11:00〜 L.O.21:00）
㊡ 不定期　🔗 www.shinsegae.com
🏢 永登浦、江南ほか

日本に持ち帰るって伝えてね

125 地上より断然お得！ 地下に広がる プチプラ天国

アパレルから雑貨、コスメにアカスリ、水晶まで多彩なショップがひしめき合う地下街は、地上よりリーズナブルで幅広い年齢層が常連。600店舗以上入店し、オンラインまで展開しているGOTOモールはソウル女子のいち押し！

★ソウルのおすすめ地下街

会賢地下ショッピングセンター	🚇 4号線会賢（425）駅7番出口から徒歩約3分　📍 중구 소공로 지하58　⏰ 9:00〜22:00　㊡ 第1・3日曜
小公地下ショッピングセンター	🚇 1・2号線市庁（132・201）駅6番出口直結　📍 중구 소공로 지하102　⏰ 10:00〜22:00　㊡ 第1・3日曜
ゴートゥーモール GOTO MALL　📷 gotomall00	🚌 3・7・9号線高速ターミナル（339・734・923）駅直結　📍 서초구 신반포로 지하200　⏰ 10:00〜22:00　㊡ 無休
江南駅地下ショッピングセンター	🚇 新盆唐・2号線江南（D07・222）駅直結　📍 강남구 강남대로 지하396　⏰ 9:00〜22:00　㊡ 無休
永登浦駅地下ショッピングセンター	🚇 1号線永登浦（139）駅5番出口すぐ　📍 영등포구 경인로843　⏰ 10:00〜22:00　㊡ 無休

1万W以下も！
安いわよ〜

SEOUL Specialist Picks!

韓国雑貨のセレクトショップ

雑貨屋PKPオーナー
natsuyoさんの
ソウルのおすすめ
雑貨スポット⑩

Specialist / natsuyo

東京・高円寺で韓国アーティストをメインに扱う雑貨店を経営。月イチペースで渡韓し、ソウルの雑貨スポットを熟知しているnatsuyoさん厳選の10スポット！

#1 オブジェクト

あらゆる作家さんの雑貨や作品が一度に見られるお店。地下では人気の作家さんのポップアップを行うので、渡韓のたびにチェックしています。

object ➡P.67

＼韓国雑貨のトレンド発信地／

ネオンムーン

韓国雑貨に興味をもつきっかけになったお店。現在はオリジナル雑貨のほか、アメリカンヴィンテージや古着などもあります。

#2 The Neonmoon

おもちゃ箱のような店内。

聖水洞　MAP P.125-A2
🚇 2号線聖水（211）駅1番出口から徒歩約12分
📍 성동구 광나루로4길 4-1
🕐 13:00〜19:00　休 火・水
CARD A J M V
URL www.neonmoon.co.kr

＼レトロポップ♡／

モナミ #4

韓国の老舗文具メーカーの体験型店舗。レーザーで名入れしてくれるサービスが楽しくて、おみやげによく購入します。好きなパーツをその場で選んで作るDIYボールペンも楽しい！

monami

国民ボールペンmonami153が有名。

聖水洞　MAP P.125-A2
🚇 2号線聖水（211）駅4番出口から徒歩約1分　📍 성동구 아차산로 104　☎ 02-466-5173　🕐 10:00〜21:00（第3月曜12:00〜）
休 無休　CARD A J M V　URL brand.naver.com/monami

＼ディスプレイがおしゃれ／

#3 サンリオラバーズクラブ

サンリオコリアの商品が揃っています。日本では取り扱いのない、ここでしか買えないものがたくさん。特に数十年前に日本ではやったキルトキティのパスケースやお財布は、おみやげにとっても喜ばれます。

2階にサンリオカフェを併設

Sanrio Lovers Club

庭付きの一軒家でフォトスポット満載。

弘大　MAP P.125-D2
🚇 京義・中央・2号線弘大入口（K314・239）駅9番出口から徒歩約7分　📍 마포구 와우산로19길 18　🕐 12:00〜20:00　休 無休　CARD A J M V　@ sanrio_lovers_club

＼生地や手芸の専門市場／

東大門総合市場 #5
（トンデムンチョンハッシジャン）

デコ用品やビーズなど、アクセサリーパーツのある階がおすすめです。今はモール人形のパーツのお店が人気で、さまざまな材料が揃っています。

동대문종합시장

アクセサリーパーツ売り場はA〜C棟5階。

東大門　MAP P.122-A5
🚇 1・4号線東大門（128・421）駅9番出口直結　📍 종로구 종로 272　☎ 02-2262-0114　🕐 9:30〜19:00（※フロアによって多少異なる）
休 日　CARD 店舗による　URL www.ddm-mall.com

#10 サウンズグッドストア
SOUNDS GOOD STORE

レコードショップだけど、アパレルやオリジナルグッズ、デザイナーズ雑貨を扱っています。

延南洞　MAP P.121-A1
@ soundsgood_store

#9 ホコリ商店 호코리상점

ヴィンテージのバケツやグラス、フィギュアが揃う。こうして状態のよい品が集まるお店はかなりレア。

望遠洞　MAP P.121-B1
@ hokori_store

#8 スバコ SUBACO

レトロな雰囲気の雑貨屋さん。韓国のなかの日本という感じで、ソウルにいながら昭和気分が味わえます。

弘大　MAP P.125-C2
@ _subaco3

#7 シャローム shalom

アパレルやアクセサリーがかわいい大好きなお店。オリジナルのアパレルはアイドルの衣装としても人気です。

大学路　MAP P.121-A3
@ s.h.a.l.o.m.c.l.u.b

#6 ブレッドウブウブ
브레드읍읍

1階はヘンテコスイーツのカフェ。2階でMOLRICH @m_o_l_r_i_c_h の雑貨などを販売。

龍山　MAP P.121-B2
@ bread.oooo

066

object オブジェクト

弘大にある店舗は地下1階地上3階。

弘大　MAP P.125-C3

🚇 京義・中央・2号線 弘大入口（K314・239）駅7番出口から徒歩約5分
📍 마포구 와우산로35길 13　☎ 02-3144-7738　🕐 11:00〜21:00　無休　CARD
Ⓐ Ⓙ Ⓜ Ⓥ　URL insideobject.com
聖水洞、三清洞ほか

SEOUL Specialist Picks!

韓国雑貨の聖地

オブジェクト ブランドチーム

チョン・サンアさんの

今、チェックしてほしい

最旬クリエイター ❽

Specialist / Jeong Sanga

オブジェクトは勢いのある雑貨クリエイターを網羅するセレクトショップ。そのなかで、特に注目してほしいブランドを同社の広報担当者のサンアさんがピックアップ！

#2
ドール5万W

soft thumbnail

ソフトサムネイルは2023年設立。プロフィールを設定し、人工知能（AI）で生成したバーチャルキャラクタードールが注目を集めています。

📷 soft_thumbnail

#1
キーリング 3万W

NAIVE GARDEN

ナイーブガーデンのコンセプトは純粋な庭園。ほのぼのとした表情の昆虫や動物が主役の癒し系イラストです。キーリングやステッカーが人気です。

📷 naive_garden

#3
グラス 1万4000W

huginnandmuninn

フギンアンドムニンは、イラストレーター Yeonju Choi@chocolateyeの生活雑貨ブランド。キュートな猫が毎日をハッピーにしてくれるアイテムが揃っています。

📷 huginnandmuninn_

#4
マスキングテープ 各5000W

INAPSQUARE

パク・インア（INA）とチェ・ピルソン（P）によるデュオクリエイターのイナピスクエア。脱力系イラストがかわいいです。コラボアイテムも豊富です。

📷 inapsquare

#8
ステッカー 各1800W

hand in glove

ハンドイングローブは人気上昇中のクリエイターです。ハッピーなイラストが人気でステッカーはオブジェクトの売れ筋商品です。

📷 handinglove.kr

#5
ヘンボカショヨ☆
ポップアップカード 4000W

최고심

チェゴシムは韓国のZ世代から絶大な人気です。ポップなイラストに添えられているポジティブなメッセージが元気をくれます。

📷 gosimperson

#7
キーホルダーポーチ 3万4000W

pyobyobyo

ピョビョビョはバッグブランドです。携帯電話形のキーホルダーポーチが人気で、待受画面に推しの写真を入れるのがはやっています。

📷 pyobyobyo_home

#6
ボールペン 各4000W

dinotaeng

ダイノテンは、マーシュビル村に暮らすクオッカと仲間たちを描いたイラストです。世界最高のマシュマロを探すというストーリーがあります。

📷 dinotaeng

Lanforal #1

ランフォーラルは、ハングルモチーフのグッズを制作しています。子音と花をマッチングさせたキーホルダーが人気で、推しのイニシャルを購入する人も多いようです。

@ lanforal

SHOP
- They B
  東大門　MAP P.122-A6
  📍ドゥータモール2F
  仁寺洞　MAP P.123-A3
  📍アンニョン仁寺洞1F
- 国立中央博物館
- Nソウルタワー

\ 同じカラーのメドゥプ /
\ 結び目の意味は喜びと成功 /

SEOUL Specialist Picks!

多彩な韓国芸術を紹介

駐日韓国大使館 韓国文化院 広報チーム

中本愛子さんの
普段使いできる伝統美
作家ブランド ❹

Specialist / **Nakamoto Aiko**

中本さんは、韓国文化院のInstagramを担当し、韓国のアーティストをシリーズで紹介。そのなかから、伝統芸術を現代風にアレンジした作家とその商品をピックアップ！

\ シンプルなのに個性的 /

sorosi #3

ソロシは、パターン化したハングルデザインが特徴の生活雑貨ブランドです。おしゃれな食器やランチョンマットは特に人気で価格もリーズナブル。

@ sorosi_living

SHOP
- DDP Art Hall2
  東大門　MAP P.122-A6
  📍東大門デザインプラザB2F
- 国立中央博物館
- 国立古宮博物館
- 仁川空港第1ターミナル免税店

ONGO #2

韓国の伝統的な組ひも・メドゥプのキャップです。ブランド名のオンゴは「温故知新」からつけられています。個人的には伝統要素を取り入れたインテリア雑貨もおすすめです。

@ ongo.official

SHOP They B
東大門　MAP P.122-A6　📍ドゥータモール2F
仁寺洞　MAP P.123-A3　📍アンニョン仁寺洞1F

\ 温故知新は韓国語で온고지신 /
BACK

PIYEON #4

ピヨンのこのバッグは、チョゴリ（上着）の襟と掛け襟デザインを表現しています。裏地にも韓服が使われています。韓国文化院のSNSでも大きな反響があったブランドです。

@ piyeon.official

SHOP
- House of Woonoi
  京畿道坡州市　MAP P.119-B1
  📍プロヴァンス村内

\ 裏地 /
\ バッグで韓服を表現 /

NOTDAM
真鍮を食卓に

ノッダムは伝統を生かしつつモダンなデザインを取り入れている鍮器ブランド。上質な真鍮を使った鍮器は手入れをしながら長く使いたいキッチンウエアです（編集K）。

矢담
江南区庁　MAP P.126-B4
🚇水仁・盆唐・7号線江南区庁(K213/730)　駅3-1番 出口から徒歩約5分　📍강남구 선릉로 729
☎ 02-512-6266　🕙 10:00 ～ 19:30　休 日　CARD A J M V
URL notdam.com

PLUS 1

\ ハートデザインスプーン♡ /

SEOUL Specialist Picks!

韓国文化の情報を発信

駐日韓国大使館 韓国文化院 広報チーム

ジョ・ウンギョンさんの
デザインアイテムを発掘できる
アートショップ ❺

Specialist / **Jo Eunkyoung**

ジョさんは伝統工芸から現代美術までアートの魅力を発信。感性を刺激するデザイン性の高いアイテムが見つかるスポットを紹介。韓国文化院のイベント記念品もこれらのスポットで購入しているという。

Webでグッズ公開中

#1

国立中央博物館
クンニッチュンアンバンムルグァン

博物館がグッズブランド、ミューズ（MU:DS）を立ち上げています。クオリティやデザインがよいことからSNSでも話題です。ミュージアムショップでチェックしてください。

국립중앙박물관
伝統と革新が融合する限定商品に会える。

龍山 MAP P.121-C3
🚇 京義・中央・4号線二村（K111・430）駅2番出口から徒歩約10分 📍 용산구 서빙고로 137 ☎ 02-2077-9000
🕙 10:00〜18:00（水・土〜21:00） 無休 無料
URL www.museumshop.or.kr（ミュージアムショップ）

©Photo Korea - Kim Jiho

貴重な展示品も見学しよう

#2

国立古宮博物館
クンニッコグンバンムルグァン

景福宮の敷地内にあります。1階のミュージアムショップで、朝鮮王朝の文化遺物を現代的なイメージで再解釈したアイテムを扱っています。

국립고궁박물관
500年にわたる朝鮮王朝の遺物など約4万点を所蔵。

景福宮 MAP P.121-A3
🚇 3号線景福宮（327）駅5番出口からすぐ 📍 종로구 효자로 12 ☎ 02-3701-7500 🕙 10:00〜18:00（水・土〜21:00）※入場は1時間前まで 無休 無料
URL www.gogung.go.kr

#4

サムジキル

中庭を囲む回廊がユニークな複合モールです。個性的な作家さんや伝統的要素を取り入れたアイテムを扱うショップが集まっているお買い物スポットです。韓国文化院の職員も仁寺洞に行ったら必ず寄るスポットです。

쌈지길
伝統の街・仁寺洞のランドマーク的存在。

仁寺洞 MAP P.123-A3
🚇 3号線安国（328）駅6番出口から徒歩約5分 📍 종로구 인사동길 44 ☎ 02-736-0088 🕙 10:30〜20:30 無休 📷 ssamzigil_official

スターバックス

韓国のスタバグッズはコレクターもいるほど人気です。そのなかには、伝統工芸の螺鈿（らでん）を施したもの、青磁をイメージした商品など、伝統をモチーフにしたものもあります。ひと休みの際はグッズもチェックしてください。

STARBUCKS
市庁駅近くの圓丘壇店は人気店のひとつ。

市庁 MAP P.124-A4
🚇 1・2号線市庁（132・201）駅6番出口から徒歩約5分 📍 중구 소공로 112 🕙 7:00〜22:00（土〜20:00、日〜19:00） 無休 URL www.starbucks.co.kr

#3

PLUS 1

ユアマインド
小規模の独立書店

ほかとはひと味違う、読書が楽しくなるアイテムが揃う書店。小説『アーモンド』の表紙のイラストレーターのしおりなど個性豊かなグッズも（ジョさん）。

Your-Mind
一戸建てを改装した店舗は友人宅を訪れた気分に。

延禧洞 MAP P.121-A2
🚇 京義・中央・2号線弘大入口（K314・239）駅から車で約5分 📍 서대문구 연희로11라길 10-6 2F ☎ 070-8821-8990 🕙 13:00〜20:00 火休 📷 your_mind_com

ここだけの限定アイテムも！

Nソウルタワー

タワーのロビー、タワープラザ、展望フロアの3ヵ所にギフトショップがあります。韓国らしいおみやげやNソウルタワーのオリジナルグッズが豊富です。

N Seoul Tower
➡ P.108

#5

069

SEOUL Specialist Picks!

韓国取材手配のプロ
コーディネーター
中嶋一恵さんの

日本にお持ち帰り
グルメみやげ 5

Specialist / Nakashima Kazue

取材コーディネートのかたわら、『地球の歩き方』特派員として韓国の最旬情報を発信。そんな中嶋さんが日本帰国時に贈って喜ばれたおみやげを公開！

#1 パリバケットの仁川アンニョンサンド

10個入り1万6000W

仁川空港限定です。キャラメルソース、ナッツ、バタークリーム、黒ゴマをクッキーでサンド。一時は人気すぎて売り切れることもあったとか！現在は販売スポットが5ヵ所に増えているようです。

SHOP ▶ PARIS BAGUETTE
仁川 MAP P.119-C1
📍仁川空港第1ターミナル出国フロア、第2ターミナル出国フロアほか

#2 オソルロッのお茶

30包入り2万2000W

コスメで知られるアモーレパシフィックが運営する済州島産緑茶ブランドで、百貨店内や金浦空港国内線フロアにショップやカフェがあります。フレーバーの種類が多くパッケージも美しいので贈り物にぴったりです。

SHOP ▶ 오설록
明洞 MAP P.124-A5 📍ロッテ百貨店B1F
明洞 MAP P.124-B5 📍新世界百貨店B1Fほか

#3 ダンキンの薬菓

今韓国では伝統菓子の薬菓がリバイバルブーム中。コンビニやカフェのメニューにも登場しています。そして見つけたのがダンキンのかわいいドーナツ形薬菓。単品でもセットでも購入できます。

SHOP ▶ DUNKIN'
ソウル駅 MAP P.123-C2 📍ソウル駅内
金浦 MAP P.119-C2 📍金浦空港国際線1Fほか

12個入り4500W〜

#4 コンビニのドバイチョコレート

独特の食感が受け、入荷日はコンビニに大行列ができたり、カフェメニューに取り入れるなどちょっとした社会現象になっています。種類も増え、今は前よりも買いやすくなりました。写真はGS25の商品です。

SHOP ▶ コンビニエンスストア

5500W　7000W

#5 無印良品の韓国限定食品

韓国限定はおみやげに喜ばれます。総菜や韓国料理の素、スナックなど種類豊富に揃っています。フリーズドライやパウチになっているので持ち運びしやすいです。まとめ買いでお得になります。

SHOP ▶ 無印良品
明洞 MAP P.124-A5 📍ロッテヤングプラザ5F
弘大 MAP P.125-C2 📍AKプラザ3Fほか

コムタンスープ 5包入り 5900W
ミョルチポックム 2500W
エゴマの葉 3500W
ウズラの卵と牛肉の醤油煮 4500W
干し菜っぱナムル 3900W

070

RANKING PLUS

ソウルでGet！
リアル買いアイテム

スペシャリストと編集室のリアル買いをもう少しだけ公開。
購入してよかったもの、リピ買いしているものはこちら！

1万5000W〜

1万2000W〜

Cafe Layered
安国店の隣に新カフェ、アーティストコンプレックスもオープン。
三清洞　MAP P.121-A3
🚇 3号線 安国（328）駅2番出口から徒歩約1分
📍 종로구 북촌로2길 2-3
🕘 8:00～22:00　休 無休
CARD A J M V
cafe_layered　🛍 延南洞、ザ・現代ソウルほか

RECOMMEND:
from: 編集S
💙💙💙
カフェレイヤードのエコバッグ
ロンドンベーグルなどカフェプロデューサー Ryoさんの1号店。各カフェでロゴグッズを展開しています。カフェのエコバッグはおみやげにも◎

RECOMMEND:
from: 中本愛子 さん
💙💙💙
ハングルのカード&ステッカー
Y2Kブームから、ダイアリーをデコる다꾸（ダック）＝다이어리 꾸미기（ダイアリクミギ）用ステッカーが人気です。ハングル入りカードやレターセットも文具や雑貨店で必ずチェックします。

各2000W
1500W
3200W

SHOP ▶
• 雑貨店 ➡ P.62　• オブジェクト ➡ P.67

2万3700W

麻薬コーン味チップス 1700W
キムチチャーハンせんべい 1500W
チャパグリ味スナック 1200W
バスキンロビンスのアイス味のチョコボール 各2000W

RECOMMEND:
from: ジョ・ウンギョン さん
💙💙💙
スーパー&コンビニの新作お菓子
初めて見るものや新バージョンのお菓子をおみやげに買っています。韓国ではSNSで話題になるスナックが次々登場するので要チェックです。

RECOMMEND:
from: natsuyo さん
💙💙💙
太極堂のクッキー
推しカフェでも挙げた太極堂はおみやげ用のお菓子も充実しています。私はチェダーチーズのクッキーをよく買って帰ります。おみやげを買うならソウル駅の店舗が便利です。

태극당
ソウル駅東口広場と駅舎3階の2店舗がある。
ソウル駅　MAP P.123-C2
🚇 1・4号線 ソウル（133・426）駅1番出口から徒歩1分
📍 중구 한강대로 405
☎ 02-313-1946
🕘 8:00～21:00（土・日7:00～）　休 無休
CARD A J M V　URL
www.taegeukdang.com
🛍 東大入口、仁寺洞ほか

1万7000W

RECOMMEND:
from: 編集K
💙💙💙
イブル
韓国の昔ながらのキルティング布団。肌触りがよく丸洗いできるのが魅力です。東大門総合市場の寝具を扱うフロアで格安で購入しました。小さめのサイズでソファに置いてひざ掛けにしています。

SHOP ▶ 東大門総合市場 ➡ P.66

美容先進都市ソウルの最旬情報をキャッチ！

コスメ & ビューティ
COSMETICS & BEAUTY

世界で大躍進中のK-Beauty。美容オタクじゃなくても韓国のコスメや美容情報は見過ごせない。ソウル旅行できれいのアップデートができるなんて、こんなにお得なことはないかも♡

129 ソウルのどこで買うのが正解？
店によって値段の差はある？

同じブランドの路面店は基本的に同じ値段。ただし、店舗によりおまけの内容が異なるので数軒チェックしたい。ブランドの路面店よりオリーブヤングなどのコスメセレクトショップのほうが若干割安。ただし、取り扱うラインアップは限定的。高級コスメはデパートで揃うが、取り扱いがある場合は免税店が断然割安。

128 日本と韓国どっちがお得？
現地でコスメを買うメリット

オンラインショップの拡大で日本でも安価で買えるチャンスが増えた韓国コスメ。日韓で価格競争は激化しているけれど、韓国で買うメリットは①フルラインが揃う ②手に取って試せる ③最新アイテムに出会える ④免税（P.25）やおまけももらえたりでやっぱり現地購入はお得！

130 韓国コスメの聖地
オリーブヤングの超お得な活用法

オリーブヤング Specialist PicksはP.82をチェック！

韓国コスメ好きなら真っ先にチェックしたいオリヤン。最大限得する技を予習しておこう！

❶ 店舗でタックスリファンド
一部店舗で税金の即時還付制度（P.25）を実施しており、会計時は免税後の金額を支払うだけ。空港では手続き不要で購入品を見せる必要もない。オリヤンへ行くときはパスポートを忘れずに！

❷ 提携割引
WOWPASS（P.22）決済で5%キャッシュバックや相鉄インターナショナル（P.118）の宿泊ゲスト向けクーポン、特定のクレジットカードの期間限定キャンペーンも！

❸ 在庫検索の裏技
韓国版公式サイトかアプリなら店舗在庫の確認が可能。アイテムやブランド名を韓国語か英語で検索。「구매 가능 올영매장 찾기（購入可能なオリヤン店を探す）」をクリック。現在地に近い順に在庫のある店舗が表示される。
URL www.oliveyoung.co.kr

❹ セールを狙う
3・6・9・12月に最大70％オフになるオリヤンセールを開催。期間中は特定のセール品がさらに安くなる日替わり値引きも。そのほか、旧正月、秋夕、ブラックフライデイ、年末にもセール開催。

❺ 会員登録
店内にあるQRコードを読み込み会員登録。特定店舗では外国人用新規会員ウェルカムギフト（なくなり次第終了）がもらえ、店舗で使えるクーポンも配布。

❻ 1+1やおまけをチェック
1アイテムの値段でもう1個購入できる1+1やオリヤンだけのおまけ付きは見逃せない。

133 コスパ最強
ダイソーコスメがすごい！

韓国ダイソーが今最も力を入れているのがコスメ。有名ブランドが韓国ダイソー向けにセカンドブランドを展開し、値段は1アイテム2000～5000Wと超破格！セカンドブランドの一部はこちら。

URL www.daisomall.co.kr

CLIO	⇒	twincle pop
CNP	⇒	CNP by ODD·TD
MAMOND	⇒	MIMO
The SAEM	⇒	DROP BE
TONYMOLY	⇒	BONCEPT
too cool for school	⇒	TAG

134 特別な空間
訪れる価値ありの
フラッグシップストア

ブランドの世界観が体感できる旗艦店はコスメ好きの憧れ。もちろん、フルラインを実際に試すことができる。さらに、店舗限定アイテムやカスタムなどのスペシャルオファーも！

fwee Agit　フィーアジト

韓国初オフラインストア。購入者限定でリップアンドチークブラーリーブリンポットのキーリングを贈呈。

聖水洞　MAP P.125-B2　2号線聖水（211）駅3番出口から徒歩約7分　성동구 성수이로7가길 10　070-4044-0232　11:00～21:00　無休
fwee_makeup

dasique　デイジーク

購入額に応じてここだけのギフトを用意。2階にはブランドイメージどおりのデザートカフェも。

聖水洞　MAP P.125-A2　2号線聖水（211）駅4番出口から徒歩約5分　성동구 연무장5길 6　02-8211-3130　11:00～20:00（金～日～21:00、カフェ～L.O.19:30）　無休　dasique_official

AMUSE HANNAM SHOWROOM
アミューズ漢南ショールーム

アートギャラリーのようなディスプレイが楽しめる。ショップ限定のスペシャルギフトも！

漢南洞　MAP P.124-D6　6号線漢江鎮（631）駅1番出口から徒歩約7分　용산구 이태원로55가길 49 3F　02-796-2527　11:00～20:00　無休
URL amusemakeup.com

雪花秀　ソルファス

韓屋を利用した店内に美術品のようにコスメをディスプレイ。もちろんテスターOK！

北村　MAP P.121-A3　3号線安国（328）駅2番出口から徒歩約7分　종로구 북촌로 47　10:00～19:00　月　URL www.sulwhasoo.com

アモーレ聖水はP.80をチェック！

131 予習が済んだら
オリーブヤングの
目指す店舗はここ！

店舗はソウル中に無数にあるけれど、タックスリファンドOK、品揃え充実、アクセス抜群のおすすめ店はこちら！

おすすめ店	ショップデータ
明洞駅店　★2024年8月オープンの明洞駅前店	MAP P.124-B5　4号線明洞（424）駅6番出口すぐ　중구 퇴계로 115　10:30～22:30　無休
明洞タウン　★2フロアある明洞最大規模店	MAP P.124-A6　2号線乙支路入口（202）駅5・6番出口から徒歩約5分　중구 명동길 53　10:00～22:30
弘大タウン　★2024年5月オープン。3フロアの弘大最大店	MAP P.125-C2　京義・中央・2号線弘大入口（K314・239）駅8番出口から徒歩約2分　마포구 홍익로6길 57　10:00～23:00　無休
dundun東大門店　★2024年9月オープン。駅直結の大型店	MAP P.122-B5　2・4・5号線東大門歴史文化公園（205・422・536）駅11・12番出口直結　중구 을지로 264 dundun東大門 B2F　10:30～21:00　無休
N聖水　★2024年11月オープン。体験展示やポップアップもある国内最大店	MAP P.125-A2　2号線聖水（211）駅4番出口から徒歩約2分　성동구 연무장7길 13　10:00～22:00　無休
江南タウン　★3フロアで品揃え充実の優秀店	MAP P.127-D3　新盆唐・2号線江南（D07・222）駅10番出口から徒歩約5分　서초구 강남대로 429　10:00～22:30　無休

132 オリヤンのライバル？
通が通うコスメ
セレクトショップ

ザ・マスクショップは人気のコスメを揃える卸売激安店。一般客も買い物OKだけど、会計は現金のみ。昼から翌早朝で営業。シコルは新世界百貨店が運営。ラインアップが秀逸でオリヤンにはないブランドも揃う。

ザ・マスクショップ　The Mask Shop

明洞　MAP P.122-A6　2・4・5号線東大門歴史文化公園（205・422・536）駅2番出口から徒歩約10分　중구 퇴계로73길 36　12:00～翌5:00　無休　CARD 不可　themaskshop_official

シコル　Chicor

江南　MAP P.127-D3　新盆唐・9号線新論峴（D06・925）駅7番出口から徒歩約2分　서초구 강남대로 441　02-3495-7600　10:30～22:00　無休　CARD A J M V　URL chicor.com　弘大、新世界本店（明洞）ほか

137 飲むエルメスも！韓国セレブ愛飲のインナービューティ

20種類以上の栄養素を摂取でき、ビタミン界のエルメスと呼ばれるドイツ発のorthomolはK-POPアイドルや韓国女優が飲んでいることで大ブレイク。skinny labの食べるレチノールは内側から肌に作用。どちらもオリーブヤングで購入できる。TIRTIRの酵素は糖や脂肪の分解と排出をサポート。腸活アイテムの定番。シコル（P.73）や百貨店、TIRTIRストアで購入できる。

ティルティル　TIRTIR
弘大　MAP P.125-D1
(238・622) 駅3番出口から徒歩5分
마포구 잔다리로3안길 5　☎070-4281-9974
⏰10:00～20:30　無休　CARD A J M
URL www.tirtir.co.kr　聖水洞

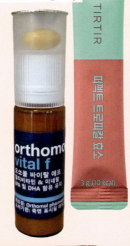

138 世界で話題！ソウルで試したい 30色ファンデ

マスクに付かないことで一躍有名になったTIRTIRのクッションファンデ。既存の3色に加え、2024年に27色追加して計30色に。自分にぴったりのカラーが見つかると欧米や東南アジアで話題沸騰。TIRTIRストアとシコル（P.73）では全色テスターあり。もちろん日本より格安なので要チェック！

139 SNSで大バズり 韓国発美白歯磨き粉

Vussen（ビュッセン）は韓国のインプラント会社が作った機能性歯磨き粉。ホワイトニングや口臭ケアに優れている。歯の状態でいくつか種類があり、着色汚れを分解する過酸化水素高配合の28と30が人気。オリーブヤングなら1万W前後でゲットできる。

135 CICAに続くヒットは？ 話題の美容成分をチェック！

日本でもすっかり有名になったCICA成分。実は、韓国コスメ界の美肌探究は次のステージに突入。今注目されている美容成分の効果と選び方を解説。

レチノール
ビタミンAの一種でシワやたるみを改善、毛穴を目立たなくする効果がある。レチノールの配合量が高いと刺激を感じることも。低配合で効果が期待できるCOSRXのクリームは、値段もリーズナブルで大ヒット。

ナイアシンアミド
ビタミンB₃の一種で美白効果があり、敏感肌も比較的安心。各ブランドからトナーやセラムが出ている。注目は、気になるところに集中ケアできるパッド。オリーブヤングのベストセラーはnumbuzinのパッド。

リードルショット
VT COSMETICSが発売。毛穴より細い天然美容針で肌の角層までCICA成分を届ける。チクッと刺すような使用感がある。ダイソーは6回分のお試しサイズを3000Wで販売。滞在中に使用感をチェック。

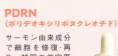

PDRN（ポリデオキシリボヌクレオチド）
サーモン由来成分で細胞を修復・再生。韓国の美容医療ではサーモン注射として人気。スキンケアに採用したmedicubeのピンクアンプルは、高コスパの塗るサーモン注射として注目を集めている。

136 美容賢者注目 一歩先ゆく 薬局の美容アイテム

肌管理意識が高い韓国の人は、ゆらぎ肌の強力ケアとして薬局のアイテムを活用。そこで、処方箋なしで購入できるアイテムを悩み別にご紹介。ソウルにはコンビニ並みに薬局があるので、ぜひ立ち寄ってみて。

肌の悩み	薬局の美容アイテム
炎症ニキビ	アクノンクリーム 애그농크림
ニキビ跡	ノスカナゲル 노스카나겔 リジュビネックス 리쥬비넥스
色素沈着	ドミナクリーム 도미나크림

140 テスターし放題 超人気フレグランスのオフラインショップ

タンバリンズやノンフィクションは日本上陸を果たしたもののソウルのオフラインショップはその世界観も含めて訪れたいスポット。新進系フレグランスブランドも続々誕生してリアル店舗を構えるブランドが増えている。

> 日本帰国時の香水の免税範囲はひとり当たり2オンス（1オンス＝約28mlでオーデコロン、オードトワレは含まれない）。超える場合は税金が課せられる。

タンバリンズ　TAMBURINS
漢南洞　MAP P.124-D6　6号線漢江鎮（631）駅3番出口から徒歩約7分　용산구 이태원로 238　070-4101-3274　11:00～21:00　無休　CARD A J M V　@tamburinsofficial　聖水洞、三清洞ほか

TAMBURINS 漢南店

TAMBURINS 聖水店

ノンフィクション　NONFICTION
漢南洞　MAP P.124-D6　6号線漢江鎮（631）駅3番出口から徒歩約7分　용산구 이태원로 242　02-790-4097　11:00～20:30　無休　CARD A J M V　@official.nonfiction　聖水洞、新沙洞ほか

142 コスパ最強 調香体験にトライ！

ソウルでは今、自分でオリジナルの香水が作れる調香体験が人気。トップノート、ミドルノート、ラストノートを各1種類ずつ選び、配分量を決めて自分でボトルに詰めていく。調香体験を実施しているスポットはこちら！

調香体験スポット	料金＆予約方法
アロマインド　AROMIND 三清洞　MAP P.121-A3　3号線安国（328）駅2番出口から徒歩約7分　서종로구 북촌로5길 19-7　02-747-7008	5万W ● 公式Webで予約 URL www.aromind.co.kr
レトル聖水　RETTRE 聖水洞　MAP P.125-A2　2号線聖水（211）駅4番出口から徒歩約5分　성동구 연무장길 37-18　12:00～21:00　無休	3万3000W～ ● InstagramのDMかNAVER Mapで予約 @ rettre_seoulsup
ローマジック　L'eau Magique 三清洞　MAP P.121-A3　3号線景福宮（327）駅2番出口から徒歩約8分　종로구 필운대로 35-6　02-3141-1981　12:00～20:00　月	4万8000W～ ● InstagramのDMで予約 @ leaumagique

141 世界にひとつだけ！ オーダーメイド香水をお持ち帰り

ほかの人とかぶらない香りならオーダーメイドがおすすめ。121ルマルドゥペイは、約200の香りのなかから2種類選んでオリジナルの香水を調香。ボトルに付ける革製のラベルには韓国語か英語で好きな文字が刻印できる。値段は4万600W～。レトルでは、なんと脳波を測定して思い出を香水にするという。値段は3万5000W。

121ルマルドゥペイ　121 Le Mal du Pays
弘大　MAP P.125-D2　6号線上水（623）駅1番出口から徒歩約3分　마포구 와우산로13길 40　02-6368-0121　13:00～20:30　月　CARD A J M V　@121lemaldupays ※予約不要

レトルソウルの森　RETTRE
ソウルの森　MAP P.125-A2　水仁・盆唐線ソウルの森（K211）駅5番出口から徒歩約5分　성동구 서울숲2길 45-1 2F　12:00～21:00　無休　CARD A J M V　@ rettre_seoulsup ※InstagramのDMで予約必要

143 貴重体験！ 自分の肌に合わせてクレンザー作り

ヴィーガンコスメブランド・ホイップド初のフラッグシップストアがオープン。全製品のテスターのほか、使い終わったホイップドボトルを持参すると半額でリフィルしてくれるサービスを実施している。さらに、クレンザー作り体験では肌診断からクレンザーを選び、好みの硬さにホイップしてボトルに詰めて持ち帰ることができる。体験料は3万Wでおみやげも付いて超お得！

ホイップド　WHIPPED
聖水洞　MAP P.125-A2　2号線聖水（211）駅3番出口から徒歩約5分　성동구 성수이로20길 16　070-7722-1112　11:00～20:00　無休　CARD A J　URL www.whipped.co.kr ※クレンザー作り体験はNAVER MapまたはCreatripで予約

075

145 推しと同じメイク♡ アイドル御用達サロンで大変身！

予約のポイント
メール、電話、Instagramの DM、プロフィール欄に KakaoTalkオープンチャットが掲載されている場合はそこで予約。直接のやりとりは基本的に韓国語か英語。日本語で予約代行するサイトもある。

韓国の美容院はヘアメイクを担当した芸能人を公開。旅行者でも憧れのスターが通うサロンでヘアメイクを受けることができる。料金は20万W台〜で別途指名料がかかる場合も。推し活や街歩きが100倍楽しくなる貴重体験にトライ！

サロン＆御用達アイドル	データ
ビット＆ブート **BIT & BOOT** *Stars*：BTS JIN、TWICE、BLACKPINKロゼ、LE SSERAFIM、NCT	清潭洞　MAP P.126-A4　水仁・盆唐線狎鴎亭ロデオ（K212）駅2番出口から徒歩約7分　강남구 도산대로81길 49　☎02-514-1239　◎10:00〜18:00　無休　@bit.boot
ウソン　**WOOSUN** *Stars*：TWICEミナ、BLACKPINK、LE SSERAFIM、Red Velvet、NCT、&TEAM	清潭洞　MAP P.126-A5　水仁・盆唐線狎鴎亭ロデオ（K212）駅2番出口から徒歩約13分　강남구 압구정로79길 27　☎0507-1315-1107　◎10:00〜18:00　無休　@woosunofficial
ルル　**lulu** *Stars*：TWICE、Stray Kids、ITZY、NiziU、NEXZ	清潭洞　MAP P.126-A4　水仁・盆唐線狎鴎亭ロデオ（K212）駅4番出口から徒歩約7分　강남구 선릉로152길 33　☎02-515-5820　◎10:00〜19:00　無休　@lulu_cheongdam
ブロウ　**BLOW** *Stars*：SHINee、SEVENTEEN、WayV	清潭洞　MAP P.126-A4　水仁・盆唐線狎鴎亭ロデオ（K212）駅2番出口から徒歩約10分　서울 강남구 압구정로73길 21　☎02-517-0434　◎10:30〜19:00　無休　@blow_cheongdam
アルー　**ALUU** *Stars*：KARA、VIXX、キム・セジョン、(G)-IDLE、カン・ヘウォン、EVNNE	清潭洞　MAP P.126-A4　水仁・盆唐線狎鴎亭ロデオ（K212）駅4番出口から徒歩約10分　강남구 선릉로148길 12 2-5F　☎02-542-8123　◎10:00〜18:00　無休　URL aluu.co.kr

144 全部無料！公的機関運営の ビューティ体験がすごい！

ビューティプレイは韓国の保健福祉部（日本の厚生労働省に相当）が支援する財団法人大韓化粧品産業研究院が運営。韓国美容の広報活動を目的としているのですべて無料！

❷ 皮膚診断
専用機器で肌年齢、毛穴、色素沈着、油分、水分、シワ、弾力を測定。診断結果から肌に合うスキンケアサンプルがもらえる。

❶ フルメイクアップサービス
プロのメイクアップアーティストが、トレンドメイクや憧れのアイドルメイクを実施。公式Webで要予約。

❸ パーソナルカラー診断
キオスク端末のカメラに向かって写真を撮り、似合う色、似合わない色、一人ひとりに合うメイクアップを診断できる。

❹ 製品体験
中小企業約100アイテムのコスメサンプルを展示。直接手に取って試せるほか、サンプルの持ち帰りもOK！

❺ イベント
美容に関するワンデイクラスやセミナーを実施（公式Webで要予約）。また、ギフトがもらえるオリーブヤングとのコラボ企画なども不定期開催。

ビューティプレイ　Beauty Play
明洞　MAP P.124-A6　2号線乙支路入口（202）駅6番出口から徒歩約8分　중구 명동길 73 3F　☎0507-1360-9675　◎10:00〜19:00　休日　URL beautyplay.kr　弘大

146 韓国流美髪を目指す ヘアケアアイテムをお得にゲット！

韓国人の美肌に続き美髪も新トレンド。ケアの方法とともに韓国発ヘアケアブランドにも注目が集まり、KUNDAL、mise en scene、UNOVE、moremo、Milk Baobabなどが日本上陸している。韓国では、セールならオリーブヤングが若干安いけれど、品揃えはスーパーのほうが充実で、大容量や1+1、セット売りの割引率が高い。また、自然派ブランドで人気上昇中のDEAR DRACENAはスーパーでも取り扱いがあるけれど、公式のオフラインショップのほうが割安。全種類揃いテスターもOK。

ディアドラセナ　DEAR DRACENA
聖水洞　MAP P.125-A2　2号線聖水（211）駅4番出口から徒歩約5分　성동구 연무장길 49　☎0507-1480-3256　◎11:30〜21:00　無休　CARD A J M V　URL deardracena.co.kr　漢南洞

148 韓国ならではの美容法
進化したプライベートアカスリ

チムジルバンではおなじみのアカスリ。オープンな空間で受けるのはちょっと抵抗があるけれど、最近は個室で受けられるアカスリ専門サロンが人気。ディープリラックスで血行促進＆新陳代謝アップ、ツルスベ肌を手に入れよう！

プライベートアカスリ	サロンデータ
スパヘウム 스파헤음 料 85分13万2000W〜 ●ボディミルク使用で低刺激＆高保湿 ●電話かKakaoTalkで予約必要	ハンティ MAP P.120-D4 水仁・盆唐線ハンティ(K216)駅7番出口から徒歩約10分 ●강남구 언주로 311 로즈타워 B1F ☎02-568-8090 ⏰8:00〜24:00 無休 @heum_spa
ダンプーン DANPOONG 料 60分9万9000W〜 ●女性専用。2号店は部屋でメニューは異なる ※InstagramのDMかLINEで予約必要	普門 MAP P.120-A4 牛耳新設・6号線普門(S121・638)駅4番出口から徒歩約7分 ●성북구 고려대로13길 10-3 ☎010-6765-0114 ⏰6:30〜24:00 無休 @danpoong_spa ●聖信女大入口(2号店)
スリス SULIS 料 55分6万6000W〜 ●女性専用。全コースにシャンプー＆ヘアパック付き ※InstagramのDMかNAVER Mapで予約必要	碌磻 MAP P.119-C2 3号線碌磻(323)駅5番出口から徒歩約7分 ●은평구 통일로 641 4F ☎02-387-6410 ⏰7:00〜22:30(金・土〜23:30) 無休 @co.sulis_spa

147 美のアミューズメントパーク
チムジルバンで全身デトックス

チムジルバンは韓国美人の究極の美の秘訣。汗蒸幕（ハンジュンマク）やヨモギ蒸しなど格安で徹底的に自分磨きができる。無料仮眠室や有料睡眠室もあるので、ソウル到着が夜の場合、チムジルバン直行＆1泊で節約する上級者も！

チムジルバン	施設データ
スパレックス SPAREX ⏰24時間：1万2000W(5:00〜20:00入場)、1万5000W(20:00〜5:00入場) ●駅近の大型店。2万Wで荷物預かり＋外出1回＋施設利用(24時間内)可	東大門 MAP P.122-B6 2・4・5号線東大門歴史文化公園(205・422・536)駅14番出口から徒歩約1分 ●중구 장충단로 247 굿모닝시티 B3F ☎02-2273-2777 ⏰24時間 無休 URL blog.naver.com/sparex4400
スパレイ Spa Lei 料 12時間：1万9000W ※延長1時間ごと+1000W ●女性専用。リゾートホテルのような雰囲気。オプションの有料設備が充実	新沙洞 MAP P.127-B2 新盆唐・3号線新沙(D04・337)駅5番出口から徒歩約5分 ●서초구 강남대로107길 5 ☎02-545-4002 ⏰24時間 無休 URL www.spalei.co.kr
プリマスパ Prima Spa 料 2万5000W(6:00〜22:00)※退場が22:00以降は+8000W)、3万3000W(22:00〜5:00) ●個室や映画観賞室、フィットネスやピラティスも備える	清潭洞 MAP P.126-A5 7号線清潭(729)駅12・13番出口から徒歩約10分 ●강남구 도산대로102길 10 ☎02-6006-9114 ⏰24時間(女性6:00〜24:00) 無休 @primaspa_cheongdam

149 劇的☆小顔＆美ボディ
骨筋＆骨気でサイズダウン

骨筋（コルグン）は骨と筋肉に圧をかけて血流を促し、顔のむくみや下半身太りを解消。骨気（コルギ）は顔の骨を刺激して老廃物を排出し、輪郭のゆがみやたるみを改善。1回でも効果を実感できる凄技サロンはこちら。

骨筋＆骨気サロン	サロンデータ
ウィビューティ webeauty 料 骨筋顔縮小$220〜　(※支払いはウォン可) ●手技整形の異名をもつ。メニュー豊富 ※公式Webで予約必要	清潭洞 MAP P.126-A5 7号線清潭(729)駅13番出口から徒歩約10分 ●강남구 도산대로 539 2F ☎02-543-8399 ⏰10:00〜21:00(土・日〜20:00) 無休 URL www.webeauty.co.kr ●明洞、聖水洞ほか
薬手名家 약손명가 料 小顔ケア13万W ●アジア各国に支店をもつ。部分痩せメニューも ※公式Webで予約必要	狎鴎亭洞 MAP P.127-A3 3号線狎鴎亭(336)駅3番出口から徒歩約5分 ●강남구 압구정로30길 66 ☎02-518-6662 ⏰10:00〜22:00(土9:00〜17:00) 無休 URL yaksonhouse.com ●明洞、清潭洞ほか
ハッピースキン Happy Skin 料 輪郭形成ケア8万8000W〜 ●25年以上の歴史あるサロン。日本人旅行者の利用も多い ※電話かNAVER Mapで予約必要	明洞 MAP P.124-B6 4号線明洞(424)駅9番出口から徒歩約3分 ●중구 명동8가길 33 7F ⏰10:30〜22:00(土・日10:00〜22:30) 無休
テワソン Taewasun 料 フェイスケア25万W ●韓国スター御用達小顔サロン ※メールで予約必要	彦州 MAP P.126-C4 9号線彦州(926)駅6番出口から徒歩約10分 ●강남구 논현로102길 52 6F 604号 ☎02-517-0891 ⏰予約次第 @taewasun

153 高級コスメをたっぷり
韓方スパで自分にご褒美

韓方を使った高級コスメブランド運営のラグジュアリースパは、ソウル女子が「ここぞ！」というときに利用する究極の美活スポット。ハイエンドコスメを惜しげもなく使用するケアはむしろ高コスパ！

韓方スパ	サロンデータ
雪花秀スパ Sulwhasoo Spa インテンシブジンセンジャーニー35万W〜 ★アモーレパシフィックの雪花秀を使用 ※公式Webで予約必要	明洞 MAP P.124-A5 2号線乙支路入口(202) 駅7・8番出口から徒歩約1分 中区 을지로 30 ロッテホテルソウル本館7F 02-759-6662 10:00〜22:00 月 www.sulwhasoo.com 狎鷗亭洞
オフィスパ OHUISPA フェイシャルケアコース 15万W〜 ★LGのオフィ、后、スム37を使用 ※メールかLINEで予約必要	明洞 MAP P.124-B6 4号線明洞(424) 駅8番出口から徒歩約3分 中区 명동10길 41 5F 10:00〜20:00 無休 ameblo.jp/ohuinonhyun
スパ1899 SPA1899 フェイシャルフォーカス 15万W〜 ★正官庄の最高級紅参コスメを使用 ※公式Webで予約必要	三成洞 MAP P.126-C6 2号線三成(219) 駅2番出口から徒歩約5分 강남구 영동대로 416 KT&Gタワー B2F 02-557-8030 10:00〜22:00 無休 spa1899.co.kr

154 激安＆即効リフレッシュ
マッサージ店より気軽な リラクセーションカフェ

疲れは癒やしたいけれど面倒なのは苦手……。そんな人におすすめなのが、チェーン展開しているミスターヒーリング。プロ仕様のマッサージチェアを導入したカフェで、予約・カウンセリング不要。カフェ内はWi-Fi完備で疲労回復に効果のある高濃度酸素管理もされている。明洞店はマッサージチェア＋1ドリンク30分9900Wと格安！店舗や時間帯により若干料金が異なる。NAVER Mapにクーポンが掲載されていることもあるので要チェック！

ミスターヒーリング
Mr. Healing
明洞 MAP P.124-B6 4号線明洞(424) 駅8番出口から徒歩約3分 중구 명동10길 36 3F 02-3789-4690 11:00〜20:00（土・日12:00〜） 無休 CARD A J M V URL misterhealing.com 鍾閣、新村、淑大入口ほか

150 韓国古来の知恵
健康美人になれる 伝統茶図鑑

韓国では体調に合わせて伝統茶を飲む習慣がある。特に、苦・甘・酸・塩・辛味を感じるといわれる五味子茶は、強く感じる味がある場合、心臓・脾臓・肝臓・腎臓・肺が弱っていることを示すという。伝統茶カフェはP.37参照。

オミジャチャ
五味子茶
오미자차
体内の酸化防止、新陳代謝、咳止め

ユジャチャ
柚子茶
유자차
美肌、ストレス軽減、風邪予防

インサムチャ
人参茶
인삼차
脂肪燃焼、冷え性改善、免疫力向上

テチュチャ
ナツメ茶
대추차
むくみ解消、鉄分補給、貧血予防

メシルチャ
梅実茶
매실차
毒素分解、消化促進、疲労回復

スジョングァ
水正果
수정과
二日酔い改善、抗菌作用、血行改善

151 悩みに合わせてオーダー
セラピストがブレンド ナマネチャ

ナマネチャとは「私だけのお茶」という意味。ティーテラピーではセラピストが体質や体の悩みに合わせて韓方茶をブレンドしてくれる。料金は3万W。

ティーテラピー　Tea Therapy
三清洞 MAP P.121-A3 3号線安国(328) 駅1・2番出口から徒歩約5分 종로구 윤보선길 74 02-730-7507 10:00〜21:00（日〜20:00） 無休 CARD A J M V URL www.teatherapy.com ※メールで予約必要

152 美と健康のため
韓方製品をお持ち帰り

ヨモギ蒸しパットは生理日以外に下着に貼るだけ。温活で婦人科系の悩みや冷え性の改善に効果がある。呂は韓国でロングセラーのヘアケア商品。高麗人参、松葉、椿オイル配合でダメージヘアもサラサラの健康美髪に。

美容医療

韓医学や最新技術を採用した韓国の美容医療はものすごいスピードで進化。最旬情報の収集方法や注意点を確認しよう。

157 日本より格安？ 初心者でもトライしやすい アートメイク＆まつパ

韓国のアートメイクは日本の半額以下。クリニックも多く旅行者でも気軽に受けられる。しかし、日本では医師・看護師しか施術できないのに対し、韓国では無許可でも施術可能。美容サロンなどのメニューにもあるけれど、安全面から皮膚科などがおすすめ。まつ毛パーマやエクステは若干日本のほうが安い。ただし、K-POPアイドルのような韓国風デザインなら韓国で受けるのがおすすめ。

158 日本語対応OK 体の内側からきれいになれる韓医院

中国古来の医学をベースに韓国で発展した韓医学。専門のドクターが肌や痩身、頭髪などの悩みを韓方の力で解決してくれる。日本人に人気の韓医院（ハニウォン）はこちら。

韓医院	データ
キュリム韓医院 규림한의원 ★ダイエット、皮膚、女性特有疾患、脱毛 ※公式Webで予約必要	明洞 MAP P.124-B6 4号線明洞（424）駅2番出口から徒歩約1分 中区 퇴계로 134 5F 02-776-5575 11:00~15:00、16:00~20:30（土 10:30~14:00）日 mdkr5575.modoo.at
明洞リア韓医院 명동리아한의원 ★ダイエット、皮膚 ※公式Webで予約必要	明洞 MAP P.124-B6 4号線明洞（424）駅9番出口から徒歩約3分 중구 명동8가길 27 9F 02-318-1575 10:30~14:00、15:30~21:00（土10:00~15:00）水・日 liaclinic.com
ジェナ韓医院 제나한의원 ★ダイエット ※公式Webで予約必要	江南 MAP P.120-D4 新盆唐・3号線良才（D08・342）駅2番出口から徒歩約15分 서초구 효령로 396 202号 02-563-9661 10:00~13:00、14:00~18:30 土・日 xenaclinic.co.kr
イ・ムンウォン韓医院 이문원한의원 ★脱毛症、髪の悩み ※公式Webで予約必要	江南 MAP P.126-B4 水仁・盆唐・7号線江南区庁（K213・730）駅4番出口から徒歩約3分 강남구 선릉로132길 33 070-7492-5254 10:00~18:00（金~21:00、土9:00~16:30）木・日 leemoonwon.com

155 公的機関が運営 美容医療の相談ができる案内スポット

韓国では観光コンテンツとして美容医療を含むメディカルツーリズムを推奨。日本上陸した韓国発の美容医療クチコミアプリやコーディネートを行う代理店などもある。また、韓国観光公社では医療ツーリズムビジネスセンターを設置。外国人観光客へ医療機関の最新情報の提供、医療観光のための査証発給から病院予約までサポートしている。アプリや代理店で不安を感じる場合は韓国観光公社へ相談しよう。

医療ツーリズムビジネスセンター
清渓川 MAP P.123-A3 1号線鍾閣（131）駅5番出口から徒歩約3分 중구 청계천로 40 韓国観光公社ソウルセンター内 02-752-2102 10:00~19:00 月 URL japanese.visitkorea.or.jp medicaltourism@knto.or.kr

156 確認しておきたい 美容施術後の注意点

施術内容により数日から数週間のダウンタイムが必要。その間のホテルの確保や帰りの航空券を考慮する必要がある。レーザー照射などはダウンタイムもなく当日帰国も可能。韓国では、外国人が1万5000W以上の美容整形や皮膚科の施術などを受けると、医療費の付加価値税を還付する制度がある。これは、韓国保健福祉部登録の対象医療機関のみなので、事前に確認を。出国審査の顔認証システムに引っかかることはほとんどないけれど、不安な場合は、医療機関に「整形証明書」を発行してもらえるか相談してみよう。

SPECIALIST VOICE

知ってる人だけ得をする！

アモーレ聖水徹底ガイド

SPECIALIST **Nam Duhui**

韓国コスメは今やオンライン購入が主流。でも、せっかくソウルに来たなら、フラッグシップストアでプロの意見を参考に本当に自分に合うものを実際に試してほしい。アモーレパシフィックが運営するアモーレ聖水の調剤管理士ナム・ドゥヒさんが、失敗しないお得なコスメ選びを解説！

AMORE성수

聖水洞　MAP P.125-A2
M 2号線聖水（211）駅2番出口から徒歩約3分
성동구 아차산로11길 7　10:30～20:30　休月
CARD A J M V　amore_seongsu

▶ Tips 1
買わなくてもOK！無料で楽しむコスメ体験館

約30ブランド1200種のアイテムを展示。新製品を世界最速でテストできます。クレンジングルームのサンプルでメイクオフ、パウダールームで基礎化粧からフルメイクを素顔で試してください。Qoo10で購入されている方も、調剤管理士が基礎化粧品、メイクアップアーティストがカラーやメイク方法をアドバイスしていますので、気軽に声をかけてください。日本語スタッフ常駐です。

▶ Tips 2
オンラインもお得になる♡訪れるだけで特典ゲット

来館時にエントランスに掲示してあるQRコードでメールアドレスを登録してチェックインしてください。来館したすべての方に今月のサンプルを進呈しています。そのほか、カスタム体験や購入時の割引クーポンがゲットできるだけでなく、オンラインショップの割引コードも発行しています。アモーレ聖水で購入した場合は金額に応じてここだけの限定ミニギフトも用意しています。

▶ Tips 3
自分にぴったりのファンデをカスタムメイド

HERAシルキーステイカスタムマッチは、専門スタッフが全125色から肌トーンや好みに合わせたファンデを提案してその場で調合します。ベースやプライマー、よりきれいに見せる塗り方もその場でアドバイス。さらに、HERAルージュクラッシィミニサイズ、割引券もプレゼントします。

料 7万W（所要約60分）※要予約（14日前からオンライン予約オープン。1回2名まで）

▶ Tips 4
話題のリップを自分好みにオールカスタマイズ

HERAセンシュアルリップカスタムマッチも、専門スタッフのカラー診断で284色から最も似合うカラーを提案してその場で調合します。テクスチャーもヴェルヴェットかグロスを選べ、5種類のなかから好きな香りをプラスします。オプションでプランピングも可能です。

▶ Tips 5
ウオークインでトライ！予約不要のAIカスタム

情報を入力し測定カードを頬に当ててカメラで撮影すると、最適なHERAシルキーステイの番号をAIが提案するので購入の際の参考にしてください。また、AI診断で肌リポートを作成。サンプルが気に入ったらオリジナルエッセンス5万Wを購入することもできます。限定アイテムやイベント、メイクアップモデル募集もしているので、聖水洞に来たらぜひ遊びに来てください！

料 4万5000W（所要約60分）※要予約（14日前からオンライン予約オープン。1回2名まで）

080

SEOUL Specialist Picks!

アモーレコスメを熟知

メイクアップアーティスト
ソン・ユナさんの
リアルに使っている
デイリーコスメ 7

Specialist / **Song Yoonah**

アモーレ聖水のプロメイクアップアーティスト。メイクアップトレンドの情報収集のため、韓国や日本のビューティYouTubeチェックは欠かさない。

#1 アイオペの レチノール スーパーバウンス セラム

話題の成分レチノールを採用したコスメを韓国で初めて発売したのがアイオペです。このセラムはシワを改善し、肌のキメをなめらかにしてくれます。

#2 ホリチュアルの エレメンタル スムージング ローション

プロレベルの効果が期待できるホームエステティックブランドです。脂性肌、混合肌におすすめで、化粧ノリをよくしてくれるローションです。

#3 ハンユルの レッドライス エッセンシャル エマルジョン

米、ヨモギ、大豆など韓国古来の原料を使ったコスメブランドです。赤米が原料の乳液で乾燥肌を解消。クリームのような保湿力が自慢です。

#4 ヘラの UVプロテクター マルチ ディフェンス フレッシュ

自然な輝きのため、メイク前に必須のトーンアップベース兼日焼け止めです。ジェルのように軽やかな着け心地なのにしっかりブロック！

#5 エストラの アトバリア365 クリーム

韓国皮膚科医推奨のダーマコスメブランドです。敏感肌や冷たい風から肌を保護してくれるスキンバリアクリームで、冬の必需品です。

#6 アイオペの UVシールド SUNプロテクター

乾燥肌、ツヤ肌メイクをお好みの方におすすめのベース兼日焼け止めはこちらです。シワ、ハリ、シミを改善するアンチエイジング専門UVクリームです。

#7 ヘラの センシュアル フィッティング グロウティント

着けていないような軽い使用感と気分をアップさせてくれるMLBB（My Lips But Better）ティントです。私は103号と456号を気分で使い分けています。

アモーレ パシフィック PLUS 1
代表ブランドを解説

アモーレパシフィックの最高級ブランドが雪花秀（ソルファス）です。シグネチャーの滋陰生（ジャウムセン）は10年連続アンチエイジング部門売り上げ1位。プレミアム機能性ブランドとして人気なのがヘラニュージです。スキンケアとメイクの境界を分けない革新的なコンセプトで、幅広い世代に愛されています。2020年発表のネオクッションは累計販売数521万個以上のベストセラーです（ユナさん）。

トレンドコスメウォッチャー

美容学部在籍

キム・ヒョジョンさんの
オリーブヤングで買える
プチプラコスメ ⑩

Specialist / Kim Hyojeong

大学の専攻はメイクアップ。趣味と実益を兼ねてオリーブヤング店舗でインターン中のヒョジョンさんが実際に使ってよかったプチプラコスメを公開！

#2 トゥークールフォースクールのアートクラススマッジングアンダーライナー

各8900W

自然に目を大きく見せてくれます。ブラシ付きで描きやすいので気に入ってます。私は03（アイシー）、05（ポッシュ）、06（ダスク）を愛用しています。

各1万1970W

#1 ハートパーセントのドットオンムードリップペンシル

ふっくらとした唇を演出してくれるリップペンシルはオーバーリップの必須アイテム！カラーバリエ豊富で、肌色に合わせて選びやすいのが魅力です。

#4 ペリペラのピュアブラッシュドサンシャインチーク

各6400W

細かい粒子でフィルターをかけたようななめらか肌に仕上げてくれます。私は06（朝寝坊だいすき）と12（お天気妖精）を使っています。

2万400W

#3 エスポアのノーウェアリップスティックバーミンググロー

ツヤ感がきれい♡ リップバームのようななめらかな塗り心地でサッと塗れます。ベタつかず崩れにくくて発色も長持ちします。

2万9700W

#6 ネーミングのゼログラビティカバーフィットクッション

長時間持続する密着力とカバー力に優れています。浮き上がらずに肌なじみがいいので夏でも安心して使用できます。

#5 ザセムのカバーパーフェクショントリプルポットコンシーラー

私は01番を愛用しています。特にグリーンは肌の赤みをきれいにカバーしてくれるのでよく使います（グリーンだけ早く減っちゃいます……）。

1万800W

#8 ストライデックスのセンシティブパッド

角質と皮脂を除去してくれます。サルチル酸濃度の違いで赤・青・緑があり、マイルドな緑が一番人気です。定期的に使うと肌がすべすべになります。

8100W

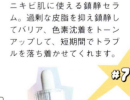

#7 ブリンググリーンのジンクテカトラブルセラム

ニキビ肌に使える鎮静セラム。過剰な皮脂を抑え鎮静してバリア、色素沈着をトーンアップして、短期間でトラブルを落ち着かせてくれます。

2万4800W

#10 コスアールエックスの6ペプチドスキンブースター

トナーとセラムの間に使うと肌の奥まで水分をしっかり満たしてくれます。これをプラスするだけで肌の状態が劇的に変わります。

1万9500W

#9 セルヒュージョンCのクーリングパッド

着けているだけで肌をクールダウンさせてくれる夏の必需品。メイクのりが悪いのも解消してくれます。極薄パッドが70枚入って高コスパ！

1万7500W

使って実感！
リピ確定コスメ

自分用にもおみやげ用にもコスメチェックを欠かせないスペシャリストと編集室の最近の当たりアイテム公開。

◆8300W

RECOMMEND:
from: ライターN
♥♥♥
カラーグラムの
ミルクブリングシャドウ

オリーブヤングのプライベートブランド。格安なのにトレンド感のあるアイテムが揃っています。ZEROBASEONEがアンバサダーなのも購入の理由です♡

SHOP ▶ オリーブヤング

◆2万9000W

RECOMMEND:
from: ライターM
♥♥♥
ラネージュの
ウォーターバンク
クリーム

キャッチコピーは100時間続くうるおい（笑）。たしかに、就寝前に塗って寝たら翌朝の肌の調子がよかったです。1+1でリフィルが付いてきてお得に購入できました。

SHOP ▶ オリーブヤング

RECOMMEND:
from: 編集M
♥♥♥
ディアドラセナの
テンダーピオニーヘアオイル

華やかな香りに惹かれて購入しました。軽い着け心地ですっごくサラサラになって大正解！ 免税店では$20以下で販売しているのようなので次回も購入決定です！

◆3万2000W

SHOP ▶ ディアドラセナ ➡P.76

◆3万7800W

RECOMMEND:
from: 中嶋一恵さん
♥♥♥
アフターブロウの
フレグランス

デイジーク（P.73）の姉妹ブランドです。上品な香りに惹かれて購入しました。2024年11月にシェル形キーリングのパフュームバームも発売されました。

SHOP ▶ オリーブヤング

◆1万3600W

RECOMMEND:
from: 編集K
♥♥♥
ラゴムのpHバランシング
フォームクレンザー

軽いクリーム状のもこもこ泡が特徴です。乾燥する季節でも優しい泡が肌を包むように洗えます。ジェルタイプの朝洗顔用、メイク落としもできる夜洗顔用も人気です。

SHOP ▶ シコル ➡P.73

各5000W

RECOMMEND:
from: 編集S
♥♥♥
ラボファクトリーの
マルチバーム

スティックタイプのバームをおみやげ用にまとめ買いしました。目元や口元など乾燥しがちなところにさっと塗れて持ち運びも便利と好評です。もっと買えばよかった。

SHOP ▶ ダイソー

◆3000W
◆5000W

RECOMMEND:
from: natsuyoさん
♥♥♥
タグの
スリムブロウペンシルと
エアフィクシングブロウカラー

トゥークールフォースクールのセカンドブランドです。スティック状のシェーディングも使いやすくておすすめです。人気すぎて売り切れになるほど人気です。

SHOP ▶ ダイソー

推しは推せるときに推しまくろう！

推し活 & エンタメ
OSHIKATSU & ENTERTAINMENT

韓国ドラマにK-POP、人気急上昇のミュージカルなど、出会ってしまったら沼確定。来日を待つより、地元で発光している推しを観て触れて感涙するためのアレコレを大放出！

159
推しの1位獲得を目の前で！週6で会えるかも♡ 観覧可能な歌番組へ

韓国には歌番組が多く、そのほとんどが生放送で観覧可能。観覧方法は番組によって多少異なるけれど、ファンクラブ会員のための観覧席や外国人向けのツアーなどがあるので、推しの出演が決まったら公式ウェブサイトで確認、または番組名で検索を。

160
一度は参加してみたい歌番組の事前収録 サノクとは？

歌番組の生放送に先立ち、パフォーマンスを事前収録すること。観覧可能だけれどアイドルにより申請方法や条件が異なるので、公式ウェブサイトなどで確認を。リハーサルから観覧できたり、限定トレカがもらえるなど、ファン憧れのサノクだけれど、早朝、深夜の集合や長時間にわたる待機など過酷なケースもあるので、参加するときは準備万端で。

『M COUNTDOWN』は毎週15組近いアイドルが旬のステージを披露するK-POPチャートショー。観覧は生放送、サノク（左記）ともにオールスタンディング。CS放送Mnetで毎週木曜18:00から日韓同時生放送（再放送あり。Mnet Smart+で生配信、VOD配信あり）©CJ ENM Co., Ltd, All Rights Reserved

	放送日時	火曜 18:00	水曜 17:00	木曜 18:00	金曜 17:15	土曜 15:15	日曜 15:20
★観覧可能なおもな歌番組	番組名	SBS M『THE SHOW』	MBCプラス『ショーチャンピオン』	Mnet『M COUNTDOWN』	KBS『ミュージックバンク』	MBC『ショー！K-POPの中心』	SBS『人気歌謡』
	観覧場所	デジタルメディアシティ MAP P.121-A1 ●京義・中央・6号線デジタルメディアシティ（K316・618）駅9出口から徒歩約10分 ◉마포구 상암산로 82 SBSプリズムタワー	京畿道高陽市 MAP P.119-C2 ●3号線鼎鉢山（311）駅1番出口から徒歩約10分 ◉경기도 고양시 일산동구 호수로 596 獐項洞MBCドリームセンター	デジタルメディアシティ MAP P.121-A1 ●京義・中央・6号線デジタルメディアシティ（K316・618）駅9出口から徒歩約10分 ◉마포구 상암산로 66 CJ E&Mセンター	汝矣島 MAP P.121-C1 ●9号線国会議事堂（914）駅4番出口から徒歩約5分 ◉영등포구 여의공원로 13 KBSホール新館	デジタルメディアシティ MAP P.121-A1 ●京義・中央・6号線デジタルメディアシティ（K316・618）駅9出口から徒歩約10分 ◉마포구 성암로 267 上岩洞MBC公開ホール	加陽 MAP P.119-C2 ●9号線加陽（907）駅10番出口から徒歩約10分 ◉강서구 양천로 442 登村洞SBS公開ホール
	SNS	✕ @sbsmtvtheshow	✕ @showchampion1	✕ @MnetMcountdown	✕ @KBSMusicBank	✕ @MBCMusicCore	✕ @sbsnoriter

163 チケッティングに失敗しても キャンセル待ちや当日券で入手する方法も

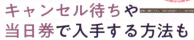
メロンチケットの座席選択ページ

抽選ではなく先着順のチケットの場合、発売日時にはサーバーダウン、また世界中にファンがいるアーティストともなると購入ページへの待機数が万単位になることも。キャンセル可能なチケットなら、完売後も販売期限までは購入できるチャンス大。公演によっては当日券を販売するケースもあるので、諦めないことが大事。

161 ミニファンミも！放送局周辺では推しの動向をチェック

歌番組などに出演するアイドルは出勤、退勤、合間も遭遇のチャンス大。放送局やホール周辺ではミニファンミーティングやドリンクなどを配付するカフェイベントなどを開催するアイドルもいるので、訪れる際はSNSなどの告知を見逃さずに！

ミュージックバンクの楽屋入口には早朝からファンがいっぱい

164 割高だけど安心 チケットとホテルがセットのパッケージを狙う

インターパークグローバルの日本語ページ

インターパークグローバルやSMエンタテインメントのイベントを中心に扱うSMグローバルパッケージでは、チケットとホテルがセットになったパッケージを販売。イベントにより多少異なるけれど、送迎付きで参加者のみの特典も。割高でも、選択肢のひとつとしては大あり！

- インターパークグローバルPlay & Stay　[URL] www.globalinterpark.com
- SMグローバルパッケージ　　　[URL] global.smtowntravel.com

162 推しのホームで熱狂！ソウルコンのチケットはオンラインで入手

チケットリンクの日本語ページ。YES24は英語、ほかは日本語あり

一度は参戦してみたい推しのホームグラウンドでのコンサート。チケットは大手プレイガイドなどで販売し、日本からも一部を除きオンラインで購入することができる。チケットは当日会場で、また電子チケットはスマホで受け取ることが可能。

★おもな大手プレイガイド
- インターパークグローバル　[URL] www.globalinterpark.com
- YES24チケット　[URL] ticket.yes24.com/English
- メロンチケット　[URL] tkglobal.melon.com
- チケットリンク　[URL] www.ticketlink.co.kr/global/ja

※韓国以外の居住者は外国人専用サイト（グローバル）での会員登録が必須。

NCT DREAMのコンサートは高尺スカイドームで開催。スローガンを掲げて応援！

165 リハーサルが観られる！サウンドチェック付きのVIPチケットとは？

K-POP界でもチケットのカテゴリーとして、リハーサルが観賞できるVIPチケットを販売するケースが急増。通常のチケットより高額ではあるものの、推しの私服や素の表情が楽しめるなど価値は金額以上。争奪戦は否めないけれど、運をつかんでチケットをゲット！

168 一度観賞したら沼！クオリティが高すぎる韓国ミュージカルの世界

韓国では欧米の名作からオリジナル、小劇場にいたるまで数多くのミュージカルが常に上演され、豪華なキャストや高い演技と歌唱力、観客の熱気にハマる日本人が続出。チケットは大手プレイガイド（P.85）で購入できるので、ソク検索！

『アラジン』は2024年11月シャルロッテシアターで開幕。キム・ジュンスなどが主演

169 SHINeeも出演 約250席の小劇場で推しに会える！

約250席の劇場にドームクラスのアイドルが

ミュージカルや演劇に進出するK-POPアイドルは少なくなく、今や興行収入アイコンとも呼ばれるキム・ジュンスも代表のひとり。ロングランなら何度でも会え、小劇場なら間近で拝むことができる夢のような舞台は、絶対におさえておくべき。

『「ゴドーを待ちながら」を待ちながら』はYES24ステージ3館で2024年9月〜上演。イ・スンジェ、SHINeeミンホなどが好演

170 世界観に感動！K-POPアイドルの展示会やポップアップも見逃せない

展示会限定の4カットフォト

新譜の発売やコンサートに合わせて開催される展示会やポップアップストア。衣装やサインの展示、ここでしか購入できない限定グッズなど、推しの世界観にどっぷり浸ってみたい。

CDの衣装が飾られたテミンの展示会

166 余裕をもって準備 FC先行で購入するには入会・認証が必須

K-POPのチケット販売はFC（ファンクラブ）先行と一般の2タイプがほとんどで、一般販売開始後はコンサート前日くらいまで購入もキャンセルも自由。FC先行で購入するにはFC会員の認証を指定期限内にする必要があり、プレイガイドによっては本人認証も必要になるので、あらかじめ準備を。

167 K-POPファンの新聖地 インスパイア・アリーナなら超弾丸での推し活も！

ARENA INSIDE

楽屋を模したギフトショップも

韓国初の多目的アリーナで、2023年12月のMMA2023を皮切りに、国内外のトップアーティストがライブパフォーマンスを披露。仁川空港から車で約10分のインスパイア・エンターテインメント・リゾート（P.13）にあるため、開演時間によっては日帰りできるとファンの間でも話題に。とはいえ、飛行機の欠航や遅延を考えると、前後含め宿泊することを推奨。

● INSPIRE Arena

1万5000席を有しどこからも観賞しやすい造り

チケットブースがある円形ホール

所属アーティストの
サインなども展示

グッズやCDが
フルラインアップで揃う

171 眺めるだけでワクワク 推しがいるかも！ 所属事務所へ行ってみる

韓国の芸能事務所は大手になるとコンサートのリハーサルができるほどのレッスン室やレコーディングスタジオまであり、所属アーティストの出入りも頻繁。目撃・遭遇情報も多いので、参拝がてら巡ってみよう。

172 ソウルの森駅直結 SMの公式ショップは事務所の地下に

SMエンタテインメントのアーティストのグッズを扱うクァンヤは事務所の地下にあり、フォトスポットとしても人気。また、1階には最新MVなどが流れる巨大モニターがあり、隣接するカフェから観賞しつつ推しを張り込むことも可能。

KWANGYA
B1F　10:30～20:00　無休　kwangya.official

1階のカフェから
巨大モニターが望める

173 地下にショップも！ YGファンのアジトは事務所前の公式カフェ

YGエンターテインメント直営のカフェ、ザ・セイムは聖地としてはもちろん、2階のカウンター席は事務所の出入り口を見下ろす向きにあるため、監視にも最適。地下には公式ショップもあり、所属アーティストの最新グッズが入手できる。

ショップだけの利用も可能

妄想にふけってしまいそうな特等席

事務所の
真正面！

theSameE
合井　P.121-B1　마포구 희우정로1길 6-3
カフェ 10:00～20:00、ショップ 10:30～20:00　無休　@thesamee_official

174 YGの公式ショップ ザ・セイムが明洞にオープン

2024年8月にオープンした新店舗は、カフェはないけれどグッズはフルラインアップで揃い、イベントなども不定期で開催。明洞の中心部にあってロケーション抜群。

theSameE明洞
P.124-A6　2号線乙支路入口 (202) 駅6番出口から徒歩約5分　중구 명동길 60 4F　11:00～20:30　無休　@thesamee_md

HYBE
ハイブ
● 所属アーティスト
・BTS　・TOMORROW X TOGETHER
・ENHYPEN　・ILLIT　・LE SSERAFIM
・SEVENTEEN　・fromis_9　・TWS
・ZICO　・BOYNEXTDOOR
・NewJeans　・&TEAM　ほか

龍山　P.121-C2
4号線新龍山 (429) 駅2番出口から徒歩約8分　용산구 한강대로 42
URL hybecorp.com

社屋前のバス停広告や裏のカフェもチェック

SM ENTERTAINMENT
SMエンタテインメント
● 所属アーティスト
・BoA　・東方神起　・SUPER JUNIOR
・少女時代　・SHINee　・EXO　・Red Velvet
・NCT127　・NCT DREAM　・WayV
・aespa　・RIIZE　・NCT WISH　ほか

ソウルの森　P.125-A2
水仁・盆唐線ソウルの森 (K211) 駅直結　성동구 왕십리로 83-21
URL www.smentertainment.com

直結の駅名表示にエスエムタウンSMTOWNの文字が！

YG ENTERTAINMENT
YGエンターテインメント
● 所属アーティスト
・BLACKPINK　・TREASURE
・BABYMONSTER　・WINNER　・AKMU　ほか

合井　P.121-B1
2・6号線合井 (238・622) 駅8番出口から徒歩約7分　마포구 희우정로1길 7
URL www.ygfamily.com

隣にはYGの形になっている旧社屋も健在

JYP ENTERTAINMENT
JYPエンターテインメント
● 所属アーティスト
・J.Y.Park　・2PM　・DAY6　・TWICE
・Stray Kids　・BOY STORY　・ITZY　・NiziU
・Xdinary Heroes　・NMIXX　・NEXZ　ほか

遁村洞　P.120-C6
5号線遁村洞 (P549) 駅3番出口から徒歩約15分　강동구 강동대로 205
URL www.jype.com

2028年に高徳洞の新社屋へ移転予定

178 ロッテ免税店の広告モデルが勢揃い
スターアベニューで推しの手形や映像と記念撮影

明洞のロッテホテルの隣、ロッテ免税店（P.64）の入口へ向かう通路には広告モデルの映像やパネル、手形などがあり、記念撮影が無料で楽しめる。2024年時点でSUPER JUNIOR、イ・ジュノ、NCT DREAM、Stray Kids、aespaなどの展示があり、2023年末に広告モデルに加わったRIIZEの登場にも期待。

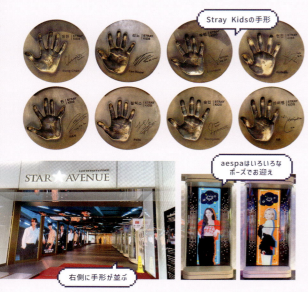

Stray Kidsの手形

aespaはいろいろなポーズでお迎え

右側に手形が並ぶ

左／駅構内のZEROBASEONEソン・ハンビンのセンイル広告
下／通り沿いにはためくBTS Jung Kookののぼり広告

175 推しの記念日に必訪
今や渡韓の目的♪センイルカフェ&広告巡り

韓国では推しの誕生日（センイル）や記念日などに駅構内やバスの車体、停留所、街頭ビジョンなどにファンが広告を出してお祝いするのが定番。また、カフェに協力してもらい展示やファン制作のカップホルダーなどを配付するイベントを開催するので、撮影や記念品集めに渡韓するファンも多数。アイドル本人が訪れることもあるので、運がよければ会えるかも！

176 サイン会やトレカなど
CDは店舗別特典を確認してから購入

K-POPアイドルが新譜を発売する際、日本同様に店舗別の購入特典が設けられることが多く、トレカのビジュアルや対面サイン会、ヨントン（ビデオ通話）などの日程をチェックし予約、購入するのがファン上級者のお約束！

★おもなCD販売店

EVERLINE
URL everlineshop.com/jp
新村駅・汝矣ナル駅・ザ・現代ソウル内／東大門歴史文化公園駅・現代アウトレット内

Ktown4u
URL jp.ktown4u.com
三成駅・コエックスアーティウム内／安国駅・アンニョン仁寺洞内

アンニョン仁寺洞のKtown4u

WITHMUU
URL www.withmuu.com/jp
明洞駅／龍山駅・アイパークモール内／弘大入口駅・AKプラザ内

MUSICPLANT
URL musicplant.co
弘大入口駅

MusicKorea
URL www.musickorea.jp
明洞駅・明洞1号店／明洞2号店

SOUNDWAVE
URL jp.sound-wave.co.kr
合井駅・永登浦駅・ロッテ百貨店内

ほかALADIN、APPLE MUSIC、YES24など

AKプラザのWITHMUU

179 韓国ペンとも交流
エンタメ用語を覚えて推し活をスムーズに！

ペン…ファン　ペンラ（ウンウォンボン）…ペンライト
オルペン…グループ全員のファン　ペンミ…ファンミーティング
ペンサ…ファンサービス／ファンサイン会　ケミ…ケミストリー
カムバ…新曲リリース　スポ…ネタバレ　ティーザー…予告
スミン…ストリーミング　ヨントン…ビデオ通話　センイル…誕生日
ソンムル…プレゼント　イルデ…日本デビュー　イル活…日本活動
アンコン…アンコールコンサート　ナムジャ…男性　ヨジャ…女性
チング…友達　マンネ…グループ内の年少（末っ子）
オンニ…お姉さん（妹→姉）　ヌナ…お姉さん（弟→姉）
オッパ…お兄さん（妹→兄）　ヒョン…お兄さん（弟→兄）

歌番組の略称
Mカ…M COUNTDOWN　ミューバン…ミュージックバンク
ウマチュン…ショー！K-POPの中心　インガ…人気歌謡

177 最新から掘り出し物まで
CD最安店は明洞の地下街に!?

韓国では店舗により価格が異なるので、最安値で購入したかったら明洞駅の改札から続く地下街の2店舗がおすすめ。改札出てすぐと奥にもう1店舗あるので、そこで推しのCDを物色。グッズや写真集なども販売。

改札近くにあるC.Tレコード

聖地 HOPPING ①

推し&ファミリーが経営する店へ

推しや推しの家族とお近づきに？
そんな気分になれるスポット紹介。

---

182 ＼ NCTチョンロの叔父☆経営 ／

Stray Kidsのサインも！
ラム料理追加でパワーアップ

店内でサインをチェック
チョンロの好物メニュー

チョンロが両親やメンバー、親友と頻繁に訪れるラム&中国料理店。清潭洞には叔母さん経営のテンパ麻辣湯麻辣香鍋もある。

テンパヤン
淑大入口　MAP P.121-B3
🚇 4号線淑大入口（427）駅6番出口から徒歩約3分　📍 용산구 한강대로 260
☎ 02-792-8886
🕐 11:00～23:00　休 日
Ⓘ tenpa.spicyhotpot

---

180 ＼ BTS RMの妹☆経営 ／

RMのメッセージも！
今や聖水の新名所カフェ

2024年7月にオープン。入口にRMが贈った観葉植物と「妹よ！新しいスタートを応援する！キム・ナムジュン」と書かれたメッセージがあり、ARMYならテンションが上がること間違いなし。

ロゴアイテムも販売
おすすめはピスタチオのラテ、ファーベンチオ

Cafe Far Ben　カフェファーベン
聖水洞　MAP P.125-B2
🚇 2号線聖水（211）駅3番出口から徒歩約5分　📍 성동구 성수이로 65　☎ 070-8888-4565　🕐 10:00～L.O.20:30　休 無休　Ⓘ cafe.farben

---

183 ＼ EXOカイの姉☆経営 ／

お姉さんが切り盛り
ワッフルが自慢のカフェ

ワッフルファンの常連も

カイが兵役へ行くときもここへあいさつに来るほど、足しげく通うカフェ。お姉さんがカウンターに立つことも多く、サインも展示。

Kamong　カモン
瑞草　MAP P.121-D3
🚇 2号線瑞草（224）駅1・2番出口から徒歩約2分　📍 서초구 서초대로42길 17　☎ 02-522-5949　🕐 8:30～22:00（土11:00～、日11:00～22:30）　休 第1土曜　Ⓘ kamong.coffee

店内左奥でカイのサイン発見

---

181 ＼ BTS JINと兄☆経営 ／

つい最近もJIN来店
日本式に感動のせいろ蒸し店

韓牛や豚ロースなどと野菜をせいろ蒸しで食べるボリューム満点のヘルシーなメニューがメイン。JINは2024年9月にも来店。

押忍!! セイロ蒸し
汝矣島　MAP P.121-C1
🚇 5・9号線汝矣島（526・915）駅3番出口からすぐ　📍 영등포구 국제금융로2길 36 B1F　☎ 02-783-2232　🕐 11:30～15:00、17:30～L.O.20:40　休 日　Ⓘ otsu_seiromushi

---

184 ＼ SUPER JUNIORの家族☆経営 ／

カフェからゲストハウスまで
ファンサもたっぷり♡

イェソンの弟☆経営
系列のマウスラビットもここから徒歩約1分

イェソンとドンヘはかなりの頻度で兄弟のカフェを訪れ、来店中のファンとも交流。キュヒョンのイベントなども開催するゲストハウスでは、運がよければお父さんが出迎えてくれる。

ドンヘの兄☆経営

Haru & Oneday　ハル&ワンデイ
聖水洞　MAP P.125-A2　🚇 2号線聖水（212・727）駅4番出口から徒歩約1分　📍 성동구 아차산로 92　☎ 02-499-9303　🕐 8:00～22:30（土・日9:00～）　休 無休　Ⓘ cafe_haruoneday

Cafe Armoire　カフェアルムア
建大　MAP P.125-B3　🚇 2・7号線建大入口（212・727）駅2番出口から徒歩約3分　📍 광진구 동일로22길 117-27　☎ 02-463-9981　🕐 12:00～23:00　休 無休　Ⓘ cafe_armoire

キュヒョンの両親☆経営

明洞 Mom House　明洞マムハウス
明洞　MAP P.124-B6　🚇 4号線明洞（424）駅2番出口から徒歩約2分　📍 중구 퇴계로22길 11　☎ 02-779-0000　💰 5万5000W～　🌐 mom2014.co.kr

聖地 HOPPING ❷

BTS推し♡ 1day Trip

練習生時代から国宝で踊るまで！
BTSゆかりの地を巡る1日プラン。

188 旧社屋から徒歩約2分
最初の宿舎前では4人と同じ立ち位置で

JIN、RM、JIMIN、Vが集合したここでは4人の立ち位置やJIMINとVが座った階段で撮影。JINとVが食事した金紅チャンポンもすぐ近く。

鶴洞　MAP P.127-B3
7号線鶴洞（731）駅7番出口から徒歩約10分　강남구 논현로149길17-13

入口にキャプチャが貼ってある

185 新沙駅からスタート！
まずは2番目の宿舎 "青い家"の階段で撮影

「Run BTS！2022 Special Episode-Telepathy」でJUNG KOOKが腰かけていたのは、ここの入口の階段。同じポーズで撮るのがグクペンのお約束。

新沙　MAP P.127-B3　新盆唐・3号線新沙（D04・337）駅1番出口から徒歩約6分　강남구 논현로149길50

GS25が目印

189 1日3回通う日も！
通称バンタン食堂は毎日が推し会

練習生時代に地下のレッスンスタジオへ通っていたため、ほぼ毎日ここで食事していたBTS。今では世界各国から集まるARMYで連日大にぎわい。

若かりしBTS
外観も店内もBTS一色！

名物の黒豚石焼ビビンパ1万W

油井食堂　유정식당
鶴洞　MAP P.127-B3　7号線鶴洞（731）駅7番出口から徒歩約8分　강남구 도산대로28길14　☎02-511-4592　⏰10:00～L.O.21:05（土・日・L.O.19:35）　㊡無休　📷 yoojungsikdang

186 青い家から徒歩約4分
宿舎と練習室の往復で立ち寄った思い出の公園

青い家から坂を上り、鶴洞公園へ。RMとJIMINが語り合ったブランコには現在「子供の遊び場です」などと注意書きがあるので、大人は常識ある行動を。

東屋も秋夕の撮影などで使用

鶴洞公園　학동공원
鶴洞　MAP P.127-B3　新盆唐・3号線新沙（D04・337）駅1番出口から徒歩約8分　강남구 강남대로140길47

JIMIN
RM

187 HYBEの前身
BTS誕生はこの地で Big Hitエンターテインメント

鶴洞公園から徒歩約3分で到着するのが所属事務所の旧社屋。社名がHYBE（P.87）へ変わり移転してもここを訪れるARMYは多く、外壁はメッセージでいっぱい。

言語もさまざま

鶴洞　MAP P.127-B3　新盆唐・3号線新沙（D04・337）駅1番出口から徒歩約10分　강남구 도산대로16길13-20

090

PLUS ここにも寄り道

192 MUSEとLive Clipで着用
JIMINのアクセサリーをまとめ買い♪

BTS着用のアクセサリー店として有名だけれど、最近もMUSEのコンセプトフォトでブレスレット、Rebirth+Slow Dance Live Clipでリングとネックレスを着用して話題に。

NCT DREAMも着用

新沙にも店舗がある

ハンナ543.
HANNA543.
漢南洞 MAP P.124-D6
🚇 6号線漢江鎮(631)駅3番出口から徒歩約10分　📍 용산구 대사관로5길17　☎ 010-2787-8950
🕐 11:30〜20:30　休 無休　📷 hanna543.official

193 誰かには力 誰かには光(J-HOPE)
J-HOPEの森も新設
ソウルの森にはBTSの泣ける名言だらけ

約35万坪の広大な公園内には、寄付により設置されたベンチなどにBTSの歌詞や名言などのプレートが多数。2023年には「J-HOPEの森」もファンの寄付で完成。

私たちが一緒なら砂漠も海になる(BTS)

SUGAの土管も！

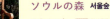

JIMINのベンチ

ソウルの森 서울숲
ソウルの森 MAP P.125-A1
🚇 水仁・盆唐線ソウルの森(K211)駅3番出口から徒歩約5分　📍 성동구 뚝섬로273　☎ 02-460-2905

190 約5年間暮らした一軒家 そこかしこに形跡が！ 宿舎がカフェとして復活

3階建ての建物自体が宿舎だったため、当時のエントランスやリビングの壁、エアコンなどが現存。2017年の「BTS Festa HOME PARTY」の再現動画撮影などにも登場。

外壁の赤れんがも当時を彷彿

ARMYの付箋が貼られた元リビングの壁

JINとSUGAの部屋のエアコン

一番人気はブラック塩パン

Cafe Hyuga カフェ・ヒュガ
鶴洞 MAP P.127-C3
🚇 7号線鶴洞(731)駅4番出口から徒歩約7分　📍 강남구 논현로119길16　☎ 02-3444-2022　🕐 9:00〜21:30　休 無休　📷 hyuga_1531

191 JINがお支払い
最後はSUGAのセンイルパーティの店でシメ！

2020年のSUGAの誕生日を祝ってメンバー全員が集まったサムギョプサルの店。VがVLOGを撮影したのもここで、注文したメニューや利用した個室も予約できる。

3階11番が全員のテーブル。Vは5番

トッコギ506
돌고기506
駅三 MAP P.127-D3
🚇 2号線駅三(221)駅3番出口から徒歩約4分　📍 강남구 역삼로17길53　☎ 02-6933-9501　🕐 11:30〜15:00、17:00〜22:00　休 無休　📷 dot506_

Vのセットメニュー 9万4000W〜

ほかにも！ MORE

国立中央博物館 (P.101)
「2021 YOUR SEOUL GOES ON」の撮影や「Dear Class of 2020」をここから配信。

景福宮 (P.108)
勤政殿と慶会楼で米トーク番組「The Tonight Show」に出演。

南大門 (P.101)
「Global Citizen Live」をここから世界6大陸へ配信。

聖地 HOPPING ③

推しの行きつけグルメ巡り
推しの好きな店で推しと同じ
メニューを注文。今日はいない？

196
97s（クチルズ）御用達
24時間営業だから
深夜の目撃情報も多数

1997年生まれのアイドルが揃って来店した韓牛専門店。ここで必ず注文するのが韓牛ユッケで、焼肉はカルビ、ハラミがお約束。

● 来店STAR
・97s（BTS JUNG KOOK、NCT ジェヒョン、ASTRO チャヌ、Stray Kids バンチャン）・EXO
・BLACKPINK ・WayV ・ITZY
・パク・ソジュン ・チェ・ウシク
・パク・ヒョンシク ほか

ヨンチョンヨンファ
영천영화

清潭洞 MAP P.126-A5 7号線清潭（729）駅9番出口から徒歩約10分 강남구 도산대로90길3
☎ 02-3442-0381 ⏰ 24時間
休 無休 📷 0_1000_movie

 97s
 Stray Kids

194
グクとチャウヌも来店
NCTとSEVENTEENが
ここでYouTube撮影

YouTube撮影をした個室

ヘチャン / スングァン
ジョンウ / ジョンハン
ドヨン

BTS JUNG KOOKセット

NCTドヨンとヘチャンの番組にSEVENTEENジョンハンとスングァンがゲスト出演。ジョンウも加わり、名物の冷凍サムギョプサルやイイダコなどを注文。

● 来店STAR
・BTS ・SEVENTEEN ・ASTRO
・NCT ・THE BOYZ ・Stray Kids
・TOMORROW X TOGETHER ほか

ソクリ村清潭本店
チョンチョンダムボンジョム
소쿠리촌 청담본점

グクがASTROチャウヌと食べたのは冷凍サムギョプサル、チーズ入りケランチム、キムチマリグクスなど

清潭洞 MAP P.126-A5 7号線清潭（729）駅9番出口から徒歩約10分 강남구 삼성로148길 10 ☎ 02-540-1222 ⏰ 17:00～ L.O. 24:30 休 無休 📷 socoori_chon

195
トイレも見逃せない！
韓国芸能人はほぼ常連？
打ち上げ率No.1の焼肉店

2階トイレにはBLACKPINK ジスとリサのサイン

K-POPアイドルファンには知られた骨付きサムギョプサルの有名店（P.38）。最近では「山﨑賢人×JEONGHAN 奇跡旅」の撮影でも使用された。

aespaカリナとウィンター

BTS JUNG KOOKとJIMIN

● 来店STAR ・東方神起 ・G-DRAGON
・少女時代 ・SHINee ・EXO ・BTS
・SEVENTEEN ・NCT ・BLACKPINK ・aespa ほか

クムテジ食堂
シッタン
금돼지식당

SHINeeとNCTドヨンが打ち上げした席

薬水 MAP P.122-C6 3・6号線薬水（333・633）駅2番出口から徒歩約3分 중구 다산로149 ☎ 010-4484-8750 ⏰ 11:30～ L.O.22:15 休 無休 📷 gold_pig1982

197
外観でわかるJYP愛♡
ラム肉はもちろん
カレースンドゥブも

DAY6、Stray Kidsの後援会的愛が入口からあふれ出ているラム肉専門店。事務所のJYPから徒歩圏内に2店舗あり、アーティストはハシゴも。

2号店はここから徒歩約3分

● 来店STAR
・DAY6 ・Stray Kids ほか

ラム 肉屋 Lamb Nikuya

遁村洞 MAP P.120-C6 5号線遁村洞（P549）駅3番出口から徒歩約5分 강동구 양재대로87길 23 ☎ 010-9273-8385 ⏰ 12:00～ L.O. 23:00 休 無休

2店ともSTAYからのメッセージでいっぱい

ラム盛り合わせとフィリックスが好きなカレースンドゥブなど

201 リーダーのお気に入り
テヨンのカヌレとバンチャンのオニワッサン

NCTテヨンはアワーベーカリーのカヌレとミルクティーが好きと明言。Stray Kidsバンチャンはオニワッサンがシグネチャーのヌデイク（P.57）を訪れた際の写真をインスタにアップ。

OUR Bakery
狎鴎亭洞　MAP P.126-A4
水仁・盆唐線狎鴎亭ロデオ（K212）駅5番出口から徒歩約9分　강남구 도산대로45길 10-11　02-545-5556　9:00～L.O.20:30（土・日 10:00～）　無休
ourbakerycafe

プレーンカヌレ
アワーベーカリーのテヨンセット

NUDAKE
新沙　MAP P.127-B2
新盆唐・3号線新沙（D04・337）駅8番出口から徒歩約9分　강남대로162길 43　070-4177-6977　11:00～L.O.20:45　無休
nu_dake

バンチャンはヌデイクの階段と2階で撮影

PLUS ここにも寄り道

202 「Get Up」の撮影
NewJeansの世界観に浸れるレトロカフェ

階段などで撮影

路地裏にあり、向かい合わせの店舗は片側がコーヒー韓薬房、もう片側がスイーツ店のヘミンダン。撮影はヘミンダンの3階を使用。

コーヒー韓薬房／ヘミンダン
커피한약방 / 혜민당
乙支路　MAP P.122-B4
駅1番出口から徒歩約2分　2・3号線乙支路3街（203・330）중구 삼일대로12길 16-6　070-4148-4242　10:00～22:00（土 11:00～、日 11:00～20:00）　無休
coffee_hanyakbang

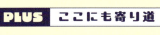
NewJeans

---

198 THE BOYZと一緒に！NCTがハマった済州島産豚焼肉

済州島産熟成肉の盛り合わせ

黒豚のオギョプサルなど熟成肉の宝庫。常連はNCTチョンロで、ロンジュンとWayVテン、ヤンヤンはTHE BOYZと連れ立って来店も。

●来店STAR　・NCT ・THE BOYZ ほか

エウォル食堂 애월식당
狎鴎亭洞　MAP P.126-A4　水仁・盆唐線狎鴎亭ロデオ（K212）駅5番出口から徒歩約5分　강남구 도산대로51길 33　02-545-8145　11:30～14:30、17:00～L.O.22:30　無休　aewol_apgujeong

テンたちが座ったのは奥中央

---

199 ソウルの森の隠れ家
テミンとSEVENTEENホシの密会カフェ♡

入ってすぐのテーブル。手前がテミン

SMエンタテインメントのおひざ元、ソウルの森にある半地下のカフェで目撃情報あり。イナフホワイトとロングブラック、ビスコッティを注文。

●来店STAR　・テミン ・SEVENTEENホシ ほか

Today's Enough トゥデイズ イナフ
ソウルの森　MAP P.125-A1　水仁・盆唐線ソウルの森（K211）駅5番出口から徒歩約5分　성동구 서울숲2길 44-13 B1F　9:30～L.O.17:30（土・日 11:00～）　無休　todays_enough

テミンは上のカフェも来店

---

200 スキズの鉄板は麻辣香鍋
サイン多数の火鍋食べ放題！

JYPの事務所が近くにあった頃、2PMなど所属アーティストが頻繁に訪れていた店。Stray Kidsも練習生時代から通い、今も懐かしい味を求め来店。

●来店STAR　・2PM ・Stray Kids ほか

玲玲 リンリン
清潭洞　MAP P.126-A5　7号線清潭（729）駅9番出口から徒歩約10分　강남구 도산대로 521　02-511-6862　11:00～L.O.21:30（土・日 11:30～）　無休

Stray Kidsが座ったテーブル

聖地HOPPING

韓国ドラマの世界へダイブ！

ドラマに登場した場所や店で推しと名シーンに没入♡ 厳選20ヵ所！

ヘインが社長を務める百貨店

クイーンズ百貨店は汝矣島のザ・現代ソウルで、ドラマのメイン舞台。

4話で、エスカレーターでつまずいたヘインにヒョヌが叫んだ場所。隠れた靴売り場の柱も同じ2階に

1話でヒョヌがヘインに傘を渡し、告白したGATE2。車寄せもたびたび登場

6話のエピローグでヒョヌがいたバス停はメイン入口の前

ザ・現代ソウル 더현대 서울

汝矣島 MAP P.121-C2 🚇 5号線汝矣ナル(527)駅1番出口から徒歩約7分 📍영등포구 여의대로108 🕐 10:30〜20:00（金〜日〜20:30）休 不定休（月）URL www.ehyundai.com

ヒョヌの姉がヘインを呼び出したカフェ

5話で財閥令嬢とは知らず、手切れ金を渡すシーンはメガコーヒー石村湖交差点店。

撮影は壁に面した席。ヘインはアイスアメリカーノを注文

メガMGCコーヒー
Mega MGC Coffee

蚕室 MAP P.120-C6 🚇 2・8号線蚕室(216・814)駅2番出口から徒歩約10分 📍 송파구 송파대로474 🕐 8:00〜22:00 休 無休 URL www.mega-mgccoffee.com

怒りながらもデレデレになる橋

酔うとかわいくなるヒョヌの必殺技に嫉妬心をあらわにするヘイン。ほおをなでられデレるシーンはここ。

『私の夫と結婚して』にも登場

広通橋 광통교
鐘閣 MAP P.123-A3 🚇 1号線鐘閣(131)駅5番出口から徒歩約3分

203
最高視聴率 24.9%を記録

『涙の女王』
2024年

財閥令嬢ヘイン（キム・ジウォン）と離婚寸前の夫ヒョヌ（キム・スヒョン）。思わぬ危機がきっかけで再び愛を取り戻すラブストーリー。

ヒョヌとヤンギがランチしたカムジャタン店

テーブルの向きは異なるけれど、3話でヒョヌとヤンギが座った席で雰囲気を楽しめる。

『ハイエナ』『ゴハン行こうよシーズン3』なども撮影

オンダルセム合井(ハブチョン)カムジャタン
옹달샘합정감자탕

合井 MAP P.125-D1 🚇 2・6号線合井(238・622)駅7番出口から徒歩約2分 📍 마포구 독막로2길9 ☎ 02-334-2440 🕐 11:00〜15:00、16:30〜L.O.22:00 休 無休

ヒョヌの行きつけ祖母の味食堂

8話のスンデックパはないけれど、7話でヒョヌが食べていたトゥルチギ（豚肉炒め）は実在のメニュー。

ふたりが背中合わせに座った席と手前のテーブルがヒョヌひとりの席

フェナム食堂 회나무식당

緑莎坪 MAP P.124-D4 🚇 6号線緑莎坪(629)駅2番出口から徒歩約6分 📍 용산구 녹사평대로238-1 ☎ 02-790-0831 🕐 11:00〜15:00、17:00〜21:00（土10:00〜21:00）休 日

トゥルチギ 1万4000W

204
世界109ヵ国で1位獲得！
『ソンジェ背負って走れ』
2024年

突然生涯を終えた推しソンジェ（ビョン・ウソク）と、彼を生かすために過去へタイムスリップするオタク・ソル（キム・ヘユン）のファンタジーロマンス。

© CJ ENM Studios Co., Ltd.　U-NEXTにて独占配信中

推し活＆エンタメ｜テクニック

SEOUL SEOUL

in Suwon

モンテッド Mong +ed
ソルの家
京畿道水原市　MAP P.119-D2
水原駅から車で約10分　수원시 팔달구 화서문로48번길14　12:00〜22:00　休水　@__mongted

壁ドン現場

ふたりの通学路と壁ドン現場
通学路はふたりの家のすぐ近く
5話でソルがソンジェを守るために壁ドンした場所。壁画が目印。

ソンジェの家

ソンジェとソルの自宅がある水原へ
ソウル郊外の水原駅（P.112）を拠点に、各ロケ地へはバスかタクシーで。ソルの家はカフェ・モンテッドで現在も営業中。ソンジェの家は向かいに。

店頭にはシーン写真がたくさん

華虹マート 화홍마트
京畿道水原市　MAP P.119-C2　水原駅から車で約12分　수원시 팔달구 정조로886번길 21　10:00〜21:00　休無休

ソンジェが顔面に飛び蹴りされた場所
5・6話に出てきた店。ソルの兄にソルと付き合っているのか聞かれ「まだ、今は」とソンジェが答えたのもここ。

in Seoul

ソンジェとソルのテーブル

未来で会おうとソルに伝えるカフェ
11話でソンジェとソルが最後のタイムスリップの話をした場所。ふたりのサインも展示。

ティアンパン午後の紅茶 オフエホンチャ
티양팡 오후의 홍차
梨大　MAP P.121-B2　2号線梨大（241）駅から徒歩約3分　서대문구 이화여대길34　12:00〜22:30　休無休

ライトアップが美しい

ソンジェがソルに告白した世界遺産
6話では、世界遺産・水原華城（P.112）の華虹門をバックに告白。
華虹門の北側には蓮池公園（龍淵）があり、5話ではソンジェがソルに自転車の乗り方を教えた場所

華虹門 화홍문
京畿道水原市　MAP P.119-D2　水原駅から車で約12分　수원시 팔달구 북수동

ウソクのサイン（左）には「繁盛しますように！コーヒーがとてもおいしいです！！」とメッセージが

ECLIPSEのコンサート会場は東大門デザインプラザ（P.61）

095

> 名シーンが生まれた回転扉

センターフィールドウエスト
Cenerfield West

駅三　[MAP] P.126-D4　🚇 2号線駅三（221）駅
8番出口から徒歩約8分　📍 강남구 테헤란로 231

205　2023年のテレビ部門大賞受賞
『ウ・ヨンウ弁護士は天才肌』 2022年

自閉スペクトラムを抱えた新人弁護士ウ・ヨンウ（パク・ウンビン）の成長を描く法廷ヒューマンドラマ。

> ウ・ヨンウが勤めるハンバダ弁護士事務所
> 弁護士事務所はドラマの設定と同じ駅三駅にあるオフィスビル。

> ヨンウとジュノが歩いた道
> 「徳寿宮の石垣道を歩いた恋人は別れるそうです」と10話でヨンウが伝える道。実際に石垣道で撮影し言い伝えも本当だとか。

徳寿宮トルダムキル 덕수궁돌담길
市庁　[MAP] P.124-A4　🚇 1・2号線市庁（132・201）駅12番出口から徒歩約2分
📍 중구 세종대로B101

> DEEP SEA PARTYは『女神降臨』に！

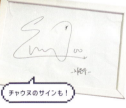

> ヨンウがハマった間違い探しゲーム
> 撮影したゲームセンターは隣へ移転したけれど、ヨンウが3時間没頭したHidden Catch5は健在。

> チャウヌのサインも！

セソウル・コムコムゲームセンター
SAESEOUL 쎄서울콤콤오락실

益善洞　[MAP] P.122-A4
🚇 1・3・5号線鍾路3街（130・329・534）駅4番出口から徒歩約3分　📍 종로구 돈화문로11길28-5　⏰ 24時間　無休

207　2025年には日本で映画化！
『女神降臨』 2020年

メイクで変身したジュギョン（ムン・ガヨン）とふたりのイケメン（チャウヌ／ファン・イニョプ）のラブコメディ。

南道粉食 남도분식
益善洞　[MAP] P.122-A4
🚇 1・3・5号線鍾路3街（130・329・534）駅4番出口から徒歩約3分　📍 종로구 수표로28길33　⏰ 11:30～ L.O.20:30　無休　namdobunsik

> 女子会やソジュンと訪れたトッポッキ店
> ジュギョンが転校初日に同級生ふたりと、またソジュンと食事した店。この店のある益善洞の路地でも多数撮影。

> 『ソンジェ背負って走れ』の撮影も

206　日本でリメイクも
『わかっていても』 2021年

小悪魔ジェオン（ソン・ガン）に翻弄されるナビ（ハン・ソヒ）のイマドキ青春ラブストーリー。チェ・ジョンヒョプが幼なじみのドヒョク役で出演。

> ナビが誕生日に訪れる店
> ドヒョクが働く店ミオクは、しゃぶしゃぶ店ミミオクが舞台。最近Netflix『白と黒のスプーン〜料理階級戦争〜』にも登場し話題に。

Mimiok
龍山　[MAP] P.121-C2　🚇 京義・中央・1号線龍山（K110・135）駅1番出口から徒歩約7分　📍 용산구 한강대로15길27　⏰ 11:00～15:00、17:00～ L.O.21:00（土・日11:00～ L.O.21:00）　無休　mimiok_official

210 冷酷で笑えるヒーロー誕生
『ヴィンチェンツォ』 2021年

マフィアの顧問弁護士ヴィンチェンツォ・カサノ（ソン・ジュンギ）が巨悪と戦う痛快ヒューマンドラマ。

カサノとチャヨンが訪れたカフェ

店内は4つのエリアに分かれ、4話では中庭のテーブル、5話では1階奥のテーブルで撮影。

ハラボジ工場 할아버지공장
聖水洞　MAP P.125-B2
🚇2号線 聖水 (211) 駅3番出口から徒歩約5分
📍성동구 성수이로7가길 9　🕐11:00〜L.O.21:20　休 無休
📷 grandpa.factory

Addio／Netflix

208 約10年ぶりの共演が話題
『ドクタースランプ』 2024年

人生最悪のスランプに陥った高校時代のライバル医師ふたり（パク・ヒョンシク／パク・シネ）のラブコメディ。

ハヌルとジョンウが焼酎を飲んだ店

実際にはチメク（チキンとビール）が人気の居酒屋で、ふたりが座ったのは道に面したテーブル。

ブラボー居酒屋（イジャカヤ） 부라보술집
龍山　MAP P.121-C3
🚇4号線 新龍山 (429) 駅1番出口から徒歩約5分
📍용산구 한강대로40가길 15　🕐15:00〜翌1:00　休 無休

209 ジョンヒョプファンが急増！
『Eye Love You』 2024年

TBS系で放送された連続ドラマ。テオ（チェ・ジョンヒョプ）と侑里（二階堂ふみ）のラブファンタジー。

テオが侑里を思い座っていたベンチ

ソウルへ戻ったテオがひとりで座っていたベンチはイーランドクルーズ2の前。

汝矣島漢江公園（ヨイドハンガンコンウォン） 여의도한강공원
汝矣島　MAP P.121-C2
🚇5号線 汝矣ナル (527) 駅3番出口から徒歩約7分　📍영등포구 여의동로280の前あたり

奥はテオが歩いた道

ふたりの席はルーフトップに

『梨泰院クラス』のロケ地はこの周辺に点在

『梨泰院クラス』のタンバム2号店に？

テオが侑里に指輪を渡したダイニングは『梨泰院クラス』のタンバム2号店として登場したレストラン＆カフェ。

アーバンクリフ Urban Cliff
解放村　MAP P.123-D3
🚇6号線 緑莎坪 (629) 駅から車で約5分　📍용산구 신흥로20길43
📞02-2291-7600　🕐12:00〜L.O.21:00（カフェ〜L.O.18:00）　休 火
📷 urbancliff_

テオと侑里が腕を組んでデート

朝鮮時代の伝統家屋が残るソウルきっての観光名所。ふたりが歩いたのは北村5景あたり。

北村韓屋村（ブッチョンハノンマウル） 북촌한옥마을
北村　MAP P.121-A3
🚇3号線 安国 (328) 駅2番出口から徒歩約10分　📍종로구 북촌로11길47沿い

ソウル観光をディープに楽しむ！

観光＆街歩き
SIGHTSEEING

定番からニューアドレスまで、おさえておきたい旬のスポットがぎっしりのソウル。旅の時間を最大限に活用し、誰よりもお得に満喫するテクをご紹介！

212 ディスカバーソウルパスで無料！
効率よく観光できる
ソウルシティツアーバスが便利

30分間隔で運行される循環バスで、チケット購入日なら自由に乗り降り可能。日本語のオーディオガイド＆無料Wi-Fi完備。提携店でバスのチケットを提示すると特別割引も受けられる。フォトタイム付きの夜景ツアーも人気。

URL ja.seoulcitybus.com

213 K-POPのPV体験も！
エンタメ満載の観光案内所
HiKR Groundが楽しい！

韓国観光公社の観光情報発信地。5フロアの各階に展示ルームが設けられ、さまざまなメディアアートが楽しめる。K-POPのPVにトライできるスタジオもあり、観光案内所の枠を超えたエンタメ施設。利用はもちろん無料！

ハイカーグラウンド
HiKR Ground
鐘路　MAP P.123-A3
🚇 1号線鍾閣(131) 駅5番出口から徒歩約5分　📍 中区 清渓川路 40
☎ 02-729-9497　🕐 10:00～19:00
㊡ 無休　URL hikr.visitkorea.or.kr

©Photo Korea - Lee Bumsu

211 主要観光スポットが無料or大幅割引
活用しないとソン！
ディスカバーソウルパス

70以上の観光スポット、空港鉄道A'REX、空港バス、タルンイ(P.22)、シティツアーバスなどが無料で利用できる外国人専用のトラベルパス。有効期間は48・72・120時間の3種類。モバイルパスと現地で購入するカードパスがある。カードパスは交通ICカードとしても使える。公演やショッピング、アクティビティの割引優待も受けられ、使えば使うほどお得に！

URL discoverseoulpass.com

7万W　9万W　13万W

★無料で利用可能な主要スポットと交通機関	
Nソウルタワー（展望台）	昌徳宮
ロッテワールドアドベンチャー	徳寿宮
コエックス（COEX）アクアリウム	昌慶宮
ソウル動物園＆スカイリフト	宗廟
国立現代美術館ソウル館	宣靖陵
Leeum美術館	空港鉄道A'REX直通列車
ソウル韓方振興センター	空港バス（Kリムジン）
ロッテワールド民族博物館	ソウル公共自転車タルンイ
ミュージアムキムチ間	ソウルシティツアーバス
景福宮	黄色の風船ツアーバス

214 観光客の強い味方
観光相談はおまかせ！
情報センター＆
赤い制服のガイド

明洞、東大門、弘大など主要エリアにある観光情報センターは日本語に対応し、公演やレストランの予約、外貨両替もできて便利。また、繁華街には赤いユニホームを着た「動く観光案内所」のガイドの姿も。おすすめ店から道案内まで、気軽に話しかけてみて！

URL japanese.visitseoul.net

216　ビジターセンターも活用して！自然豊かなソウルの森

NYのセントラルパークをイメージして造られた公園は5つのテーマに分かれ、1日では回りきれない規模！歩き始める前にビジターセンターで情報収集するのがおすすめ。身分証明書の提示でベビーカーや車椅子を無料で借りられるサービスも。西側にある自然生態の森エリアでは鹿などの動物を観察できる。

©Photo Korea - Kim Joowon

ソウルの森訪問者センター
ソウルの森　MAP P.125-A1
水仁・盆唐線ソウルの森（K211）駅3番出口から徒歩約5分　성동구 뚝섬로 273　02-460-2905　10:00～18:00（冬季は11:00～17:00）、生態の森5:30～21:30　無休

217　推しとのツーショットも！韓国式プリクラがすごい

ソウルでぜひトライしたいのが、インセンネッコ（人生4カット）と呼ばれる韓国式プリクラ。小道具やヘアアクセが自由に使え、K-POPアイドルとツーショットが撮れる特別フレームも多彩。スマホに写真データや撮影中の動画を転送できるなど、日々進化が止まらない！

인생네컷 インセンネッコ　URL lifefourcuts.com
Photoism BOX　URL photoism.co.kr
Photosignature　URL photosignature.co.kr
Haru Film　URL www.harufilm.com

218　当たる？MBTI占いガチャにチャレンジ！

性格診断テストMBTIを基にした、おみくじタイプの占いがブレイク中。弘大や仁寺洞の街なかに設置されているガチャ形式で料金は1回1000Wと格安。意外に当たるという噂なので見かけたら試してみて。

215　ソウルっこ気分でピクニック　テントのレンタルもできる漢江公園の遊び方はコレ！

ソウルの中心を流れる漢江には川沿いにいくつかの公園があり、ピクニックが週末の定番。グッズは園内でレンタルできるから手ぶらでOK！自転車を借りてサイクリングしたり、汝矣島漢江公園やトゥッソム漢江公園でアヒルボートに乗ったりするのもおすすめ。セビッソムのチューブスターボートは食べ物やドリンクを持ち込んでピクニックと水上散歩の両方が楽しめる。レインボー噴水が人気の盤浦漢江公園へは無料のシャトルバスを利用すればアクセスもラクラク！

漢江→P.108

漢江シャトルバス（漢江ヘチカー）停留所
銅雀洞　MAP P.121-D3
4・9号線銅雀（431・920）駅2番出口すぐ　동작구 현충로 257　月～金14:00～20:00、土・日・祝11:00～16:00、17:00～20:00　※20分ごとに運行　無休　visitseoul_official_jp

人気No.1は汝矣島漢江公園

レンタル料金はテント1万W～、レジャーシート2000W～が目安

テント、レジャーシート、ブランケット、テーブル、パラソルなど。レンタル料は2000～1万W。お得なセットレンタルもある。基本は現金払いでデポジット（返却時に返金）が必要

アヒルボート

ひとり用からファミリータイプまで揃うレンタル自転車は1時間3000W～

アヒルボート30分2万5000W～、チューブスター30分3万5000W～

ソレ島、セビッソム、Seoul Wave Artcenterに停まるシャトルバスでレインボー噴水へ

レジャーシートはどこに広げてもOK。テントは場所が決まっているので園内の地図で確認を

222 訪れるだけで幸せに！

風水都市ソウルで パワースポット巡り

風水に基づいて築かれたソウルは、都市全体がパワースポット。北側にある北岳山から「気」が流れ、漢江に集まってたまるのだとか。なかでもエネルギーが強い名所がいくつかあるので、観光しながら運気アップを目指そう。

63ビル

宗廟

パワースポット

景福宮 (キョンボックン) ➡P.108	龍脈が流れ込んでいるといわれる韓国随一のパワースポット。鳳凰の力であらゆる運気がアップするという。
昌徳宮 (チャンドックン) ➡P.104	ユネスコ世界遺産に登録されている第2宮殿。王の長寿を願い建設した不老門をくぐると長生きするといわれている。
Nソウルタワー ➡P.108	南山全体によい気が集中。恋愛成就に御利益があるといわれる。八方から幸運を呼び込むといわれる八角亭は最強。
漢江 (ハンガン) ➡P.108	北岳山を中心としたソウル北部の山々から流れてきたエネルギーが集まり、たまる場所。
宗廟 (チョンミョ) 종묘 陰陽が調和した霊廟として、ヒーリング効果が絶大。訪れたあとは不思議と穏やかな気持ちに。※2025年春まで本殿の補修工事中	**鍾路** MAP P.122-A4 🚇 1・3・5号線鍾路3街(130・329・534)駅11番出口から徒歩約3分 📍 종로구 종로 157 ☎ 02-765-0195 🕐 9:00～18:00(6～8月～18:30、11～1月～17:30) ※最終受付は閉館1時間前 休 火(祝日の場合は翌日) 料 1000W(※韓服着用の場合は無料)
慶熙宮 (キョンヒグン) 경희궁 風水師が「王気(王が出る予兆)が漂う」と謳った場所に造られた離宮。仕事運や立身出世に御利益が。	**西大門** MAP P.123-A2 🚇 5号線西大門(532)駅4番出口から徒歩約10分 📍 종로구 새문안로 45 ☎ 02-724-0274～6 🕐 9:00～18:00 休 月(祝日の場合は翌日) 料 無料
圜丘壇 (ウォングダン) 환구단 高宗の即位式と祭祀が行われた八角形の祭典壇。願掛けスポット。	**市庁** MAP P.124-A4 🚇 1・2号線市庁(132・201)駅6番出口から徒歩約3分 📍 중구 소공로 112 🕐 24時間 料 無料
63ビル 63빌딩 財が集まるといわれる漢江のほとりに立つ黄金色のビル。金運アップの最強スポット。	**汝矣島** MAP P.121-C2 🚇 5号線汝矣ナル(527)駅4番出口から徒歩約15分(無料シャトルバスあり) 📍 영등포구 63로 50

219 日本語OK

人気の 四柱占いカフェで 未来予測！

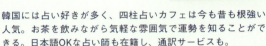

韓国には占い好きが多く、四柱占いカフェは今も昔も根強い人気。お茶を飲みながら気軽な雰囲気で運勢を知ることができる。日本語OKな占い師も在籍し、通訳サービスも。

エロス四柱カフェ
에로스 사주카페
弘大 MAP P.125-C2 🚇 2号線弘大入口(239)駅9番出口から徒歩約1分 📍 마포구 홍익로6길 30 3～4F ☎ 02-363-1810 🕐 12:00～ L.O.22:00 休 無休 📷 xoqja81

スター四柱カフェ
스타사주카페
明洞 MAP P.124-A5 🚇 2号線乙支路入口(202)駅6番出口から徒歩約4分 📍 중구 명동7길 19 5F ☎ 010-8497-0114 🕐 13:00～22:00 休 水 料 総合占い4万W～、タロット占い1万W～ほか URL starsazu.itpage.kr

220 徳寿宮を望む穴場スポット
ソウル市庁舎の 無料展望台

ソウル市庁西小門庁舎13階には誰でも利用可能なカフェ兼展望台がある。1階で身分証明書を提示して入館可能。徳寿宮を上から見下ろすことができる穴場的スポット。

貞洞展望台 (チョンドンチョンマンデ) 정동전망대
市庁 MAP P.124-A4 🚇 1・2号線市庁(132・201)駅1・12番出口から徒歩約2分 📍 중구 덕수궁길 15 1棟13F 🕐 13:30～17:30(土・日9:00～) 休 無休 料 無料

©Photo Korea - Ku Bonsang

221 ライトアップやイベントも！

幻想的な 夜の光化門広場

ハングルの創始者・世宗大王像、韓国の英雄・李舜臣将軍像が立つ広場。4～10月は噴水ショーが行われ、日没後のライトアップは特におすすめ。5～12月には夜市も開催している。12月中旬～1月中旬は清渓川一帯とともにランタンフェスティバルの会場になる。

光化門広場
광화문광장
光化門 MAP P.123-A3 🚇 5号線光化門(533)駅光化門広場連結出口からすぐ

225 無料のガイドツアー＆スタンプラリーも！
国宝と宝物が見られるソウル城郭

約600年前に築かれた城郭には東西南北4ヵ所に城郭門がおかれた。現在も西大門を除いて見学可能。特に国宝・崇礼門、国宝に次ぐ価値のある宝物・興仁之門は必訪。無料のウオーキングツアーやスタンプラリーも常時開催。

崇礼門（南大門）
ソンネムン（ナンデムン）
송례문（남대문）
南大門　MAP P.123-B2
🚇 4号線会賢（425）駅5番出口から徒歩約5分　中区 世宗大路 40
☎ 02-779-8547　⏰ 9:00～18:00
休 月　料 無料

興仁之門（東大門）
フンインジムン（トンデムン）
흥인지문（동대문）
東大門　MAP P.122-A6
🚇 1・4号線東大門（128・421）駅9番出口からすぐ　鐘路区 鐘路 288　見学自由　無料

ソウルウオーキングツアー URL japanese.visitseoul.net/walking-tour
ソウル城郭スタンプラリー URL seoulcitywall.seoul.go.kr/index.do

南の崇礼門

東の興仁之門

226 アジア最大級！
入場無料の国立中央博物館

敬天寺十層石塔

約30万点もの所蔵数を誇るアジア最大級の博物館。国宝の半跏思惟像2体など見応えたっぷりなのに入館無料。別名「IT博物館」と呼ばれるほどデジタル展示も充実している。無料アプリで日本語解説が聞ける。

国立中央博物館
クンニッチュンアンパンムルグァン
국립중앙박물관
龍山　MAP P.121-C3
🚇 京義・中央・4号線二村（K111・430）駅2番出口から徒歩約10分　龍山区 西氷庫路 137　☎ 02-2077-9085
⏰ 10:00～18:00（水・土~21:00）　休 無休
料 無料（企画展は有料）　URL www.museum.go.kr

デジタルアート

223 写真映えも満点！
韓服着用で古宮入場が無料

景福宮、昌徳宮、徳寿宮、宗廟、朝鮮王陵・東九陵の入場料がなんと無料に。韓服レンタル店は景福宮周辺や仁寺洞にあり、数時間から借りられる。基本のヘアセットやアクセサリーは無料。景福宮からすぐのおすすめ店はこちら！

インコリア
IN KOREA
景福宮　MAP P.121-A3
🚇 3号線景福宮（327）駅4番出口から徒歩約2分　鐘路区 紫霞門路2ギル 20 3F　☎ 02-734-8222
⏰ 9:00～19:00（火10:00~18:00）
休 無休　料 2時間1万W～
URL inkoreahanbok.co.kr

オヌルハル韓服
ハンボッ
오늘하루한복
景福宮　MAP P.121-A3
🚇 3号線景福宮（327）駅4番出口から徒歩約2分　鐘路区 紫霞門路 2ギル 16 2F　⏰ 9:00～19:00
休 火　料 2時間1万5000W～
📷 ohnelharuhanbok

224 守門将と記念撮影
厳かで格式高い王宮守門将交代儀式

王朝時代に王宮で行われていた守門軍の交代儀式を再現。景福宮（P.108）では火曜以外の10時、14時、徳寿宮では月曜以外の11時、14時に開催。正門前で行われ観覧は無料。

徳寿宮
トクスグン
덕수궁
市庁　MAP P.123-B2
🚇 1・2号線市庁（132・201）駅2・12番出口から徒歩約1分　中区 世宗大路 99　☎ 02-771-9951　⏰ 9:00～21:00　休 月　料 1000W

227 体の中からヘルシー＆キレイに！
韓医学を体験できる博物館

韓国の伝統医療・韓医学について学べる。入館料1000Wと格安ながら、約380種類もの韓薬材や薬の処方・製造方法など興味深い展示が見られる。足浴や併設の韓方カフェで実際に韓医学を体験できる。

ソウル薬令市韓医薬博物館
ヤンニョンシハニヤッパンムルグァン
서울약령시한의약박물관
祭基洞　MAP P.120-A4
🚇 1号線祭基洞（125）駅2番出口から徒歩約6分　東大門区 薬令中央路 26
☎ 02-969-9241　⏰ 10:00~18:00（11~2月~17:00）　休 月　料 1000W、足浴6000W　URL kmedi.ddm.go.kr

230 大興奮のノンバーバルパフォーマンス
話題の舞台をお得に観賞

セリフのないエンタメ舞台は韓国語がわからなくても楽しめるのが魅力。公式サイトでオンライン予約すれば現地で購入するより割安。予約代行サービスもお得な割引価格で販売しているので要チェック!

NANTA URL www.nanta.co.kr:452/jp
シェフ URL musicalchef.net
JUMP ◎ jumpkorea

ロングラン舞台「NANTA」

231 演劇の街で舞台観賞
大学路で観劇するなら割引チケットを利用!

大学路は100以上の小劇場が集まる演劇の街。お目当ての舞台があれば、大手チケットサイトのインターパーク・グローバルで割引クーポンを使って予約しよう。当日券なら各劇場のボックスオフィスのほか、現地のチケットセンターを利用すると大幅割引で入手できる。おすすめはマロニエ公園に面したチョウンコンヨンアンネセント。

インターパーク・グローバル URL www.globalinterpark.com/ja

チョウンコンヨンアンネセント 좋은공연안내센터
大学路 MAP P.121-A3
🚇 4号線恵化(420) 2番出口から徒歩約1分 📍 종로구 대학로 104 ☎ 1599-7838 ⏰ 10:00〜20:00 休 月 URL www.daehakroticket.com

©Photo Korea - Kim Jiho

232 5月の学園祭シーズンも狙い目!
推しも通った名門大学のキャンパスに潜入!

BTS JINやSHINeeミンホの出身校である建国大学校、G-Dragonが学んだ慶熙大学校などソウルにある大学の多くは旅行者でも無料で見学可能。キャンパスを歩いたり、学食でランチしたりしてソウルの大学生気分に浸ってみよう。5月に行われる学園祭ではK-POPスターのコンサートも開催される!

建国大学校

弘益大学校

228 韓国の伝統文化に触れる
無料で参加できる文化体験プログラム

ソウルでは韓国の文化について学び、実際に体験ができる外国人向けの無料プログラムが充実している。工芸品からキムチ、伝統酒まで内容もさまざま。基本的にプログラムは英語と韓国語のみ。予約はオンラインでOK。

URL seoulhallyu.com

無料体験プログラム名	体験場所
キムチミュージアムツアー キムチ博物館を見学後、キムチ漬けクラスに参加。所要約90分。	ミュージアムキムチ間 뮤지엄김치간 仁寺洞 MAP P.123-A3 🚇 3号線安国(328)駅6番出口から徒歩6分 📍 종로구 인사동길 35-4、4〜6F ☎ 02-6002-6456 開催 毎月第3火曜14:00〜
伝統酒クラス 伝統酒ギャラリーを見学後、伝統酒造り体験クラスに参加。所要2時間。	伝統酒ギャラリー 전통주갤러리 安国 MAP P.121-A3 🚇 3号線安国(328)駅2番出口から徒歩約2分 📍 종로구 북촌로 18 ☎ 02-555-2283 開催 毎月第2または第3木曜14:00〜
伝統工芸体験クラス 北村伝統工芸体験館を見学後、伝統工芸体験クラスに参加。所要2時間。	北村伝統工芸体験館 북촌전통공예체험관 北村 MAP P.121-A3 🚇 3号線安国(328)駅2番出口から徒歩約15分 📍 종로구 북촌로12길 24-5 開催 毎月第4木曜11:00〜、15:00〜

229 お得&効率よく楽しむ方法はコレ!
ロッテワールドの前売り券とマジックパス制度

ロッテワールドをお得に楽しむなら、予約代行のオンライン前売り券を購入するのがおすすめ。通常6万2000Wの1日フリーパスがほぼ半額。また、最近の定番、K-POPアイドルのような制服レンタルもオンラインがお得。ロッテワールドに近い店舗で予約しよう。人気アトラクションの行列を避ける裏技がマジックパス。園内のキオスクや発券機でアプリなどで無料で時間帯を指定して予約可能。もっと時短で楽しむなら、有料のマジックパスプレミアムを購入する。5種券4万9000W、10種券8万9000Wで優先利用できる。

ロッテワールド 서울롯데월드
蚕室 MAP P.120-C6
🚇 2・8号線蚕室(216・814)駅3・4番出口直結 📍 송파구 올림픽로 240 ⏰ 10:00〜21:00(金・土〜22:00) ※最終入場は2時間前まで 休 無休
URL www.lotteworld.com

235 アクセス方法はいろいろ
Nソウルタワーへ行くなら循環バスが手頃で便利

方法はケーブルカー、ツアーバス、一般バス、徒歩の4つ。体力に自信があるなら徒歩がおすすめ。春は桜、秋は紅葉も楽しめる。上りがきついなら往路を一般バスで。循環だからわかりやすく、運行本数も多くて便利！

バス停からは約200m

アクセス方法&料金	所要時間ほか
循環バス 片道1400W	忠武路駅・東大入口駅などから01A・01B番のバスを利用。忠武路駅から約20分。01A番は約10分間隔、01B番は約18分間隔で6:30〜23:00に運行。支払いはT-moneyなど交通系カードのみ、現金不可
南山ケーブルカー 片道1万2000W 往復1万5000W	所要約3分。ケーブルカー乗り場までは地下鉄4号線明洞（424）駅3番出口から徒歩約10分
ソウルシティツアーバス 1日3万W	地下鉄5号線光化門（533）駅のバス乗り場から約30分
徒歩 無料	地下鉄4号線明洞（424）駅3番出口から徒歩約40分。途中、無料のエレベーター「オルミ」が利用できる

236 ルート拡大でますます便利
展望スポットもある遊歩道

©Photo Korea - Kim Hyeon-u

全長1024mでソウル駅の東西を結ぶ。古い高架を整備したもので、眺望が抜群。グルメスポットやイベントスペースが点在し、明洞駅や南大門市場にも連結。2020年10月にはロッテマートにつながるルートも新設され、徒歩移動がより快適に！

ソウル路7017 Seoullo7017
ソウル駅 MAP P.123-C2 4号線ソウル（426）駅2番出口すぐ

233 日本ではできない貴重体験
仁川のゴージャスカジノで運試し

仁川空港の近くには外国人専用の高級カジノがある。どちらも空港から無料シャトルが運行され、24時間営業なので早朝・深夜発着便を利用する人にも便利。入場無料だから、ゴージャスな館内を見学するだけでも楽しい。入場は19歳以上でパスポートの提示が必要。

パラダイスカジノ
PARADISE CASINO
仁川広域市 MAP P.119-C1
無料シャトル（5:00〜23:00頃に30〜60分間隔で運行） 인천광역시 중구 영종해안남로321번길 186
1833-8855 24時間 無休
URL www.p-city.com

日本人スタッフ常勤のパラダイスシティ

インスパイア・カジノ
INSPIRE casino
仁川広域市 MAP P.119-C1
無料シャトル（7:30〜23:00頃に約1時間間隔で運行） 인천광역시 중구 공항문화로 127 032-580-9000 24時間 無休
URL www.inspirekorea.com/ja/

韓国最大の外国人専用カジノ、インスパイア・カジノ

234 ひとり1分で完成！
旅の思い出になる漫画風の似顔絵屋さん

漫画風にデフォルメしたポートレートをひとり1分で仕上げてくれる。料金は1人9000Wと手頃で、グループも最大8人までOK！ 画像を表示すればペットや推しの似顔絵も描いてもらえる。

トトリカリカチュア 도토리캐리커쳐
明洞 MAP P.124-B7 4号線明洞（424）駅6番出口から徒歩約2分
중구 명동8나길 10 0507-1399-1445 10:00〜22:30 無休
uncles_painting 弘大、ソウルの森ほか

237 寒くても行きたい
冬限定のお楽しみ

クリスマスイルミネーションは11月中旬から1月末頃まで続き、華やかで美しい。12〜2月にソウル広場にはアイススケート場もオープン。スケート靴とヘルメットのレンタル込みで1時間1000Wと格安！

ソウル広場 クァンジャン 서울광장 市庁 MAP P.124-A4

\ 韓国の陶器をイメージ /

#1

SEOUL Specialist Picks!

ソウル観光のスペシャリスト

ソウル観光財団 スマートツーリズムチームマネジャー
小松絵理子さんの
今、ソウルで行くべき
穴場の観光名所 ⑩

Specialist / **Komatsu Eriko**

Visit Seoulを通じてソウルの最新情報や観光に役立つ情報を発信。そんなソウル観光を知り尽くした小松さんに穴場的観光名所を教えてもらった。

リウムミスルグァン
Leeum美術館

韓国の大企業・サムスングループ運営の美術館。青磁や白磁などの古美術や現代美術が展示されています。当財団情報サイトでもいつも検索上位です。

리움미술관
世界的な建築家による建物も見どころのひとつ。

漢南洞　MAP P.124-C6
M 6号線漢江鎮 (631) 駅1番出口から徒歩約7分
용산구 이태원로55길 60-16　☎ 02-2014-6900　⏰ 10:00～18:00（チケット販売～17:30）　休 月　無料（企画展は有料）
URL www.leeumhoam.org

\ 景福宮の離宮として創建 /

チャンドックン
昌徳宮 #3

ソウルにある古宮で最も自然が感じられます。観覧後はブランチやカフェが並ぶソスンラギル 서순라길 P.122-A4 もチェックしてください。

창덕궁
後苑の新緑、紅葉、雪景色などの景色を楽しみたい。

鍾路　MAP P.121-A3
M 3号線安国 (328) 駅3番出口から徒歩約5分　용로구 율곡로 99
☎ 02-3668-2300　⏰ 9:00～18:00（最終入場17:00）※季節により変動
休 月　3000W、後苑5000W（ガイドツアーのみ）　URL royal.khs.go.kr

ザ・ヒョンデソウル
ザ・現代ソウル

MZ世代をターゲットにした見どころ満載のデパート。ポップアップストア式の店舗でいつ行っても韓国のトレンドを知ることができます。

The Hyundai Seoul #2
デパート内とは思えない庭園がある。

汝矣島　MAP P.121-C2
M 5号線汝矣ナル (527) 駅1番出口から徒歩約7分　영등포구 여의대로 108　☎ 02-767-2233　⏰ 10:30～20:00（金～日～20:30）　休 不定休（月1）　URL www.ehyundai.com

キョンドンイルグユッコンジョム
スターバックスコーヒー京東1960店 #5

ソウル市最大の在来市場・京東市場内にある廃劇場を利用したスタバ。レトロな雰囲気がSNSでも話題です。限定グッズやフードもあります。

STARBUCKS COFFEE 경동1960점
異世界に迷い込んだような特別なスタバ。

祭基洞　MAP P.120-A4
M 1号線祭基洞 (125) 駅2番出口から徒歩約5分　동대문구 고산자로36길 3
⏰ 9:00～21:30（金～日～22:00）　休 無休　URL www.starbucks.co.kr

\ 歴史の舞台を見学！ /

チョンワデ
青瓦台 #4

大統領府の移転により2022年から一般公開が始まりました。大統領執務室のある本館や迎賓館、大統領家族の住居だった官邸などを見学できます。

청와대
ニュースで見たことのある青い瓦屋根。

景福宮　MAP P.121-A3
M 3号線景福宮 (327) 駅4番出口から徒歩約18分　종로구 청와대로 1　⏰ 9:00～18:00（12～2月～17:30）※最終入場は閉場30分前まで　休 火（祝日の場合は翌日）　無料　要必要　URL opencheongwadae.kr

ムナヨク
文化駅ソウル284 #10
문화역서울284
1925～2004年にソウル駅として使われていた駅舎。入場無料で駅舎内を見学できます。

ソウル駅　MAP P.123-C2
@ culturestationseoul284

ハニャンドソン
漢陽都城 #9
한양도성
かつてのソウル（漢陽）を囲む山をつなぐ城壁。散策コースや入場無料の博物館があり、ドラマにもよく登場します。

東大門　MAP P.122-A6
URL seoulcitywall.seoul.go.kr

ヒプチロ 힙지로 #8
Hip+乙支路の造語。乙支路3街駅の裏通りで町工場を改装したバーなどが並んでいます。レトロな雰囲気とエモさが人気。

乙支路　MAP P.122-B4

ホンゴニク家屋 #7
홍건익가옥
ソウルで唯一、一角門、井戸、氷庫が残る韓屋。入場無料。多彩な体験プログラムを開催しています。

景福宮　MAP P.121-A2
@ seoul_honghouse

ソンウン
SONGEUN #6
入場無料のアートギャラリー。公募で選ばれた若手芸術家の作品を展示。建物自体も見どころです。

清潭洞　MAP P.126-A4
@ songeun_official

背後に汝矣島ビル群！

提供：ソウル観光財団

ソウルをディープに遊ぶ 体験＆アクティビティ ⑩

ソウルの観光コンテンツは日々進化中。そこで、ソウルをアグレッシブに遊びたい派向けのおすすめをソウル観光財団・小松絵理子さんがナビゲート！

#1 ソウルダル SEOULDAL

ソウルの月と名づけられた新アクティビティ。

2024年8月に汝矣島にオープンした係留式ガス気球。ふわふわと気球に乗って、今まで見たことのない景色を眺められる最もホットな体験です！

汝矣島　MAP P.121-C1
🚇 5・9号線汝矣島（526・915）駅3番出口から徒歩約10分　📍汝矣島公園　🕐 12:00～22:00（最終21:30）　月・荒天時　₩ 2万5000W　📷 seouldal_official

提供：ソウルスカイ

#2 ソウルスカイの スカイブリッジツアー

地上541mのタワーブリッジを渡るツアーです。アクティビティが楽しめるタワーとしては世界最高の高さ！忘れられない思い出になること間違いなし！

Seoul Sky
蚕室　MAP P.120-C6
🚇 2・8号線蚕室（216・814）駅1・2番出口直結　📍송파구 올림픽로 300　☎ 02-1661-2000　🕐 13:00～19:00（月～木は1日4回、金～日・祝1日7回）　無休　₩ 12万
要予約　URL seoulsky.lotteworld.com

#3 古好斎の宮廷茶正菓体験

古好斎は宮廷茶正菓のブランドで、コリアハウス内の韓屋で茶菓膳を楽しむことができます。お菓子をいただきながら宮中舞踊も観賞できる満足度の高い体験です。

메뉴는 계절で替わる

고호재
四季折々の景色と茶菓子で贅沢時間を。

忠武路　MAP P.122-B4
🚇 3・4号線忠武路（331・423）駅3番出口から徒歩約1分　📍중구 퇴계로 36길 10　☎ 02-2266-9101～3　🕐 宮廷茶正菓体験11:00～18:30　月　₩ 2万5000W　要予約　URL www.kh.or.kr/cms/content/view/1438

#5 北岳山トレッキング

景福宮の背後に見えるのが北岳山です。さまざまな登山コースがありますが、初心者なら景福宮建春門～青瓦台展望台～白岳亭～七宮裏道コースがおすすめです。

북악산
初心者コースは1時間ほどで登山できる。

提供：ソウル観光財団

北岳山　MAP P.121-A3
🚇 3号線景福宮（327）駅5番出口から徒歩約10分（景福宮建春門）　🕐 9:00～17:00（9・10月～16:00、11～2月～15:00）　無休　無料

#4 漢江遊覧船

ソウルへ来たら漢江でのアクティビティは欠かせません。特にクルーズ体験はさまざまなコースがあり、いつもと違う目線で街並みを堪能できます。

レインボー噴水を間近で観賞

한강 유람선
夜景が楽しめるナイトクルーズも人気。

汝矣島　MAP P.121-C2
🚇 5号線汝矣ナル（527）駅3番出口から徒歩10分　📍영등포구 여의도동 86-5　☎ 02-6291-6900　🕐 13:00～18:00　無休　₩ 1万8900W～　要予約　URL www.elandcruise.com

#10 景福宮の生果房&星空夜myths

宮廷菓子体験の生果房、宮廷料理と夜の景福宮を散策する星空夜myths。毎年春に開催する期間限定イベント。

景福宮　MAP P.121-A3

#9 異色香水工房

香水のオーダーメイドが流行中。最近は脳波を測定して思い出から香水を作る工房もあるそうです。

P.75

#8 ノドゥルソム 노들섬

漢江大橋の中島。年間を通してライブパフォーマンスや多彩な文化公演が開催されています。

漢江　MAP P.121-C2
📷 nodeul_island

#7 スマッシングボール Smashingbowl

ゴージャスなインテリアとVVIPルームが有名なボウリングパブ。芸能人御用達でサインも！

清潭洞　MAP P.126-A4
📷 smashingbowl_official

#6 ザ・スプ 더숲

青瓦台を保護する哨所（軍用監視所）がブックカフェにリニューアル。夜景スポットして有名です。

仁王山　MAP P.121-A2
📷 deosup_official

タウン ランキング BEST 7

2泊3日で行くべき街は？

流行の変動が激しいソウルでは人気タウンの進化も超速級。今、観光客が目指したい注目の7タウンをウオッチ！

안녕하세요

第1位
明洞（ミョンドン）

ソウルいちの繁華街に返り咲き

コロナ禍で最も打撃を受けた街が、海外旅行解禁とともに急再生。新店が次々とオープンし、リピーターにとっても新鮮な街に。路面店だけでなく、デパートや地下街も活気が戻り、屋台が並ぶ夕方以降は歩くのも困難なほどにぎわう。

명동
MAP P.124
🚇 4号線明洞（424）駅6〜8番出口／
🚇 2号線乙支路入口（202）駅5〜7番出口

> **RECOMMEND:** コロナ禍以降は訪れるたびに新しい店がオープンしていて、リピーターも驚くと思います。オリーブヤングやダイソー、人気雑貨店の大型店舗が揃っているのもうれしい！（編集M）

＼塩パンスナック／
マシソヨ！

＼チーズハットグ／
ジュセヨ〜

第2位
聖水洞〜ソウルの森（ソンスドン〜ソウルスプ）

人気急上昇の高感度タウン

聖水洞は古い工場や倉庫をリノベしたカフェやショップがさらに増え、トップクラスの人気タウンに変貌。その勢いが隣接するソウルの森周辺まで拡大し、海外ハイブランドもポップアップストアを出店するほど最も高感度なエリアに急成長。

성수동〜서울숲
MAP P.125
🚇 2号線聖水（211）駅3・4番出口／2号線トゥッソム（210）駅5〜8番出口／水仁・盆唐線ソウルの森（K211）駅4・5番出口

> **RECOMMEND:** 2021年にSMエンタの本社移転以降、ソウルの森周辺もにぎわいが増しています。聖水洞からはかなり歩くので覚悟を……。プリ機スポットも多く、人気セレクトショップEQLのソウル唯一の路面店もあります（編集K）

第3位
漢南洞（ハンナムドン）

最旬ショッピングタウンに成長

南山と漢江の間にある坂の街。国際色豊かな梨泰院の隣のエリアで、各国の大使館が集中する。近年は、韓国発の人気ファッションブランドのほぼすべてが出店するショッピングタウン。週末は流行に敏感なソウルっこも買い物に訪れる。

한남동
MAP P.124
🚇 6号線梨泰院（630）駅2・3番出口／
🚇 6号線漢江鎮（631）駅1・3番出口

> **RECOMMEND:** 韓国ファッション好きはマストな街。マルディメクルディは何店舗あるかわからないくらい（笑）。ニューオープンのブランドには入店制限がかかるほどソウルのおしゃれ好きが集まります（編集R）

★ 漢南洞は豪邸や超高級マンションが立つセレブな住宅街としても有名。韓国のTV番組ではG-DRAGONやBTSメンバーなどトップスターが住む街と報じられている。

第5位 弘大（ホンデ）

学生たちのリアルな遊び場

名門芸術大の弘益大学周辺に広がる学生街。通りには若者向けのアパレルや雑貨店がずらりと並んでいる。居酒屋やクラブも多く夜遅くまでにぎわう。広場ではボスキンと呼ばれる路上ライブやパフォーマーが登場し盛り上がっている。

홍대
MAP P.125
🚇 京義・中央・2号線弘大入口（K314・239）駅3〜9番出口
🚇 6号線上水（623）駅1・2番出口

RECOMMEND：
狭いエリアに100軒超の韓屋が並んでいます。伝統的な雰囲気の仁寺洞に近いですが、益善洞はおしゃれなカフェやアクセ店が多いです。韓服を今風にリデザインした店もあります（ライターM）

第4位 益善洞（イクソンドン）

人気観光地へと再生した韓屋村

1920年頃に形成されたという、細い路地に韓屋が立ち並ぶエリア。2010年代中頃から若手起業家により韓屋を改装したカフェやショップが次々と登場。今ではノスタルジックな雰囲気が楽しめるソウルきってのレトロタウン。

익선동
MAP P.122-A4
🚇 1・3・5号線鍾路3街（130・329・534）駅4・6番出口

観光＆街歩き｜ランキング

RECOMMEND：
ファッション小物やスマホアクセなど、若者向けなのでリーズナブルな店が多いです。飲食店は安くておいしいうえに深夜まで営業している店が多いのもうれしいですね。ポッキン、カラオケ、クラブとエンタメも充実！（編集S）

DDP前には8mの巨人像！

RECOMMEND：
問屋街も条件によっては一般客も買い物OK。激安シューズ、アクセ、レザーオーダーがおすすめです。2024年9月にオリヤンやダイソーの大型店がある新スポットdundunもオープンしています（ライターN）

RECOMMEND：
カロスキルは以前より店が減ってしまいましたが、裏通りには韓国の人気ブランドが揃い、聖水洞や漢南洞より落ち着いて買い物ができます。センスのいいショップや飲食店もオープンしていて、開拓しがいがあり！（ライターY）

&MORE
素顔が見える市場探訪

最も有名なのは韓国最大の南大門市場（P.33,64）。スペシャリストはさらにディープな市場推し。東廟の蚤の市 MAP P.120-A4 の物量の多さ、看板のハングル、あちこちから聞こえるトロットに韓国のエネルギーを感じて元気をもらえます（natsuyoさん）。霊泉市場 MAP P.123-A1 で買う黒ゴマやきな粉がまぶされた餅に癒やされます（小松恵理子さん）

第7位 カロスキル

散策にぴったりの街路樹通り

全長約700mの街路樹通り（カロスキル）。トレンド発信地としてにぎわっていた頃に比べると落ち着いた感はあるものの、韓国発SPAブランド、セレクトショップ、コスメなど、交差する通りも含め、旬のショップが揃う。

가로수길
MAP P.127-A2・3〜 B2・3
🚇 新盆唐・3号線新沙（D04・337）駅8番出口

第6位 東大門（トンデムン）

眠らないファッションの街

近未来的な複合施設・東大門デザインプラザ（DDP）を中心に、西側は一般向けファッションビル、東側はバイヤー向けの問屋ビルが並ぶ。24時間いずれかのビルが営業し、昼夜いつでも買い物が楽しめる。夜のライトアップも必見！

동대문
MAP P.122-A5・6
🚇 2・4・5号線東大門歴史文化公園（205・422・536）駅1・2・9〜14番出口／1・4号線東大門（128・421）駅7〜9番出口

★東大門のDDPはショップやグルメスポットのほか、アートホール、国際会議場などがある複合施設。ソウルファッションウィークのメイン会場になっていることでも有名。

景福宮 (キョンボックン)

朝鮮王朝時代にタイムスリップ

1395年、朝鮮王朝の創始者・李成桂が創建した王宮。街の中心部で荘厳な宮殿や雄大な庭が楽しめるソウルいちの名所。

경복궁

景福宮　MAP P.121-A3
🚇 3号線景福宮（327）駅5番出口すぐ　📍 鍾路区 사직로 161　☎ 02-3700-3900　🕐 9:00～18:00（6～8月～18:30、11～2月～17:00）※最終入場は閉館1時間前まで　休 火（祝日の場合は翌日）　💴 3000W（※韓服着用の場合は無料）　URL royal.khs.go.kr

観光名所ランキング BEST 7

写真映え満点の見どころへ

都心に鎮座する王宮から眺望が楽しめる展望台まで。過去と現代が交錯するフォトジェニックな7スポット！

안녕하세요

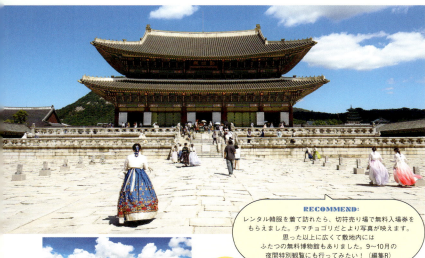

第1位

RECOMMEND：
レンタル韓服を着て訪れたら、切符売り場で無料入場券をもらえました。チマチョゴリだとより写真が映えます。思った以上に広くて敷地内にはふたつの無料博物館もありました。9～10月の夜間特別観覧にも行ってみたい！（編集R）

漢江 (ハンガン)

注目度急上昇のプレイスポット

ドラマロケ地、漢江ラーメンなど注目度No.1。汝矣島漢江公園、ノドゥル島、レインボー噴水の盤浦漢江公園が人気。

第2位

汝矣島漢江公園　여의도한강공원

汝矣島　MAP P.121-C2
🚇 5号線汝矣ナル（527）駅2・3番出口すぐ
URL hangang.seoul.go.kr

RECOMMEND：
K-POPアイドル激推しの漢江は今ソウルいちホットな場所です。汝矣島漢江公園はテントでくつろぐのが定番。2020年オープンのノドゥル島はサンセットや夜景の人気スポット。ギネス登録のレインボー噴水も最高です！（編集K）

テントで漢江ラーメン！

ノドゥルソム　노들섬

仁村洞
MAP P.121-C2
🚇 9号線ノドゥル（918）駅2番出口から徒歩約13分　URL nodeul.org

©Photo Korea - An Yeonggwan

第3位

N ソウルタワー

ソウルの元祖デートスポット

ソウルのシンボル。展望台からは絶景が楽しめる。愛の南京錠やメディアアート、八角亭など足元にもお楽しみいっぱい。

N Seoul Tower

南山　MAP P.122-C4
🚇 4号線明洞（424）駅4番出口から徒歩約10分の南山オルミ（無料エレベーター）で南山ケーブルカー乗降場へ、ケーブルカー（片道1万2000W、往復1万5000W）降り場から徒歩約1分、または循環バス01A、01B番でNソウルタワー下車徒歩約3分　📍 龍山区 남산공원길 105　🕐 展望台10:00～22:30（土・日・祝～23:00）※最終入場は平日60分前、土・日・祝30分前まで　休 無休　💴 2万1000W　URL www.nseoultower.co.kr

RECOMMEND：
ケーブルカーを降りて階段を上ると手前に八角亭、その奥にNソウルタワーがそびえます。ソウルタワーのライトアップは夕暮れ時に撮るときれいに写ります。展望台へ行ったら、ガラス張りのトイレもぜひチェックしてください（フォトM）

盤浦漢江公園　반포한강공원

盤浦　MAP P.121-C3
🚇 3・7・9号線高速ターミナル（339・734・923）駅8-1番出口から徒歩約15分　🕐 レインボー噴水 12:00、19:30、20:00、20:30、21:00（※7・8月は21:30も開催）　休 レインボー噴水は11～3月　URL hangang.seoul.go.kr

★ Nソウルタワーのライトの色はPM2.5の濃度を表している。青はクリア、緑は通常、黄色は注意、赤は外出を避けるかマスク着用の意味。きれいなだけでなく重要な役割を担っている。

RECOMMEND:
展望台へのエレベーターから仕掛けがスタート。思わず足がすくむシースルーのスカイデッキや風を感じる屋外テラスなどドキドキの連続。入場する人数を制限しているので、混みすぎることなく絶景を満喫できます（編集S）

ソウルスカイ
第5位

地上500mから絶景を満喫

2017年にオープンしたロッテワールドタワーの展望台。韓国で最も高いところから360度ソウルの街を見渡せる。

Seoul Sky

蚕室　MAP P.120-C6

🚇 2・8号線蚕室（216・814）駅1・2番出口直結　📍 송파구 올림픽로 300 ロッテワールドタワー117〜123F　🕐 10:30〜22:00（金・土〜23:00）　休 無休　料 事前オンライン予約一般2万9500W〜、当日ファストパス6万2000W　URL seoulsky.lotteworld.com

＼ 118階の ／
スカイデッキ

& MORE
全天候型テーマパーク

ロッテワールドは、野外のマジックアイランドと屋内のアドベンチャーからなる大型遊園地。最近はK-POPアイドル風の制服コーデで訪れるのが人気。

Lotte World

蚕室　MAP P.120-C6

🚇 2・8号線蚕室（216・814）駅3・4番出口直結　📍 송파구 올림픽로 240　🕐 10:00〜21:00（金・土〜22:00）※最終入場は2時間前まで　休 無休　料 1日券5万9000W　URL www.lotteworld.com

ブッチョンハノンマウル
北村韓屋村
第4位

今も現役！朝鮮時代の屋敷街

朝鮮王朝時代の貴族・両班が暮らした街。現在も多くの韓屋が残り、実際に住居として使われているので静かに見学を。

RECOMMEND:
ドラマ「Eye Love You」で再注目。急坂が多いので歩きやすい靴で訪れてください。益善洞（P.107）と違って観光地ではないので、カフェやショップは少ないです（編集M）

북촌한옥마을

北村　MAP P.121-A3

🚇 3号線安国（328）駅2番出口から徒歩約10分　🕐 月〜土10:00〜17:00（※住民の生活に配慮して訪問時間が決められている。日曜は原則訪問不可）

トソグァン
ピョルマダン図書館
第6位

入場無料のフォトスポット

ショッピングモール内にある大型図書館。高さ13mの書棚に約7万冊の本が並ぶ様子は圧巻。もちろん自由閲覧可能。

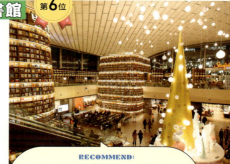

별마당도서관

三成洞　MAP P.126-C5・6

🚇 2号線三成（219）駅5・6番出口直結／9号線奉恩寺（929）駅7番出口直結　📍 강남구 영동대로 513 スターフィールドコエックスモールB1〜1F　☎ 02-6002-5300　🕐 10:30〜22:00　休 無休　@ starfield.library

RECOMMEND:
ピョルマダンは「星の庭」という意味で、見学は夜がおすすめ。特にクリスマスツリーが飾られている時期は絶景です。国内外600種以上の雑誌があり、自由に読めるのもうれしいですよね（ライターN）

RECOMMEND:
広通橋の脇から遊歩道に降りて清渓広場まで歩くのが好きです。夜には広場にある巻き貝のモニュメントがライトアップされて幻想的です。冬のランタンフェスティバルも見てみたい（ライターM）

チョンゲチョン
清渓川
第7位

中心部を流れるオアシス

清渓広場を基点に東大門方向へ流れる人工河川。市民の憩いの場として遊歩道を設け、噴水やライトアップで楽しませる。

청계천

鍾路　MAP P.122-A6〜123-A3

🚇 1号線鍾閣（131）駅5番出口から徒歩約1分ほか

★ロッテワールドの野外は人工湖の石村湖にあり桜の名所として有名。湖ではムーンボートが楽しめる。屋内には1年中利用できるスケートリンクもある。

ソウル郊外 & 地方都市
渡韓上級者はソウルのその先へ

韓国にはソウル以外にも魅力的な都市がいっぱい。直行、ソウル経由で気軽に行けるから今すぐプランニング！

★日本から直行便のある韓国の主要空港

空港名	発着地	日本の発着地
仁川空港	ソウル	羽田、成田、関西、中部、新千歳、福岡など26路線運航
金浦空港	ソウル	羽田、関西の2路線運航
清州空港	忠清北道	成田、関西、福岡の3路線運航
大邱空港	大邱	成田、関西、福岡の3路線運航
金海空港	釜山	成田、関西、中部、新千歳、福岡、那覇など8路線運航
済州空港	済州	成田、関西の2路線運航

238 韓国には主要空港が6つ すべての空港へ 日本からの直行便が運航
釜山の玄関口 金海空港

日本からの運航便最多の仁川空港をはじめ、全国20都市以上から韓国の6つの空港へ直行便が飛んでいるので、ソウル以外の都市へもスムーズに。

241 80路線以上が乗り放題！ 外国人旅行者だけの特権 KORAILパスで韓国周遊

KTXなどを運営する韓国鉄道公社KORAILが販売している周遊乗車券で、2～5日券まで全4種類（2、4日券は利用日の選択可）。2日券でソウル-釜山を往復するとほぼもとが取れるうえに、ふたり以上で割引も。また、座席予約は1ヵ月前からと通常の乗車券と同じなので、利用しないとソン。

🎫 2日券13万1000W～（2人以上1人12万1000W～）
購入は主要駅、公式ウェブサイト、コネストなど

239 片道9000円～ 西日本から釜山へ 直行するなら船での上陸も

大阪・下関・福岡・対馬からは船での渡韓も可能。高速船から大型フェリーまでさまざまな船旅が楽しめる。

釜山港国際旅客ターミナルへの船便
- 大阪発着 パンスター … URL www.panstar.jp
- 下関発着 関金フェリー … URL kampuferry.co.jp
- 福岡発着 カメリアライン … URL www.camellia-line.co.jp
- 対馬発着 パンスター … URL www.panstar.jp/tsushimalink/
  NINA ☎0920-86-2828 ※2024年11月時点JR九州高速船クイーンビートルは運休

関釜フェリーの「はまゆう」

240 韓国版の新幹線 韓国高速鉄道KTXは 早くて確実&快適！
ヤマメがモチーフの KTX-山川

韓国では主要都市を走る地下鉄のほかに、高速鉄道のKTXとSRT、一般列車のITXや観光列車などがあり、韓国全土を網羅しているのでどこへ行くにも便利。特に日本の新幹線にあたるKTXなら、ソウル駅から水原まで約30分、釜山まで最短約2時間17分で移動することができる。

- 高速鉄道KTX／一般列車ITX・セマウル号・ムグンファ号／観光列車 … URL www.letskorail.com
- 高速鉄道SRT … URL etk.srail.kr

乗車券はオンライン予約が断然ラク
上記の公式ウェブサイトで予約・購入ができる。もし不慣れで心配だったら日本語の旅行予約サイトや情報サイトを利用するのもテ。お得な割引クーポンがあることも！

- Trip.com … URL jp.trip.com
- コネスト … URL www.konest.com

242 時間はかかるけれど 小回りが利くバス移動で ディープな地方旅

鉄道駅が近くにない地方を旅するなら、長距離バスでの移動も。もちろん大邱や釜山などの都市へも運行しているので、旅のスタイルに合わせて選択を。

ソウル市内の高速バスターミナル
- 高速バスターミナル／セントラルシティターミナル …
  🚇 3・7・9号線高速ターミナル（339/734/923）駅直結
- 東ソウル総合バスターミナル … 🚇 2号線江辺（214）駅3番出口すぐ
- ソウル南部ターミナル … 🚇 3号線南部ターミナル（341）駅5番出口すぐ
- 高速バス … URL www.kobus.co.kr
- 市外バス … URL txbus.t-money.co.kr URL www.bustago.or.kr

110

観光＆街歩き｜テクニック

進化が止まらない ローカルシティ5選

244 人気急上昇！ 韓国第3の都市

大邱（テグ） ソウル駅から 約1時間40分

東南部に位置し四方を山に囲まれた自然豊かな大都市。大邱を一望できるアプサン展望台や5000店舗以上がひしめく西門市場、大邱10味と呼ばれる名物グルメなど、ハマる韓国ツウが急増。

大邱広域市　MAP P.119-A3　ソウル駅～東大邱駅はKTXで最短約1時間40分。東大邱駅から大邱地下鉄で主要スポットへアクセス　@daeguofficial.jp

西門市場は朝鮮3大市場のひとつで歴史は100年以上 ©Photo Korea-Neoteny Studio

大邱10味のひとつチムカルビ。東仁洞のチムカルビ横丁は地下鉄1号線七星市場駅3番出口から徒歩約10分 ©Photo Korea-Korea Tourism Organization, Lee Bumsu

大邱のシンボル83タワーはテーマパーク・イーワールド内 URL eworld.kr
URL www.apsan-cablecar.co.kr

243 韓国と世界を結ぶ ゲートウェイ

松島国際都市は仁川1号線セントラルパーク（I137）駅

仁川（インチョン） ソウル駅から 約1時間

ソウルに隣接する広域市で国際空港があることでも有名。高層ビルが建ち並ぶ松島や贅を尽くした統合型リゾート、韓国唯一のチャイナタウンなど、新旧が共存する魅力にあふれた港湾都市。

仁川名物・萬多福の百年ジャージャー麺 ©Photo Korea-KTO_Kim Jiho

萬多福 만다복
水仁・盆唐・1号線仁川（K272・161）駅3番出口から徒歩約5分　인천 중구 차이나타운로 36　11:00～L.O.21:00　無休

仁川駅の目前、140年以上の歴史をもつチャイナタウン

仁川広域市　MAP P.119-C1　水仁・盆唐・1号線仁川（K272・161）駅、1号線東仁川（160）駅周辺に観光スポットが点在　@incheon_gov

日帰り？泊まりがけ？

245 街すべてが 屋根のない博物館

1995年に韓国で最初に世界遺産に登録された仏国寺

慶州（キョンジュ） ソウル駅から 約2時間

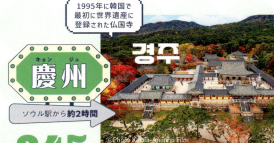

大邱の東、日本海に面した古都。約1000年にわたり新羅の都として栄え、市内に3つの世界遺産を有する韓国国内でも人気の観光都市。日本で話題になった10円パンは実は慶州10Wパンがモチーフ。

東洋最古の天文台、瞻星台（チョムソンデ）は国宝で慶州のランドマーク

あんこがたっぷり詰まった慶州名物・皇南パン @hwangnambbang

慶尚北道慶州市　MAP P.119-A3　ソウル駅～慶州駅はKTXで最短約2時間。慶州駅から主要スポットへはバスかタクシーで　@gyeongju_official

246 世界が注目する 韓国最大の港町

豚骨スープに豚肉とご飯を入れたテジクッパ。西面テジクッパ通りは地下鉄1・2号線西面駅すぐ ©Photo Korea-IR Studio

洗練されたリゾートシティ海雲台は釜山国際映画祭も開催

釜山（プサン） ソウル駅から 約2時間17分

福岡から約200kmの東南端。海鮮市場やテジクッパ、ミルミョン、ナッコプセの3大郷土料理、国際映画祭の開催地として知られるビーチリゾートなど、1日では遊び尽くせない韓国第2の大都市。

釜山広域市　MAP P.119-A3　ソウル駅～釜山駅はKTXで最短約2時間17分。釜山駅から釜山地下鉄で主要スポットへアクセス　@busancity

甘川文化村は2009年に開始した村おこしにより人気観光名所に ©Photo Korea-Busan Tourism Organization

111

高さ約22mの書棚は4〜7階に

水原 (スウォン)

ソウル駅から約30分

日帰り？泊まりがけ？

進化が止まらないローカルシティ5選

247

エンタメ界もトリコ 今最も高感度な街

ソウルのすぐ隣に位置するベッドタウン。世界遺産の水原華城を中心に、新しいドラマのロケ地やおしゃれなカフェ、ショップなどが急増し、観光はもちろん、デートスポットとしても話題。

あの、圧巻の図書館が2024年水原にもお目見え

スターフィールドコエックスモール（P.109）に次ぎ、水原店にも誕生したビョルマダン（星の庭）図書館。壁に敷き詰められた数万冊の蔵書は、自由に手に取り座って読むことができ、何時間いても無料。

京畿道水原市　MAP P.119-D2　ソウル駅〜水原駅はKTXなどで最短約30分　水仁・盆唐・1号線水原（K245・P155）駅まで約1時間

約400店舗以上入店するショッピングモール

スターフィールド水原 Starfield 수원

MAP P119-C2　1号線華西（P154）駅4番出口から徒歩約6分　수원시 장안구 수성로 175　10:00〜22:00（店舗により多少異なる）　不定休　URL www.starfield.co.kr/suwon/main.do

華城行宮（ファソンヘングン）は正祖が父の墓参りをする際の行宮で、『宮廷女官チャングムの誓い』のロケ地としても有名

화성행궁

水原華城の中心から徒歩約11分　수원시 팔달구 정조로 825　9:00〜18:00　無休　1500W（最終水は無料）

約150mの上空から華城と街を一望！

2016年にイベントの一環でスタートした観光用の気球で、気象によって60〜150m上昇。上空から眺める水原は華城の城壁で街までが守られていることがよくわかり、ドラマ『イ・サン』でイ・サンに心打たれた人なら感涙間違いなし。

フライング水原（スウォン）

플라잉수원

12:30〜最終飛行21:00（土・日・祝11:00〜最終飛行21:30）　飛行時間約10分　無休　2万W（子供料金あり）／チケット売り場は蒼龍門駐車場　수원시 팔달구 경수대로 697　@flyingsuwon

地上とケーブルでつないだ係留式気球

全長約5.7kmにも及ぶ城壁が城と街を囲む

1997年登録の世界遺産はドラマ『イ・サン』の舞台

水原の城郭都市ならではの絶景

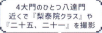

4大門のひとつ八達門近くで『梨泰院クラス』や『二十五、二十一』を撮影

水原きっての観光名所で、李氏朝鮮第22代王・正祖（チョンジョ／イ・サン）が建てた造形美と機能性を兼ね備えた都城。総面積はなんと東京ドーム約28個分。

水原華城（スウォンファソン） 수원화성

MAP P119-D2　鉄道水原駅　水仁・盆唐・1号線水原（K245・P155）駅9番出口からタクシー約10分　수원시 장안구 영화동 320-2　無休　無料　URL www.swcf.or.kr

112

本格ロースターからこだわりピンスまで 目が離せないカフェ通り

カフェ好きインフルエンサーがこぞって訪れる華城周辺のカフェ通り。ニュートロな大人カフェや国産小豆使用のピンスなど、水原の進化とやさしい空気をカフェで体感するのも一興。

水原発の大人カフェ・チョン・ジョンヨンコーヒーロースターズ。行宮本店は華城ビュー
📍 수원시 팔달구 신풍로 42　📷 jungjiyoungcoffee

季節のピンスが楽しめる行宮ピンス
📍 수원시 팔달구 정조로905번길19　📷 the.bingsu

水原名物グルメ "王カルビ" は必食

4号館まである水原の超有名店

おかずもひとひねりした美食ばかり

韓牛骨付きカルビ 6万9000W〜

水原で絶対に食べたいのが名物の巨大骨付きカルビ。華城周辺に有名店があり、味つけは店により異なるので、地元でも好みでおすすめが分かれるところ。韓牛と価格を少し抑えたアメリカ産を置いている店もあるので、予算に合わせてチョイス。

カボジョン
佳甫亭 가보정
🗺 P119-D2　🚇 水仁・盆唐線水原市庁(K243)駅6番出口からタクシー約5分　📍 수원시 팔달구 장다리로282　🕐 11:30〜21:30（土・祝11:00〜22:00、日11:00〜）　休 無休
🌐 kabojung.co.kr

水原はドラマロケ地の宝庫！ ソルソンカップルの自宅も

『ソンジェ背負って走れ』のソルとソンジェのソルソンカップルの聖地から、古くは『宮廷女官チャングムの誓い』など、街中に見覚えのあるロケ地が点在。ドラマの世界に没入できるロケ地ホッピングへ！

★『その年、私たちは』のロケ地はここ

★ 水原で撮影した人気ドラマ
- 「宮廷女官チャングムの誓い」2003年
- 「イ・サン」2007年
  …水原華城、華城行宮など
  「雲が描いた月明り」のロケ地でもある
- 「麗〈レイ〉〜花萌ゆる8人の皇子〜」2016年
  …孝園公園内嬰華苑など
- 「私のIDはカンナム美人」2018年
  …水原華城、長安公園など
- 「梨泰院クラス」2020年
  …水原華城、日月貯水池など
- 「その年、私たちは」2021年
  …水原華城、長安公園、池洞壁画村など
- 「二十五、二十一」2022年
  …八達山バス停など
- 「ウ・ヨンウ弁護士は天才肌」2022年
  …お父さんのキムパ屋さん（八達区）ソホキンパ行宮店など
- 「ソンジェ背負って走れ」2024年
  …P.95

ウンの家は元カフェで華城の向かい
📍 수원시 팔달구 화서문로31번길22

ジドンビョッカマウル
池洞壁画村散策も！
蒼龍門から歩き始めると巡りやすい。　📍 수원시 팔달구 지동

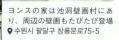

ヨンスの家は池洞壁画村にあり、周辺の壁画もたびたび登場
📍 수원시 팔달구 창룡문로75-5

フォトジェニックな作品に出会える壁画村

華城御車で約20分 水原華城をぐるっと一周

練武台〜華虹門〜長安門〜華西門〜梅香橋を循環。長安門以外、途中下車もOK

華城は歩くと2時間以上かかるので、主要スポットを見てまわれる華城御車がおすすめ。純宗皇帝の車と朝鮮時代の王の輿がモチーフの観光車両で、韓国語の解説付き。日本語案内のイヤフォンジャックがあるのでイヤフォン持参で。

ファソンオチャ
華城御車 화성어차
🕐 9:40〜17:00（約20分間隔で運行）
休 月　料 4000W（子供料金あり）／チケット売り場は練武台　📍 수원시 팔달구 창룡대로 105
🌐 www.swcf.or.kr

旅の明暗はここにあり！
宿泊&ホテル
STAY

新しいホテルや宿泊スタイルが続々と誕生するソウルだけれど、選択次第で旅の明暗を分けることも。そんな重要なステイで失敗せずに、お得で快適に過ごせる方法と情報を一挙紹介！

250　宿泊は1ヵ月先まで満室
仁川空港内のカプセルホテルはあの、ホテル&リゾートが運営

第1・第2ターミナルそれぞれにある韓国初のカプセルホテルDARAKHYUは、リゾートホテルやカジノで有名なウォーカーヒルの運営とあって、機能的で快適。デイユースと宿泊が選べ、デイユースは8〜20時内の3時間2万7000W〜、宿泊は20〜翌8時の12時間で6万2000W〜。1時間延長ごとに7000W追加するシステム。

DARAKHYU
仁川　MAP P.119-C1　URL www.walkerhill.com

248　弘大入口駅の真上！
アクティブに動くなら駅直結に勝るものなし！

仁川、金浦どちらの空港からもアクセス至便な弘大入口駅にあるホリデイ・イン・エクスプレス・ソウル・ホンデは、ショッピングモール・AKプラザの上階にあり、買い物にもグルメにも事欠かない好立地。仁川空港からの出国の搭乗手続きができるイージードロップ（P.25）もソウルのホテルではここだけのサービス。

Holiday Inn Express Seoul Hongdae
弘大　MAP P.125-C2　URL www.ihg.com

249　エスカレーターもポイント
次に狙うは駅前・駅チカ！人気タウンのおすすめホテルは？

ソウル通のホテル選びで最近重要視されているのが最寄り駅の出口にエスカレーターがあるか。スーツケースや重い荷物があるときは、必ず「あってよかった」と思うはず。ここでは①人気タウン ②駅前・駅チカ ③出口にエスカレーターありを最優先に編集部のおすすめをピックアップ。

タウン	ホテル	最寄り駅とエスカレーターのある出口（徒歩）
明洞	ロッテホテルソウル URL www.lottehotel.com	乙支路入口駅8番出口から約1分 MAP P.124-A5
益善洞	モクシー・ソウル仁寺洞 URL moxy-hotels.marriott.com	鍾路3街駅4番出口すぐ MAP P.122-A4
東大門	相鉄ホテルズ ザ・スプラジール ソウル東大門 URL sotetsu-hotels.com	東大門歴史文化公園駅4番出口（エレベーター）から約1分　MAP P.122-B6
弘大	L7弘大 URL www.lottehotel.com	弘大入口駅1番出口から約3分 MAP P.125-C2
龍山	ノボテルスイートアンバサダーソウル龍山 ノボテルアンバサダーソウル龍山 イビス スタイルズアンバサダーソウル龍山 ノボテルアンバサダーソウル龍山 URL all.accor.com	龍山駅3番出口直結 MAP P.121-C2
聖水洞	ホテルポコ聖水 URL hotelpoco.com	聖水駅3番出口から約2分　MAP P.125-A2
三成	新羅ステイ三成 URL shillastay.com	三成駅7番出口から約1分　MAP P.126-C6
蚕室	ロッテホテルソウルワールド URL www.lottehotel.com	蚕室駅2-1番出口から約3分　MAP P.120-C6

最上階にルーフトップテラスがある新羅ステイ三成。癒やしの空間

モクシー・ソウル仁寺洞は韓屋村に隣接するスタイリッシュなホテル

251 入会金・年会費無料も

安心感のある日系ホテルで会員プログラムをフル利用！

ホテルチェーンにより特典は異なるけれど、会員料金やアーリーチェックイン、商品券贈呈など、登録して損はないからまずは入会金・年会費無料のチェーンからチェック。「変なホテル」の会員プログラムの特典は、ソウルは対象外だけれどお得なプランを不定期で用意しているので予約前に確認を。

ホテル	最寄り駅（徒歩）	会員プログラム
相鉄フレッサイン ソウル 明洞	明洞駅8番出口から約5分 MAP P.124-A6	相鉄ホテルズクラブ（無料） URL sotetsu-hotels.com (P.118)
相鉄ホテルズ ザ・スプラジール ソウル明洞	市庁駅7番出口から約6分 MAP P.124-B4	
相鉄ホテルズ ザ・スプラジール ソウル東大門	東大門歴史文化公園駅4・9出口から約1分 MAP P.122-B6	
ソラリア西鉄ホテルソウル明洞	明洞駅8番出口から約3分 MAP P.124-B6	ソラリアホテルメンバーシップ（無料） URL jp.solariaseoul.com
東横INN ソウル東大門1	東大門歴史文化公園駅3・4番口から約1分 MAP P.122-B6	東横INNクラブカード（入会金1500円） URL www.toyoko-inn.com
東横INN ソウル東大門2	東大門歴史文化公園駅4番口からすぐ MAP P.122-B6	
東横INN ソウル江南	江南駅5番出口から約5分 MAP P.120-D4	
東横INN ソウル永登浦	新吉駅3番出口から約5分 MAP P.121-C1	
ホテルグレイスリーソウル	市庁駅7番出口から約3分 MAP P.124-B4	THE FUJITA MEMBERS（無料） URL gracery.com
ロイネットホテルソウル麻浦	孔徳駅1番出口から約4分 MAP P.121-B2	ROYNET CLUB MEMBERS（無料）※ URL www.daiwaroynet.jp
ドーミーインSEOULカンナム	新論峴駅4番出口から約5分 MAP P.127-C3	Dormy's（無料） URL dormy-hotels.com
変なホテル ソウル明洞	明洞駅10番出口から約2分 MAP P.124-B6	対象外 URL www.hennnahotel.com

※ROYNET CLUB MEMBERSは2024年12月より新会員プログラムにリニューアル予定。

254 使いこなせば高コスパ

憧れの新羅ホテルで賢く優雅にホカンス

ソウル新羅ホテルはいわずと知れた韓国を代表する一流ホテル。当然料金もそれなりにするけれど、エグゼクティブの客室を選んでサービスを賢く使いこなせば、料金以上のお得感が。最上階にあるラウンジでのチェックインとチェックアウト、朝食からアフタヌーンティー、夜のハッピーアワーまでの豪華なグルメ、屋内プールにサウナ、プライベートコンシェルジュなどがすべて無料。自分へのご褒美にぜひ。

The Shilla Seoul
東大入口 MAP P.122-C5 東大入口駅5番出口から徒歩約5分 URL www.shilla.net

23階の ザ・エグゼクティブラウンジ

252 会員になって無料宿泊！

海外ホテルチェーンの会員プログラムも見逃せない

外資系ホテルが林立するソウルでは、世界展開のホテルチェーンの会員プログラムもおすすめ。獲得したポイントを宿泊はもちろん、航空券などに交換、航空会社のマイルなどへ移行することも可能。入会金・年会費無料なので、ソク登録。

マリオットボンヴォイ
URL www.marriott.com

ヒルトン・オーナーズ
URL www.hilton.com

IHGワンリワーズ
URL www.ihg.com

ワールドオブハイアット
URL www.hyatt.com

ALL-Accor Live Limitless
URL all.accor.com

253 大浴場と夜鳴きそばが無料

ドーミーインのスゴすぎるサービスは江南でも！

日本のビジネスホテルチェーン・ドーミーインの最大のサービスといえば、サウナ・水風呂が完備した大浴場と毎晩提供される夜鳴きそば。ドーミーインSEOULカンナム（上記）にもあり、日中遊んで食べ尽くした体と胃を優しくメンテしてくれると大好評。もちろん宿泊者は全員無料！

258 圧倒的リーズナブル！
ゲストハウスはホストや宿泊者同士の交流も

個人経営が多いゲストハウスは、施設が共用だったり、ホテルのようなサービスがないぶん、低予算で泊まれるのが特徴。女性専用や最近ではスタイリッシュな進化形も増えているので、旅行予約サイト（P.17）やAirbnb（下記）で自分に合ったゲスハを見つけよう。

弘大入口駅から徒歩約3分のオルビット

259 日本でもおなじみ
エアビーでおしゃれな韓屋やゲストハウスを検索

民泊サイトのAirbnbにはホストのこだわりが詰まった宿泊施設がたくさん。ベッドが3台並ぶ大人数に最適な部屋や韓屋をスタイリッシュにリノベした一軒家など、ひと味違ったステイが体験できる。

Airbnb
URL www.airbnb.jp

260 デトックスもでき一石二鳥
チムジルバン利用で宿泊代をセーブ

到着日や帰国前日はホテルに泊まらず、24時間営業のチムジルバン（サウナなどがある入浴施設）を利用するのも滞在費用を抑えるワザ。スーツケースの預かりや仮眠室を備えているチムジルバンもあるので、日程に合わせてトライしてみて。

汗蒸幕もある

スパレックス東大門
東大門 MAP P.122-B6 2・4・5号線東大門歴史文化公園（205・422・536）駅14番出口から徒歩約2分 中区 奨忠壇路 247グッドモーニングシティ B3F 02-2273-2777 24時間 無休 1万2000W～ CARD A J M V sparexddp

スパレックスには半個室のような仮眠室も

255 造形美あふれる伝統家屋
韓屋に泊まって韓国の歴史と文化にどっぷり

朝鮮王朝時代から続く建築様式で、宿泊施設としてオープンしている韓屋も点在。約130年前の韓屋をリノベした楽古斎は、韓国料理の朝食や韓国式サウナ、韓服の貸し出しなどのサービスがあり、伝統楽器による演奏も有料で観賞できる。

ラッコジェ 楽古斎 ソウル本館
安国 MAP P.121-A3 安国駅2番出口から徒歩約6分 URL rkj.co.kr

256 12～1月は平均気温が氷点下
真冬のソウルに欠かせない**韓国伝統のオンドル**

オンドルとは厳しい冬を乗りきるために生まれた床暖房のことで、ソウルでは客室に採用しているホテルなども多数。冷えた足元から温めてくれるので、外は極寒でも部屋は快適。

257 ソウル暮らしを満喫
キッチンや洗濯機付きの**レジデンス**に滞在

長期滞在や暮らす気分でソウルを楽しみたかったら、キッチンや洗濯機付きのレジデンスがおすすめ。ほとんどがオンドル完備で、ホテル同様のサービスが受けられるレジデンスもある。

★フロントのあるレジデンス

ソラゴ明洞ホテル＆レジデンス
忠武路 MAP P.122-B4 忠武路駅7番出口から徒歩約3分 URL sollagohotel.com

オラカイ仁寺洞スイーツ
仁寺洞 MAP P.122-A4 鍾路3街駅5番出口から徒歩約3分 URL insa.orakaihotels.com

ソマーセットパレスソウル
安国 MAP P.121-A3 安国駅6番出口から徒歩約3分 URL www.discoverasr.com

現代レジデンス
乙支路 MAP P.122-B5 乙支路4街駅8番出口から徒歩約5分 ※旅行予約サイトで検索

Ever8レジデンス
梨大 MAP P.121-B2 梨大駅1番出口から徒歩約6分 URL ever8.co.kr

モクシー・ソウル
明洞のバー

261 リピーター続出！

新羅とロッテのクオリティを リーズナブルに体験

新羅ホテル系の新羅ステイとロッテホテル系のL7、ロッテシティはそれぞれのホスピタリティを引き継いだ高コスパのセカンドライン。ソウルに新羅ステイは7軒、L7は3軒、ロッテシティは3軒と金浦空港に1軒あり、どこも利便性に優れているうえ、上質のサービスはお約束済み。

新羅ステイ
URL shillastay.com
会員プログラム／新羅リワード

L7弘大の
ルーフトップブール

モダンで好立地な
新羅ステイ三成

L7ホテル・ロッテシティホテル
URL www.lottehotel.com
会員プログラム／
ロッテホテルリワード

ルメリディアンの客室

262 明洞駅から徒歩約3分

どっちもよすぎる韓国初のデュアルブランドホテル

近年注目のデュアルブランドホテルとは、同じ、もしくは隣接する建物内に複数のホテルが入る業態のことで、韓国でも急増中。その先駆けとなったのが2022年オープンのルメリディアン&モクシー・ソウル明洞。エレベーターが同じで移動もラクだから、一度の滞在で趣の異なるホテルを楽しんでみては？

	ルメリディアン・ソウル、明洞	モクシー・ソウル明洞
最寄り駅	M 明洞駅5番出口から徒歩約3分	MAP P.124-B5
フロア／客室数	9〜15階（最上階）／200室	5〜8階／205室
特徴	ヨーロッパスタイルの高級ホテル。レストラン、カフェ、デリ、屋内プール、フィットネスセンター、クラブラウンジなど完備。アフタヌーンティーは宿泊者以外にも人気。	2014年スタートのスタイリッシュなホテルブランド。バーでチェックインするユニークなシステム。バスタブはないけれど、2段ベッドを利用した客室など、グループなどにも最適。
価格帯	47万4320W〜	23万7160W〜
詳細／会員プログラム	マリオット・インターナショナル／マリオットボンヴォイ URL www.marriott.com/ja	

263 9種類も用意！

自分好みの枕が選べるから熟睡＆リラックス

ソウルと近郊にある5軒のナインツリーバイパルナスソウルでは、好みの枕を貸してくれるサービスを実施。韓国伝統の米ぬかからヒノキ、磁気、エアボールなど9種類から選択可能。

ナインツリー
バイパルナスソウル
URL www.ninetreehotels.com

地上18階のナインツリーバイパルナスソウル明洞Ⅱ

ザ・スプラジール ソウル明洞には3mのブラウンが！

宿泊料高騰のソウルで
ホテルはどうする？

コロナ前は1万円以下で泊まれたホテルが、最近では倍以上に上昇。そんなソウルで誰よりも安く快適に過ごすには……。ソウルのホテル3軒を統括する業界のスペシャリスト、相鉄インターナショナル韓国の柴田直伸さんが3つのコツを伝授。

SPECIALIST
Shibata Naonobu
URL sotetsu-hotels.com

Tips 3
ホテルの施設をフル活用してスタッフにも遠慮せずに

ホテルにはお得なサービスがたくさんあるので、事前に公式サイトなどで確認して利用できるモノやコトはとことん利用してください。ザ・スプラジールのセルフロッカーは24時間無料で利用でき好評です。また、スタッフにお声がけいただければ最寄りのおいしい店をご案内したり、オリーブヤングのクーポンをお渡しするなど、サイトには載せていないサービスもご提供できますので、ぜひ。

Tips 2
2泊3日の旅行なら交通の便を最優先に

地下鉄を利用される方なら駅チカのホテルに越したことはありません。限られた滞在日数のなかで移動に時間を費やすはもったいないですし、行き来を繰り返すと大幅なタイムロスに。また、ソウル初心者なら徒歩圏内に飲食店やショップが揃っているホテルがおすすめです。繁華街だと多少値は上がりますが、コスパもタイパも高く、十分にもとが取れるのではないでしょうか。

Tips 1
予約サイトよりホテルの公式サイトが最安値を保証

最近は予約サイトが主流ですが、実は公式サイトで予約したほうが安いことも多いので、泊まりたいホテルが決まっている場合は、必ず公式サイトのチェックも忘れずに。相鉄インターナショナル韓国のホテルも公式サイトでの予約が最安値なうえ、会員登録（無料）をするとさらに割引に。5000Wの商品券やフェイシャルマスクなどがもらえて、アーリーチェックインも可能です。

★ 相鉄インターナショナル韓国の3つのホテル

＼明洞のど真ん中に立つ高コスパホテル／
相鉄フレッサイン ソウル明洞

ホテルを出るとすぐそこに有名グルメ店や人気ショップが軒を連ね、最速でソウルを満喫できる。ロビーや客室の行き届いたサービスにリピーターも続出。

除菌消臭など衣類ケアができるLGスタイラー付きの客室

FRÉSA INN SEOUL MYEONG-DONG
明洞　MAP P.124-A6　4号線明洞（424）駅8番出口、2号線乙支路入口（202）駅5番出口から徒歩約5分　18万W〜

ロビーでは無料のコーヒーサービスがある

パジャマは肌触りのよいワッフル素材

＼24時間眠らない街の癒やしの空間／
ザ・スプラジール ソウル東大門

高層階は東大門のランドマーク、DDPを見下ろすきらびやかな眺望が楽しめ、居心地のいい客室とのほどよいギャップが魅力。バリスタがいるBSTカフェも新設。

喧騒とは無縁の客室

THE SPLAISIR SEOUL DONGDAEMUN
東大門　MAP P.122-B6　2・4・5号線東大門歴史文化公園（205・422・536）駅4・9番出口から徒歩約1分　20万W〜

ほぼ全室全面ガラス張り

ビュッフェが楽しめるBSTレストラン

＼LINE FRIENDSルームは韓国でここだけ／
ザ・スプラジール ソウル明洞

LINE FRIENDSファンはもちろん、機能にも優れ、大人もくつろげる贅沢なホテル。明洞、南大門が徒歩圏内で、地下鉄3路線が利用できるアクセス至便な好立地。

LINE FRIENDSルームは26室

THE SPLAISIR SEOUL MYEONG-DONG
市庁　MAP P.124-B4　1・2号線市庁（132・201）駅7番出口から徒歩約6分、4号線会賢（425）駅7番出口から徒歩約7分　15万W〜

韓国とイタリアの融合レストラン ITER LACLASS

24時間利用できるフィットネスセンター

ソウル街歩きマップ
SEOUL MAP

ソウル周辺図

1

上岩洞MBC公開ホール
E MBC『ショー!K-POPの中心』P.84
E SBS M『THE SHOW』P.84
水色
デジタルメディアシティ
CJ E&Mセンター
E Mnet『M COUNTDOWN』P.84
619 ワールドカップ競技場
城山洞 Seongsan-dong
加佐

S サウンズグッドストア P.66
S ユアマインド P.69
S レイジースタジオ P.13
C クァベ P.56
C ビョンファ延南 P.48
麻浦区庁
P.53 プルトゥンヌンデジ R
メイドバイ S P.62
弘大入口
S ホコリ商店 P.66
東京ビンス P.51
望遠 Mangwon
P.125 弘大
合井
麻浦区 MAPO-GU
上水 広興倉
西江大
新村 Sinchon

P.87 ザ・セイム C
E YGエンターテインメント P.87

漢江

堂山
汝矣西路
国会議事堂
ソウルダル P.105
汝矣島 Yeouido-dong
汝矣島公園
IFCモール
汝矣ナル
ザ・現代ソウル S P.63/94/104
R フードストリート・デリパーク P.31
KBSホール 新館
KBS R『ミュージックバンク』P.84

永登浦区庁
永登浦市場
東横INN ソウル永登浦 P.115
新吉
永登浦 YEONGDEUNGPO-GU
大方
鷺梁津
セッカン

タイムズスクエア
S 教保文庫 P.96
H コートヤード・バイ・マリオット・ソウル・タイムズスクエア
新道林 Sindorim
永登浦区

大林 Daerim-dong
新豊
ボラメ
新大方サムゴリ
韓国気象庁
ボラメ公園
ボラメ病院
新大方
堂谷
九老デジタル団地 Guro-dong
新林
冠岳区 GWANAK-GU
書院
文来

2

スイスグランドホテル H
弘恩洞 Hong-un-dong
弘済 弘済洞
ムアクチェ
西大門区 SEODAEMUN-GU
鞍山
奉元洞 Bongwon-dong
西大門独立公園(独立門、刑務所歴史館)
独立門
金華トンネル

R トンクンカルビ P.30
R テポチムタク P.43
C ホミルパッ P.51
C ティアンパン午後の紅茶 P.95
阿峴
Ever8レジデンス P.116
梨大
R 春川家 タッカルビマックス P.43
R 麻浦チンチャ元祖崔デボ P.41
エオゲ

孔徳洞チョッパル通り
孔徳
青坡洞 Cheongpa-dong
ロイネットホテル ソウル麻浦 H P.115
南営
S ブレッドウブウ P.66
孝昌公園前
三角地

P.114 ボテルスイート アンバサダーソウル龍山 H
龍山 Yongsan
元暁大橋
IパークモールS
R 新羅IPARK免税店 P.64
S イーマート P.59
押忍!!セイロ蒸し P.89
漢江遊覧船 P.105
63ビル P.100
ノドゥルソム P.105/108

ソウル地方兵務庁
チャンスンベギ
上道道
上道洞 Sangdo-dong
崇実大入口
銅雀区 DONGJAK-GU
銅雀 Dongjak
銅雀大橋
漢江シャトルバス(漢江ヘチカー)停留所 E P.99
南城
奉天洞 Bongcheon-dong
ソウル大入口

3

北岳山 P.7/105
三清トンネル
三清閣
北村韓屋村
三清公園
E 北村伝統工芸体験館 P.102 城北区 SEONGBUK
R ロウルーフ P.55
R 楽古斎 ソウル本館 P.116
C プビン P.51
P.37 チャマシヌントゥル C
R ザ・スブ C P.105
P.46 三清洞スジェビ R
R 青生家カルグクス P.46
C カフェレイヤード P.71
R 伝統酒ギャラリー P.102
R 神田そばヘファ店 P.55
R バンジ P.50
R 学林茶房 P.55
仁旺山▲ 仁旺洞 Inwang-dong
P.94 お弁当カフェ C
R ローマジック B P.75
青瓦台 P.104
鍾路区 JONGNO-GU
景福宮 P.105/108
C 昌徳宮 P.104
C ドトリガーデン P.55
C オニオン P.54
昌慶宮 テンパイテン P.62
R ホンゴニク家屋 P.104
E インコリア P.101
国立古宮博物館 P.69
E オヌルハル韓服 P.101
B アロマインド P.75
社稷洞 Sajik-dong
安国
宗廟
昌慶宮

P.31 全州パッチャ
ソマーセットパレスソウル H P.116
P.78 ティーテラヒー C
鍾閣 Jong-gak
鍾路3街
光化門
西大門
忠正路
市庁
乙支路入口
明洞 P.124
乙支路4街
乙支路3街
東大門
R シャローム P.66 東大
東大入口
東大門文化公園
ソウル新羅ホテル H
忠武路

P.116
ソウル駅
ソウル駅前バスターミナル
南山洞 Namsan-dong
厚岩洞 Huam-dong
Nソウルタワー
南山3号トンネル
ボティゴク

P.124 梨泰院～漢南洞
グランド ハイアット ソウル H
漢江鎮
R テンパヤン P.89
緑莎坪
梨泰院

プラボー居酒屋 P.97
R ミミオ P.96
パンウルグァコマク P.38
龍山区 YONGSAN-GU
新龍山
HYBE P.87
龍山家族公園
二村
国立中央博物館 P.69/101
国立ハングル博物館
一村洞 Ichon-dong
西氷庫 西氷庫洞 Seobinggo-dong

P.122～123 江北広域

P.108 盤浦漢江公園
漢江市民公園
漢江大橋
ソウル高速バスターミナル
旧盤浦
新盤浦
盤浦
カモン P.89
瑞草区 SEOCHO-GU
ソレマウル
総神大入口
舎堂
落星岱

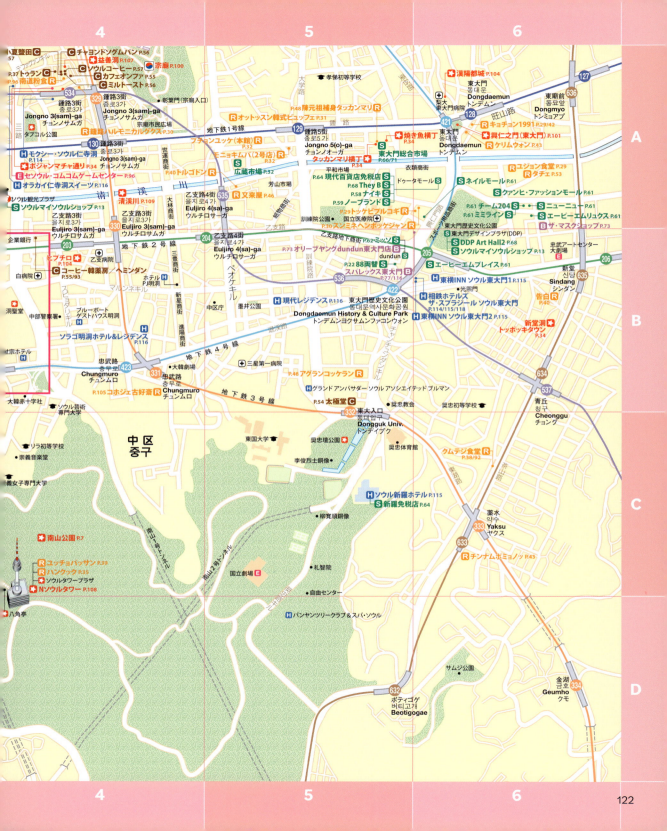

STAFF

Producer 斉藤麻理 Mari Saito
Editors & Writers 井上香菜美 Kanami Inoue
　　　　　　　　　　栄 さおり Saori Sakae
　　　　　　　　　　グルービー美子 Miko Grooby
Assistant Editors 鈴木優子　河合瑛実　地原岬希
Photographers 岩上正和 Masakazu Iwakami
　　　　　　　　　高木一郎 Ichiro Takagi
　　　　　　　　　金子怜史 Satoshi Kaneko
　　　　　　　　　グルービー美子 Miko Grooby
　　　　　　　　　韓国観光公社、ソウル観光財団、
　　　　　　　　　©iStock、PIXTA
Coordinator 中嶋一恵 Kazue Nakashima
Art Direction / Chief Designer 阿部麻奈美 Manami Abe
Cover Design 三浦皇子 Koko Miura
Designers 中原克則（STANCE）、明昌堂
Maps 株式会社ジェオ［Geo Co., Ltd.］
Proofreading 鎌倉オフィス［Kamakura Office］
DTP 株式会社ダイヤモンド・グラフィック社

ソウルランキング＆㊙テクニック！

2024年12月31日　初版第1刷発行

著作編集　地球の歩き方編集室
発行人　　新井邦弘
編集人　　由良暁世
発行所　　株式会社地球の歩き方
　　　　　〒141-8425　東京都品川区西五反田2-11-8
発売元　　株式会社Gakken
　　　　　〒141-8416　東京都品川区西五反田2-11-8
印刷　　　株式会社大日本印刷

※本書は基本的に2024年11月時点の情報に基づいて作られています。
発行後に料金、営業時間、定休日などが変更になる場合がありますのでご了承ください。
更新・訂正情報 [URL] https://www.arukikata.co.jp/travel-support/

●本書の内容について、ご意見・ご感想はこちらまで
地球の歩き方サービスデスク「ソウル ランキング＆マル得テクニック！」投稿係
[URL] https://www.arukikata.co.jp/guidebook/toukou.html
地球の歩き方ホームページ（海外・国内旅行の総合情報）
[URL] https://www.arukikata.co.jp/
ガイドブック『地球の歩き方』公式サイト
[URL] https://www.arukikata.co.jp/guidebook/

●この本に関する各種お問い合わせ先
〒141-8425 東京都品川区西五反田2-11-8
株式会社地球の歩き方
・本の内容については、下記サイトのお問い合わせフォームよりお願いします。
　[URL] https://www.arukikata.co.jp/guidebook/contact.html
・在庫については　Tel 03-6431-1250（販売部）
・不良品（乱丁、落丁）については　Tel 0570-000577
　学研業務センター　〒354-0045　埼玉県入間郡三芳町上富279-1
・上記以外のお問い合わせは　Tel 0570-056-710（学研グループ総合案内）

本書の無断転載、複製、複写（コピー）、翻訳を禁じます。本書を代行業者等の第三者に依頼してスキャンやデジタル化することは、たとえ個人や家庭内の利用であっても、著作権法上、認められておりません。
All rights reserved. No part of this publication may be reproduced or used in any form or by any means, graphic, electronic or mechanical, including photocopying, without written permission of the publisher.
学研グループの書籍・雑誌についての新刊情報・詳細情報は、下記をご覧ください。
学研出版サイト　https://hon.gakken.jp/

©Arukikata. Co., Ltd.

購入者特典

スマホやタブレット、PCでも読める！
FREE 無料！電子版付き！

本書の電子版が無料！

＋ さらに

旅先で使えるフレーズがいっぱい！

『ヒチョル式 3語で韓国語会話ができる本』の電子版が30ページ無料で読める！

STEP ❶ 特設サイトへアクセス

[URL] https://arukikata.jp/suycmf

右の二次元コードからもアクセスできます！

STEP ❷ ID、パスワードを入力

ID　**ranking-book-seoul**
PW　**6d28p9ksw58s**

閲覧期間：**2026年6月30日まで**

ご利用にあたって
■配信期間　2024年12月17日〜2026年6月30日
■利用料　無料。データ通信料が別途必要です。
■動作環境
OSと対応環境は以下のとおりです。OS、ブラウザともに最新版での使用をお願いいたします。iOS 12.0 以上 Safari、Android 9.0 以上 Google Chrome、Windows 10 以上 Microsoft Edge、Google Chrome。
最新の動作環境については下記のWEBページからご確認ください。
https://ebook.gakken.jp/operatingcondition/

■ご利用上の注意
●PC、スマートフォン、タブレットのウェブブラウザよりアクセスしてください。専用アプリは不要です。
●本書をご購入者のご本人様のみご利用ください。アカウントは譲渡不可となります。
●海外でも閲覧は可能ですが、都度データ通信料が必要になります。
●対応端末以外の環境では本サービスの全部または一部が利用できない場合があります。当社は、事前の予告なく対応端末を変更する場合があります。対応端末以外の環境で利用したことが原因で本サービスの全部または一部の利用に制限が生じる場合でも、当社は一切の責任を負いません。

読者プレゼント

ウェブアンケートにお答えいただいた方のなかから抽選で「地球の歩き方」オリジナルクオカード（500円）をプレゼントします。

詳しくは右の二次元コードまたはウェブサイトをチェック！ ▶▶▶

応募の締め切り　2026年6月30日
[URL] https://arukikata.jp/smjixa